LUZ CÂMERA FILOSOFIA

MERGULHO NA IMAGÉTICA DO CINEMA

MARLY BULCÃO
organizadora

LUZ
CÂMERA
FILOSOFIA

MERGULHO NA IMAGÉTICA DO CINEMA

EDITORA
IDEIAS&
LETRAS

Direção Editorial
Marcelo C. Araújo

Comissão Editorial
Avelino Grassi
Edvaldo Araújo
Márcio Fabri

Copidesque
Wilton Vidal

Revisão:
Ana Aline Guedes da Fonseca de Brito Batista

Diagramação
Érico Leon Amorina

Capa
Raphael Patapovas

Rua Diana, 592
Cj. 121 - Perdizes
05019-000 - São Paulo - SP
(11) 3675-1319 (11) 3862-4831
Televendas: 0800 777 6004
vendas@ideiaseletras.com.br
www.ideiaseletras.com.br

Dados Internacionais de Catalogação na Publicação (CIP)
(Câmara Brasileira do Livro, SP, Brasil)

Luz, câmera, filosofia : mergulho na imagética do cinema / org. Marly Bulcão . - São Paulo : Ideias & Letras, 2013.

ISBN 978-85-65893-31-2

1. Arte - Filosofia 2. Cinema e filosofia 3. Estética 4. Filmes cinematográficos 5. Imagens I. Bulcão, Marly.

13-03909 CDD-791.4301

Índices para catálogo sistemático:

1. Cinema e filosofia 791.4301
2. Filmes cinematográficos : Abordagens filosóficas : Artes 791.4301

SUMÁRIO

PREFÁCIO
Patrick Pessoa 9

APRESENTAÇÃO
Marly Bulcão 13

Sinopse do filme *Bye Bye Brasil* 17

O movimento eterno da paisagem da janela do carro: *Bye Bye Brasil* e a procura da felicidade brasileira
Bernardo Britto 18

Sinopse do filme *Le Ballon Rouge* 23

Bachelard vai ao cinema: imaginação, representação e instante
Marly Bulcão 24

Sinopse do filme *Violência e paixão* 31

Luchino Visconti e Gaston Bachelard: por uma estética da ambiguidade -dicotomias, ambiguidades, contradições, antinomias e negações no pensamento e na arte
Marcelo de Carvalho 33

Sinopse do filme *Hiroshima, Mon Amour* 69

Os labirintos da memória e a sedução do instante em *Hiroshima, Mon Amour*
Marly Bulcão 70

Sinopses dos filmes *Drowning by Numbers (Afogando em números)*, *The Tulse Luper Suitcases, part 1 – The Moab Story (As maletas de Tulse Luper Parte I: a história de Moab)* e *The Pillow Book (O livro de cabeceira)* 93

A tipologia das imagens em Peter Greenaway
Veronica Damasceno 95

Sinopse do filme *Dias de Nietzsche em Turim* 116

Dias de, Nietzsche em Turim.
Rosa Dias 117

Sinopse do filme *Lola Montès* 124

Vertigem espiralada do tempo sempre presente
Márcio Doctors 126

Sinopse do filme *Eraserhead* e *Prevrashcheniye (A metamorfose)* 133

O ser à espreita do real - sobre devir-animal em *Eraserhead* e *Prevrashcheniye*
Suellen da Rocha 135

Sinopse do filme *Irreversível* 149

O tempo destrói tudo: *Irreversível* e Gaston Bachelard
Raissa Vasques de Santa Brígida 150

Sinopse do filme *Medeia* de Píer-Paolo Pasolini e *Medeia* de Lars von Trier 157

Leituras nietzschianas de *Medeia* de Píer-Paolo Pasolini (1966) e *Medeia* de Lars von Trier (1988)
Micael Rosa Silva 159

Sinopse do filme *Persona* 172

Persona: a experiência do absurdo e a da evidência absoluta
Rose Mary Costa Rosa Andrade Silva 174

Sinopse do filme *Ghosth Dance* 188

Espectros: Derida e o Cinema
Dirce Eleonora Nigro Solis 189

Sinopse do filme *Batman - o cavaleiro das trevas* 207

Deleuze e o cavaleiro das trevas.
Francisco Veríssimo 208

Sinopse do filme *Persona* 219

Persona, de Bergman, pela ótica de Deleuze
Fabio Daemon, Ricardo Ramos, Bruno Tavares e Nathan Vieira 221

PREFÁCIO

Desde o final do século 19, quando Nietzsche dinamitou as pretensões sistemáticas e cientificistas da metafísica tradicional, a filosofia vem se aproximando cada vez mais da arte. Pensadores tão distintos quanto Heidegger e Deleuze, Benjamin e Bachelard, Adorno e Foucault não apenas escreveram inúmeros ensaios filosóficos sobre as obras de arte que amavam, mas foram profundamente influenciados na própria elaboração de suas respectivas filosofias, pelo pensamento em estado de poesia contido nessas obras. A arte é, para a filosofia contemporânea, o que foram a matemática e a física para a filosofia moderna.

Dentre as artes sobre as quais se debruçaram os filósofos, a que recebeu menor atenção foi o cinema. Essa negligência, como os textos que compõem este livro deixam claro, tem menos a ver com o valor intrínseco do cinema para a reflexão filosófica - valor tão grande quanto o da poesia e o da tragédia, artes até hoje privilegiadas pelos filósofos da tradição - do que com a juventude da Sétima Arte, nascida já nos estertores do século 19.

No início do século 21, quando a linguagem imagética do cinema, sobretudo por intermédio da televisão e da internet, já se alastrou por todos os âmbitos da vida, tendo adquirido uma importância social muito maior do que a linguagem propriamente literária, da qual as massas se sentem distantes, cumpre também aos filósofos assumirem a tarefa de pensar essa arte que, segundo Walter Benjamin, "é atualmente o objeto mais importante daquela antiga ciência da percepção que os gregos chamavam de estética".

Dada a autorreflexividade inerente à filosofia, que sempre se caracterizou muito mais pelas questões que formula do que pelas respostas que oferece, a tarefa de pensar filosoficamente o cinema implica a tarefa de refletir sobre qual seria a especificidade de uma abordagem filosófica do cinema. O que distingue a análise filosófica de uma obra de arte do cinema das abordagens que, por exemplo, caracterizam a crítica cinematográfica oficial e as apropriações que sociólogos, psicanalistas e historiadores usualmente realizam dos filmes que interpretam?

Essa é uma das questões mais interessantes formuladas neste livro. Em vez de fornecer uma resposta dogmática a essa questão e escolher apenas textos que fossem fiéis a essa resposta, Marly Bulcão, a organizadora deste volume, optou sabiamente por uma solução mais plural. Exigiu apenas que cada colaborador escolhesse um filme de sua predileção e, valendo-se das ferramentas filosóficas que mais lhe parecessem adequadas, realizasse uma interpretação livre do potencial reflexivo contido na obra em questão.

O resultado da estratégia adotada pela organizadora é um interessante panorama das múltiplas possibilidades de se abordar filosoficamente uma obra de arte cinematográfica. Há, neste volume, textos que claramente fazem um uso ilustrativo do cinema, valendo-se do filme escolhido para estabelecer relações com a obra de determinado filósofo, como Nietzsche, Deleuze ou Bachelard, e assim ilustrar didaticamente conceitos-chave para a compreensão de sua filosofia; há igualmente textos que optam por um uso contextualizante do cinema, que faz do filme escolhido o teatro em que alguns dos temas mais caros à filosofia, como o tema do absurdo, do tempo ou o da memória, são apresentados no âmbito da experiência pessoal dos personagens, assim adquirindo a consistência de uma experiência viva que dificilmente se encontra em uma obra de filosofia propriamente dita; há ainda textos que privilegiam um uso problematizante do cinema, nos quais as questões e as respostas apresentadas por determinado filme servem como trampolim para a rediscussão e o aprofundamento dos temas e conceitos filosóficos que presidiram a sua escolha, assim tornando visível que, se por um lado a filosofia é indispensável para a fruição daquelas obras de arte com maior potencial reflexivo, por outro a arte pode dar uma contribuição muito maior à filosofia quando não serve como mera propedêutica, como simples ilustração de filosofemas já acabados e de uso disseminado.

A despeito das diferentes abordagens filosóficas do cinema presentes em cada um dos textos enfeixados neste volume, todos têm em comum a convicção de que, para além dos possíveis usos que a arte possa ter para a filosofia, "a autonomia da experiência estética permanece irrevogável", como escreveu Theodor Adorno. Isso significa que, independentemente das relações mais ou menos explícitas que cada um dos autores deste livro é capaz de estabelecer entre o filme escolhido e os filósofos de sua predileção, todos os filmes aqui analisados são verdadeiras obras de arte, clássicos da história do cinema com um valor estético intrínseco.

Esse fato, num mercado editorial saturado de obras de filosofia e cinema em que os filmes analisados são em geral dejetos da indústria cultural que valem apenas como instrumento para a vulgarização da filosofia, torna este livro digno do maior interesse para todo amante da filosofia, do cinema e do pensamento num sentido mais amplo, na medida em que aqui, fruição e crítica, alcance filosófico e valor estético andam sempre de mãos dadas.

Patrick Pessoa
Professor do Departamento de Filosofia
da Universidade Federal Fluminense
Dezembro de 2011

APRESENTAÇÃO

Há muitos anos venho acalentando a ideia de refletir sobre a relação filosofia e cinema, temática fascinante, embora difícil em razão de sua complexidade, pois o que se constata é que a abordagem da imagem fílmica acaba sempre por se fazer a partir de aproximações com diferentes domínios do saber, deixando, assim, de se respeitar a especificidade não só do cinema, mas também do próprio filosofar.

Minha trajetória filosófica foi um tanto sinuosa, pois teve início na filosofia das ciências e na epistemologia, em que me detive na questão do ato criador que permeia a atitude científica ou no aspecto estético das tessituras racionais que compõem as teorias nas diferentes ciências. Voltando-me para autores como Gaston Bachelard e François Dagognet não foi difícil empreender o caminho que me conduziria à estética, tendo em vista que são pensadores que desenvolveram suas obras bifurcando--as em duas vertentes, consideradas opostas, mas complementares: a da epistemologia e a da poética.

Como sempre fui amante da sétima arte, considerando as imagens fílmicas como verdadeiros portais para o devaneio e o sonho, achei que seria interessante retomar as categorias desses pensadores para pensar o significado da imagem do cinema. O motivo principal que me levou a tal empreendimento foi o fato de que esses filósofos contemporâneos, apesar de cientistas, deram à estética uma contribuição importante, na medida em que suas obras tinham como pressuposto fundamental desvincular o estudo da imaginação da teoria do conhecimento, ressaltando que a imagem deve ter um enfoque eminentemente estético, pois não tem sentido procurar compreendê-la em sua relação com a percepção ou com a ideia.

O professor tem certa vantagem em relação àquele que se dedica apenas à pesquisa ou à escrita, pois tem a oportunidade de trazer suas ideias para o campo do diálogo que se estabelece em sala de aula. E foi justamente o que fiz no semestre passado ao decidir oferecer na Universidade do Estado do Rio de Janeiro um curso sobre filosofia e cinema. O curso permitiu que outros filósofos, tais como Nietzsche, Bergson, Bachelard, Deleuze e Derrida fossem trazidos à cena.

O conteúdo deste livro é resultado, pois, das discussões que fizemos sobre certos filmes que assistimos juntos ao longo do curso. Estou consciente da grande dificuldade que é se voltar para as imagens fílmicas a partir da filosofia, pois há sempre o risco de deformá-las ou mesmo de deixar escapar seu sentido eminentemente estético. A reflexão sobre o cinema, como dissemos, acaba, muitas vezes, por emprestar às imagens fílmicas um arsenal que lhe é inteiramente estranho, impedindo, portanto, que o mergulho no imaginário cinematográfico venha a ser a meta primordial da análise. Por outro lado, sei também que a filosofia tem categorias de análise que devem ter como pressupostos a coerência e, em certo sentido, a racionalidade. Procurei, no entanto, estabelecer como meta primordial da análise empreendida nos textos da coletânea a liberdade de pensar, o que talvez faça do livro uma abordagem panorâmica da relação entre filosofia e cinema. Nesse sentido, os filósofos visitados serão muitos, os filmes analisados, os mais diversos, as perspectivas e métodos de abordagem, os mais distintos. Dessa maneira, o leitor vai mergulhar nas imagens cinematográficas, tendo como instrumento categorias diversas de filosofar, passando, muitas vezes, pela Psicanálise, pela Sociologia ou pela História, ultrapassando, algumas vezes, o limiar entre a imagem fílmica propriamente dita e a interpretação filosófica da mesma.

Reinterando o que acabei de dizer sobre a abordagem aberta e poliédrica da dinâmica de relações que neste livro se instauraram entre *conceitos* do pensamento filosófico e *imagens* da cinematografia moderna e contemporânea, gostaria de prevenir o leitor, alertando-o de que vai, talvez, se surpreender, deparando-se com formas diversas de se pensar o cinema. Enquanto alguns autores propõem o balizamento teórico dos filmes por eles escolhidos, retomando ideias de pensadores que eles mesmos fizeram do cinema a principal temática de suas obras, outros autores ousaram trazer para o cinema filósofos que, embora tendo falado da arte, jamais se dedicaram ao cinema, mas cujas ideias vão ser de grande contribuição para a imersão nas imagens fílmicas. E mais ainda, o leitor terá ensejo nesta coletânea plural de se deparar com textos que, embora trazendo à cena filósofos que analisaram teoricamente o cinema, optaram por comentar o filme em questão, recorrendo a princípios que fazem parte de um âmbito mais vasto determinado pela própria imagética fílmica.

Gostaria, portanto, que esta obra fosse encarada como um ensaio, como uma primeira forma de abordagem nossa da relação entre filosofia e cinema, como uma espécie de reflexão em ato que não pretende se fechar numa conclusão definitiva, mas que se impõe como ponto de partida para um mergulho nas imagens do cinema, cujo propósito primordial é se impor como uma provocação e um estímulo para o filosofar, um filosofar que, se de um lado tem a preocupação de respeitar a especificidade da imagética fílmica, de outro é um filosofar sem amarras, sem preconceitos, liberto do academicismo e que, afastando-se da tradição, almeja a novidade e o inusitado, a instauração de novas ideias, pois, a meu ver, é este o verdadeiro papel do que compreendo como filosofia.

Marly Bulcão

Sinopse do filme *Bye Bye Brasil*

Título: *Bye Bye Brasil* (1979)
Elenco: José Wilker, Betty Faria e Fábio Júnior
Direção: Carlos Diegues
Roteiro: Carlos Diegues, Leopoldo Serran

Bye Bye Brasil conta a história da Caravana Rolidei, um tipo de espetáculo viajante, que passa pelas regiões mais pobres do país à procura do que resta de um público que está desaparecendo rapidamente. A televisão está começando a dominar até mesmo os cantos mais isolados do país, deixando a caravana com poucas opções para o futuro. Em uma das últimas cidades "não colonizadas" pela TV, encontram Cico e Dasdo, um casal jovem que acaba se juntando aos artistas da caravana - Lorde Cigano (um mágico que fala mais do que faz mágica), Salomé (uma dançarina que fala espanhol e uma prostituta que fala português) e Andorinha (o homem mais forte e mudo do mundo). Juntos, viajam de cidade a cidade, percebendo cada vez mais que o país está mudando, deixando para trás a Caravana Rolidei.

O filme usa a viagem do grupo não só como uma metáfora ao Brasil do final dos anos 1970, mas também como uma espécie de reflexão sobre mudança e transformação. Assim como a própria caravana, o filme nunca fica em um só lugar por muito tempo. O sertão se transforma na cidade que se transforma na Amazônia que, por sua vez, transforma-se na capital. A presença da paisagem é sempre a mesma, embora mutante, envolvendo sempre os personagens e nunca a mesma do momento anterior. Do mesmo modo, os personagens estão sempre mudando e evoluindo (ou talvez involuindo), principalmente Cico, o jovem sanfoneiro com sonhos de fama. O filme se apresenta como um retrato de um país e de um povo que não sabe ao certo para onde estão indo, mas continuam, assim mesmo, seu caminho, com alegria, otimismo e tragédia que, apesar disso, fazem parte de sua imagem.

Bernardo Britto

O movimento eterno da paisagem da janela do carro: *Bye Bye Brasil* e a procura da felicidade brasileira[1]

Bernardo Britto[2]

Bye Bye Brasil é um filme sobre o Brasil, sobre a ideia do Brasil e do brasileiro, uma ideia que, em 1979, estava se transformando rapidamente. Trata-se do retrato de um país preso e confuso entre o passado e o futuro, um país em trânsito, tentando chegar a algum lugar intangível. Ao mesmo tempo, é um filme sobre um grupo - os membros da Caravana Rolidei - que está nessa mesma situação, numa estrada em direção a um futuro incerto, um futuro que muda a cada nova cidade, a cada novo encontro. Seu destino é algo que está constantemente sendo alterado, evoluindo, enquanto as pessoas que estão à sua volta mudam (sejam elas, por exemplo, fazendeiros, sanfoneiros ou mágicos) e enquanto o entorno também se altera (do sertão para a Amazônia, para a cidade). É uma aventura típica de uma viagem de carro: variada e interminável.

Lembro-me de ter lido algo sobre David Hume, no qual ele defendia basicamente a ideia de que uma pessoa é, na verdade, um amálgama de várias partes que estão sempre mudando. Seguindo a mesma linha de Hume, pode-se dizer que existe uma espécie de identidade nacional - uma identidade que é constante, mesmo quando todas as suas partes estão num fluxo eterno. O Brasil, como nação, possui uma identidade. Acredito que *Bye Bye Brasil*, enquanto filme, também possui uma identidade. Pode-se dizer que há uma identidade imposta pelo público (e por pretensos escritores como eu) e há também uma identidade que Cacá Diegues, como diretor, pretendeu dar ao seu trabalho. O título já deixa bem óbvio que é um filme brasileiro multifacetado. É uma película que deve muito à cultura americana, mas que abusa das músicas de Chico Buarque. É um filme perfeito para um país quase recém-nascido, um país que ainda estava tentando encontrar seu lugar no mundo estrangeiro.

---

1 O texto foi escrito originalmente em inglês - Tradução para o português de Bernardo Britto e Renata Bulcão.

2 Bernardo Britto é cineasta, formado pela New York University - Tisch School of the Arts. Renata Bulcão é estudante de graduação em História pela Universidade Federal do Rio de Janeiro.

Acima de tudo, *Bye Bye Brasil* é um *road movie*. Assim, ele contém a mais óbvia característica do gênero: personagens em busca da felicidade. O *road movie* é eficaz porque é mais ou menos uma versão atualizada do monomito de Joseph Campbell. A única diferença importante é que em vez de um herói que *tem* de enfrentar uma aventura, o *road movie* normalmente narra a história de um personagem comum que *quer* enfrentar uma aventura. Ou seja, a "aventura" não tem nenhuma importância mundial ou social, é uma trajetória pessoal. O personagem está procurando algo que ele mesmo chama de aventura. Depois do faroeste, o *road movie* poderia ser considerado o gênero americano definitivo. Os filmes de faroeste têm como tema a dominância, o machismo e a lealdade. O *road movie* trata muito mais de um sentimento de confusão e incerteza. Ninguém sabe exatamente o que quer, ou pensa que quer coisas que na verdade não quer. O faroeste se tornou o gênero emblemático dos Estados Unidos pós Segunda Guerra Mundial, uma época em que o país se via como uma polícia mundial. O *road movie* foi o filme perfeito para a época que se seguiu: para os Estados Unidos que mataram John F. Kennedy, Martin Luther King, e invadiram o Vietnã.

Esse é o gênero que Carlos Diegues decidiu utilizar - um gênero associado a desconfiança, confusão e incerteza. E todas essas características podem ser muito bem associadas aos próprios personagens do filme. Ciço é um sanfoneiro que, de repente, decide fazer parte da Caravana Rolidei. Ele não sabe exatamente o que precisa, mas tem certeza de que não consegue encontrar em sua pequena cidade. Dasdo, com sua esposa grávida, praticamente não expressa opinião durante a maior parte do filme. E os outros membros da caravana - Lorde Cigano, Salomé e Andorinha - são personagens mentirosos e charlatães, tentando ao máximo manter a ilusão por mais tempo. Essas são as pessoas que Diegues escolheu para representar o Brasil. E fazem isso num gênero notável por se tratar da procura da felicidade e também por ser incontestavelmente americano.

Poderíamos até dizer que todos os personagens nesse filme estão ao mesmo tempo procurando alguma felicidade e são também incapazes de escapar da influência americana. Poderíamos até mesmo dizer o mesmo sobre o Brasil. O filme foi feito e é passado numa época em que o Brasil estava não só se descobrindo em termos de comércio internacional, mas também tentando se juntar ao "primeiro mundo". Em 1979, grande parte da população brasileira obviamente não acreditava que seu país se nivelava aos Estados Unidos, Europa, e aos outros "países desenvolvidos". Até hoje existe um senso de inferioridade quanto àquelas culturas. Lorde Cigano tipifica esse sentimento em uma cena comicamente triste na qual, com a trilha sonora de Irving Berlin, ele proclama que "como na Suíça, na Alemanha, na França, como na velha Inglaterra", faz nevar no Brasil, o sonho de todo brasileiro, segundo ele. "Agora, como todo país civilizado do mundo - o Brasil também tem neve." Ou seja, o Brasil não só é inferior àqueles países, mas também é geograficamente incapaz de algum dia alcançá-los (sem uma mágica milagrosa ou um pouco de coco ralado, é claro).

Essa mentalidade subserviente, essa ideia de que "nós" não somos tão dignos quanto "eles", de que devemos tentar sempre imitá-los, está constantemente presente no filme. Aparece quando Ciço encontra com a Caravana Rolidei pela primeira vez. A caravana, com suas luzes e mistérios, o fascina de uma maneira que sua família não consegue. Sua família é chata. Sua cidade é chata. É velha. É comum. É pobre. Imediatamente ele se põe num nível abaixo de Lorde Cigano ao mesmo tempo em que se finge ser superior a seu pai. É uma superioridade vácua, baseada na realização de que sua vida tinha sido, até o momento em que encontrou a Caravana Rolidei, "incivilizada". Mas, enquanto Ciço vê a caravana como o ápice do luxo e da fama, os artistas se veem como nada mais que um grupo com pouco talento e pouco tempo, fugindo de sua derrota iminente pela televisão.

Cada personagem tem seu próprio modelo intangível do que querem ser. Dasdo quer o amor e a gratidão de Ciço, Ciço quer ser igual a Lorde Cigano, e Lorde Cigano quase quer ser americano. É um jogo interminável de "a grama do vizinho é sempre mais verde". Ninguém está totalmente satisfeito com o que tem ou com o que é. Estão todos tentando chegar a algum outro lugar. Essa é a maneira pela qual estamos acostumados a viver nossas vidas. Cada um precisa de seu próprio objetivo. Não podemos ficar estáticos e felizes. Temos de estar sempre em movimento, sempre se mexendo, sempre trabalhando. Criamos conflitos e problemas apenas para ter algo a resolver. Precisamos desse sentido de cumprimento, desse sentido de termos feito algo (mesmo que não houvesse nada que precisasse ter sido feito).

O cinema sempre reflete isso. Toda história tem um conflito. Toda história tem causas e consequências, tem motivações e epifanias.

Algo precisa mudar. Precisa haver alguma troca de pensamento, alguma mudança social, para a audiência sair da sala feliz. Essa mudança é fácil num *road movie* porque o filme já tem um começo e um destino óbvio. É um filme sobre uma viagem. Vamos começar aqui e acabar ali. Em *Bye Bye Brasil*, esse destino final só aparece "algum tempo depois". Ciço e Dasdo acabam indo para Brasília em busca de uma vida melhor. O ponto final da longa aventura deles se dá em frente a uma casinha pobre, numa rua lotada de casinhas pobres. Daí o filme pula para "algum tempo depois". De repente Ciço está na televisão tocando sua sanfona. Pela primeira vez desde que se juntou à Caravana Rolidei ele parece feliz. Não temos nenhuma ideia de quanto demorou para ele achar essa felicidade. Podemos supor, baseados na idade de sua filha, que se passaram uns cinco a dez anos. Um filme normal, um filme mais comum, seria só a história desses cinco a dez anos. Seria sobre a procura da felicidade que começa na favela e acaba na TV. Ao contrário, *Bye Bye Brasil* narra uma procura da felicidade sem um final feliz. É uma procura que acaba cada vez mais e mais longe da felicidade, mais e mais longe de seu começo simples.

Isso é, quando chegamos a "algum tempo depois", Ciço, Dasdo e sua filha estão felizes e famosos, sorrindo e cantando na TV. A Caravana Rolidei foi renovada: mais luzes, mais música e até umas dançarinas espanholas. Todo mundo parece ter encontrado sua própria felicidade. Mas somente Ciço está realmente feliz.

Lorde Cigano e Salomé continuam fazendo o que sempre faziam. Para eles, tudo permanece igual, a única diferença é que agora eles têm um pouco mais de luzes e neon. "A gente é feito roda, sanfoneiro, só se equilibra em movimento", diz Lorde Cigano para Ciço na última cena do filme, "se parar, fudeu. A gente cai". Para eles, é absolutamente necessário esse movimento eterno. Eles precisam de objetivos, de problemas, de aventuras, de coisas para fazer. Eles estarão sempre mudando, sempre evoluindo, sempre procurando a felicidade.

Mas apenas Ciço encontrou o que procurava. "Tudo bem?", pergunta Salomé, vestida de *hot pink* e com luzes no cabelo. Ciço apenas sorri e afirma: "tudo". A felicidade dele é real. Não é superficial como a de Lorde Cigano. Ciço não precisa estar sempre se movimentando, sempre em busca de algo para ser feliz. A alegria dele vem de dentro de si mesmo. A ironia final do filme é que a alegria só vem para quem sabe parar de procurá-la.

A Caravana Rolidei deixa Ciço e Dasdo em Brasília e parte para Rondônia, onde está sendo construída uma estrada, e onde pretendem se apresentar para os indígenas do local. É assim que esse "filme de estrada" acaba. Ele acaba na estrada. Ele acaba em movimento. Não importa para onde a caravana está indo. O que importa é que não está parada. Como um filme, como o cinema, que projeta 24 fotogramas por segundo, se a caravana parar, morre. Ela para de existir. O cinema parado é uma foto. Uma viagem parada é uma viagem que já acabou. O que é uma pessoa parada? O que é Ciço? É possível que ele pare de mudar mesmo? Claro que não. O que é possível é que ele aceite ser o que é. E, talvez, nesse sentido, Lorde Cigano também tenha encontrado sua felicidade. Talvez tenha aceitado quem ele realmente é. E talvez seja uma pessoa que está sempre procurando algo, nunca satisfeita com o que tem.

O tempo segue em frente sem esperar por ninguém. Vamos mudar a cada segundo, a cada momento, e não há como parar. A cada momento somos uma nova pessoa. Ainda fazemos parte de algo constante (uma alma, se assim preferir chamá-la, a mesma coisa sobre a qual David Hume ou Buddha escreveram), mas também somos algo totalmente diferente do que éramos há um segundo. Como em um filme, que muda a cada fotograma, mas continua sendo um filme. Ciço continua sendo Ciço. Mesmo com todas as suas mudanças. Mesmo com toda nova experiência que ele acumulou. Ele ainda é Ciço. Ele ainda é o Fábio Júnior com uma fantasia de sanfoneiro. Na verdade, nada mudou, mesmo tudo sendo diferente. Até o Brasil, país com 500 anos de história e 200 milhões de pessoas, todas mudando a cada momento, continua o mesmo Brasil. Não importa se faz parte do Império ultramarino português, ou se está sofrendo com a ditadura, ou se está organizando as Olimpíadas e a Copa do Mundo, ainda é o Brasil. E o país vai continuar mudando, e também vai continuar sendo o mesmo. Não dá para escolher um só momento na História e afirmar que este define todo o Brasil, que o país é isso. Porque se parar, já não é mais o Brasil. É outra coisa, como um filme vira uma foto. O Brasil só existe em movimento. Não é esse momento nem outro, é o espaço entre momentos, o espaço entre os fotogramas, a estrada entre as cidades. É algo que é criado no tempo e não existe parado. O Brasil é movimento. Pena, então, que a felicidade só é evidente quando estamos parados.

Sinopse do filme *Le Ballon Rouge*

Título do filme: *Le Ballon Rouge* (1956)
Diretor: Albert Lamorisse
Elenco: Pascal Lamorisse

O filme francês *Le Ballon Rouge* de Albert Lamorisse foi realizado em 1956, tendo recebido diversos prêmios, entre outros o Oscar de melhor roteiro e a Palma de Ouro no Festival de Cannes.

Trata-se da história de um menino que encontra na rua, preso a um poste de luz, um balão vermelho. Fascinado, passeia feliz pelos arredores de Paris, segurando pela mão o balão preso a um cordão. Em certos lugares, como no bonde e na escola, o balão é impedido de entrar, o que deixa o menino muito triste. Pede, então, ao balão que o siga e o aguarde na porta da escola até a aula acabar. Com o tempo vai nascendo entre a criança e o objeto simbólico grande ternura e afeição, pois o balão se comporta como um verdadeiro animalzinho de estimação que obedece ao seu dono, chegando até mesmo a brincar de esconder, enquanto o menino o procura atrás das portas das pequenas ruelas. O final do filme, um pouco triste, é de uma poesia inigualável. O ciúme e a inveja das crianças do bairro levam à destruição do balão vermelho, que sendo disputado numa luta entre os meninos e seu dono acaba estourando, caindo por terra, onde é pisado por uma das crianças, sucumbindo aos poucos diante de seu dono que o contempla com lágrimas nos olhos. A última cena se impõe como a consagração do que podemos considerar como uma poética de imagens. A tela é coberta por uma infinidade de balões coloridos que começam a vir de vários pontos da cidade e, unindo-se, formam um imenso *bouquet* colorido. O menino é, então, suspenso ao segurar nas cordas dos diversos balões que o arrebatam, levando-o em direção ao céu azul num voo ascendente de liberdade plena.

Marly Bulcão

Bachelard vai ao cinema: imaginação, representação e instante

Marly Bulcão[3]

Pode-se dizer que, com Bachelard, o filosofar abandonou a visão austera da reflexão acadêmica, transformando-se em uma atividade feliz e prazerosa.

Numa atitude ousada, e até mesmo transgressora, Bachelard mergulha no abismo da imaginação descompromissada e livre, sem deixar de lado a epistemologia quando seu intuito é expressar as transformações que marcaram a ciência de seu século.

O objetivo de nosso trabalho é, entretanto, nos deter na vertente poética, retomando a noção bachelardiana de imaginação para, de posse desta, analisar a imagem do cinema, procurando explicitar a complexidade da imagem fílmica, seu verdadeiro significado e a atração que esta exerce sobre o espectador.

Caminho um tanto ousado, pois conforme me disse Suzanne Bachelard num encontro que tivemos, seu pai jamais entrou numa sala de exibição, tendo, uma vez, resistido à tentação de fazê-lo quando retornava para casa após as aulas. Sabemos, por outro lado, que Bachelard se dedicou primordialmente à literatura, tendo poucos textos sobre as artes plásticas.

Dois motivos nos levaram a empreender tal análise. Há muitos anos estamos trabalhando a noção bachelardiana de imaginação, o que nos permite transitar confortavelmente nos diversos meandros da concepção de imagem que permeia a vertente poética. Tornou-se evidente, por meio de nossas análises, que embora Bachelard tenha privilegiado a literatura, suas reflexões transcendem esse campo, podendo ser aplicadas a toda e qualquer imagética criadora. Por outro lado, somos amantes convictos da sétima arte, ou seja, cinéfilos, pois frequentamos com assiduidade as salas de exibição de nossa cidade e temos, nos últimos tempos, nos dedicado à leitura do tema da relação entre cinema e filosofia. Por meio de nossas experiências, enquanto cinéfilos, chegamos à conclusão de que a imagem fílmica consegue nos transportar para outros mundos,

3 Marly Bulcão é professora da Universidade do Estado do Rio de Janeiro, com bolsa de Pesquisador Emérito da FAPERJ.

instaurando uma nova realidade, permitindo, assim, que nos afastemos da vida cotidiana e da monotonia que a envolve. Consideramos, pois, a imagem fílmica como um portal para o devaneio e o sonho.

Tratando-se de um projeto novo, não temos ainda muitas conclusões a apresentar. Estamos certos, porém, de que nossa pesquisa poderá trazer importantes contribuições para a discussão da relação entre cinema e filosofia, na medida em que retoma as categorias bachelardianas para além da poética, aplicando-as ao cinema. Conscientes de que a filosofia é, antes de tudo, uma reflexão em ato, decidimos, pois, trazer nossas ideias para que possam ser debatidas por um auditório de especialistas do pensamento bachelardiano.

Considerando que a imagem cinematográfica é bastante complexa, o que torna difícil sua abordagem objetiva, vamos procurar delimitar nosso estudo, detendo-nos em três questões filosóficas que consideramos primordiais para a compreensão do significado da imagem do cinema. A primeira delas pode ser expressa da seguinte forma: *A imagem cinematográfica deve ser considerada como um duplo ou como um reflexo da realidade?* A segunda questão é: *Como explicar a atração que a imagem fílmica exerce sobre o espectador?* E a terceira pode ser resumida na indagação: *Como pensar filosoficamente o tempo fílmico e sua relação com a narração no cinema?*

Para responder a primeira questão, vamos tomar como ponto de partida a afirmação de Bachelard em *L'eau et les Rêves* quando diz que: *l'imagination n'est pas, comme suggère l'ethymologie, la faculté de former des images de la réalité; elle est la faculté de former des images qui dépassent la réalité, qui* ***chantent*** *la réalité.*[4]

A concepção bachelardiana de imaginação é inovadora e original. Para a tradição de índole cartesiana, a imaginação era considerada como fundamentalmente reprodutora, ou seja, a imaginação tinha por função formar imagens que se impunham como cópias do real anteriormente percebido. Nesse sentido, a faculdade de imaginar era considerada subalterna, não só em relação à percepção, mas também em relação à inteligência que tinha por função expressar o verdadeiro.

A poética bachelardiana inaugura perspectiva original ao procurar estudar a imagem a partir de um enfoque eminentemente estético.

---

4 BACHELARD, G. *L'eau et les Rêves*, Paris: J. Corti, p. 23.

Para Bachelard, a imagem não deve ser apreendida como construção subjetiva sensório-intelectual, nem como representação mental fantasmática, mas sim como acontecimento objetivo integrante de uma imagética.

Na poética bachelardiana, a imagem não é, portanto, uma simples cópia do real. A imagem é resultante da coragem e ousadia do artista que, assumindo a luxúria fecundante e inovadora do devaneio, entrega-se à imaginação eminentemente criadora, uma imaginação que se liberta dos sentidos, deixando de ser simplesmente memória para se transformar numa dinâmica que leva à criação de outro mundo. Nesse sentido, a imaginação imaginante se impõe, para Bachelard, como imaginação autônoma e livre.

O surgimento do cinema se reveste de todas as características do enigma. Segue uma trajetória que oscila entre o jogo e a pesquisa, o espetáculo e o laboratório, a decomposição e a reprodução do movimento. Pode-se dizer que o cinema se situa entre a ciência e o sonho, a ilusão e a realidade.

O cinematógrafo surgido em 1895 como resultado de uma reprodução química e de uma projeção mecânica tem como preocupação, nesse primeiro momento, reproduzir com fidelidade as coisas reais, daí ter sido acolhido e saudado pela academia.

Pelo fato de aumentar a impressão de realidade da fotografia, fornecendo o movimento aos seres e às coisas, o cinematógrafo é orientado, de início, para aplicações científicas. Tem como função mostrar um mundo até então desconhecido, como, por exemplo, a vida que habita as profundezas do mar. Mas, conforme afirma Edgar Morin em sua obra *Le Cinéma et L'Homme Imaginaire: não será ele (o cinematógrafo) a mais absurda das máquinas, uma vez que só serve para projetar imagens única e simplesmente pelo prazer de vê-las?*[5]

Assim sendo, o fascínio inicial exercido pela fotogenia faz que o cinematógrafo se volte, logo em seguida, para o burlesco e o pitoresco, mostrando ao espectador a mulher de barba ou a vaca com duas cabeças. Com isso a imagem vai se revestindo de exotismo e fantasia. E, mesmo quando o cinema resolve se voltar para a vida cotidiana e prosaica, seu intuito não é mais o de reproduzir o real, pois apresenta imagens que acrescentam qualidades que a própria vida não possui, revestindo-a dos aspectos poéticos dos seres e das coisas. Os irmãos Lumière tiveram, pois, a intuição genial de projetar como espetáculo o que não era visto como tal.

5 MORIN, E. *Le Cinema et L'Homme Imaginaire*. Paris: Éditions de Minuit, 1958 - Tradução de Antonio Pedro Vasconcelos, p. 18.

Assim, a câmera que recebera a denominação de *objetiva*, deixa de lado a objetividade, passando a conferir a tudo que captura um sentido de lenda e de surrealidade. Para isso, passa a fazer uso de recursos como o roteiro, o cenário e a montagem, constituindo-se como imagética criadora que ultrapassa a própria realidade. Alguns teóricos do cinema ressaltaram este aspecto da imagem cinematográfica.

Conforme diz Edgard Morin *Breton admirava que no fantástico só houvesse real. Invertamos os termos e admiremos o fantástico que se irradia do simples reflexo das coisas.*[6]

Para Moussinac, a imagem cinematográfica mantém o contato com o real, mas o transfigura até a magia. [7]

Acrescenta Appolinaire em sua reflexão sobre a sétima arte: o cinema é criador de uma vida surreal.

Conforme se pode concluir, a imagem cinematográfica é animada de uma vida mais intensa e mais profunda que a da própria realidade, oferecendo ao espectador a magia de habitar um mundo novo.

Como explicar a atração que a imagem fílmica exerce sobre o espectador? Para discutir a segunda questão, vamos retomar a noção bachelardiana de *fenomenologia da imaginação.*

Acreditamos que o termo *fenomenologia* não tem, no pensamento bachelardiano, nenhuma relação com o instrumental conceitual criado por Husserl. Vamos, então, retomar a definição mesma dada por Bachelard em sua obra *La Poétique de L'Espace* quando afirma que *phenomenologie est l'étude du phenomène de l'image poétique quand l'image emerge dans la conscience comme un produit direct du coeur, de l'âme, de l'être de l'homme saisi dans son actualité.*[8]

Para se chegar à *fenomenologia da imaginação* ao contemplar as imagens do cinema é, pois, necessário romper com os hábitos racionalistas e mergulhar na imagem fílmica, vivenciando-a com a alma, por meio de uma *ontologia direta.* Somente assim a imagem se impõe como origem, pois não tem antecedentes nem causa, passando a ser, como diz Bachelard, *le bien d'une conscience naïve.*[9] Para compreendê-la não

6 MORIN, E. *Le Cinema et L'Homme Imaginaire.* Paris: Éditions de Minuit, 1958 - Tradução de Antonio Pedro Vasconcelos, pp. 22-23.
7 MORIN, E. *Le Cinema et L'Homme Imaginaire.* Paris: Éditions de Minuit, 1958 - Tradução de Antonio Pedro Vasconcelos, p. 23.
8 BACHELARD, G. *La Poétique de L'Espace*, Paris: PUF, p. 2.
9 BACHELARD, G. *La Poétique de L'Espace*, Paris: PUF, p. 2.

precisamos de um saber anterior, é na imagem mesma que encontramos o seu sentido.

Duas categorias vêm complementar a noção bachelardiana de *fenomenologia da imaginação*. São elas: a *repercussão* e a *transubjetividade*. O fenômeno da *repercussão* leva a um aprofundamento da alma, provocando uma verdadeira revirada do ser e fazendo que o espectador se sinta como o próprio autor da imagem que, repercutindo nele, capta sua adesão total. Segundo Bachelard, pela *transubjetividade* conseguimos penetrar na imagem e vivenciá-la subjetivamente sem que seja necessário conhecer a vida ou as neuroses do artista que a criou. Há, pois, uma comunicação *transubjetiva*, que não se faz por conceitos, mas sim num contexto da própria alma, o que permite que participemos da imagem do artista, captando sua amplitude e intensidade. A *transubjetividade* provoca no espectador um fluxo de imagens novas, uma dinamologia poética.

Conforme afirma Bachelard, a atitude objetiva do crítico ou a interpretação psicanalítica sufocam a *repercussão* e impedem a *transubjetividade*, pois, ao pretender compreender a imagem objetivamente, a partir de seus antecedentes, acabam por traduzi-la em outra linguagem que não a do logos poético e imagético.

A terceira questão: *Como pensar filosoficamente o tempo fílmico e sua relação com a narração no cinema?* Vai nos remeter à noção bachelardiana de tempo como instante. Sabe-se que, para Bachelard, o tempo não é duração, como queria Bergson, a verdadeira realidade do tempo é o instante que se impõe de um golpe para logo em seguida morrer. A duração e a continuidade temporal nada mais são do que uma construção do espírito humano. O tempo fílmico deve ser compreendido a partir da noção de instante, pois, apesar do filme ter a pretensão de ser uma narrativa, o cineasta organiza as imagens na ordem que quiser, impondo ao roteiro um tempo específico que não corresponde, de maneira alguma, ao tempo real. Pode-se dizer que o tempo fílmico é construído mediante recursos cinematográficos como, por exemplo, a montagem que contribui para dar um sentido à expressão imagética que o realizador quer transmitir.

Com o intuito de compreender a imagem do cinema a partir das categorias da poética bachelardiana, achamos interessante retomar, como ilustração, um filme francês de Albert Lamorisse, realizado em 1956 e que recebeu diversos prêmios como o Oscar de melhor roteiro e a Palma de Ouro no Festival de Cannes.

Convidamos, então, todos vocês para assistirem a algumas cenas do filme *Le Ballon Rouge* que tem como ator principal Pascal Lamorisse, filho do diretor e que tinha na ocasião apenas 4 anos de idade.

Le Ballon Rouge apresenta, por meio de imagética simbólica, uma narrativa singela que nos seduz, cativando-nos de imediato.

Trata-se da história de um menino que encontra na rua, amarrado num poste de iluminação, um balão vermelho. Fascinado, o menino o segura pela corda e passeia com ele, feliz, pelos subúrbios de Paris. Em certos lugares, como no pequeno bonde e na escola, o balão é impedido de entrar, o que deixa o menino muito triste. Pede, então, ao objeto simbólico, que o siga quando pega o bonde e que o espere na saída da escola. Nasce, então, entre o menino e o *ballon rouge*, uma afeição cada vez maior, pois este último se comporta como um verdadeiro animal de estimação, obedecendo ao dono e fazendo brincadeiras como a de se esconder atrás das portas para que o menino o procure. O fim do filme, um tanto triste, é, no entanto, de poesia inigualável. A inveja das outras crianças da cidade leva à destruição do balão que, disputado por elas, acaba estourando e cai por terra destruído. A cena final se impõe como a consagração da poética de imagens. A tela é preenchida por inúmeros balões de cores diversas que sobem ao céu, trazendo seguro a eles o menino que voa livremente pelo espaço.

Assistindo a *Le Ballon Rouge* pudemos vivenciar com intensidade o fenômeno da *repercussão* e da *transubjetividade*. O filme leva o espectador a um aprofundamento da alma, fazendo que cada um reviva com intensidade a criança que habita em seu interior. Contemplando *Le Ballon Rouge*, somos envolvidos pelas belas imagens do filme, ficamos fascinados pela dinamologia poética que o permeia, esquecendo-nos da vida cotidiana que existe lá fora. A adesão ao simbolismo imagético, construído por Lamorisse, provoca uma inversão em nosso ser, sentimo-nos como os criadores daquelas imagens que passam a ser nossas, pois conseguimos estabelecer com o cineasta uma comunicação *transubjetiva*.

Le Ballon Rouge não é um filme de ficção, apoia-se sobre paisagens verdadeiras e reproduz com fidelidade a vida cotidiana da cidade, mas, mesmo assim, consegue criar uma dialética do imaginário, provocando no espectador os fenômenos da *repercussão* e da *transubjetividade*.

Não se trata de uma recitação literária, o filme se expressa unicamente por meio de imagens e não de palavras, quase não tem diálogos. É a mítica imagética criada pelo diretor que nos seduz.

Cabe ressaltar que o filme não deve quase nada à montagem, como acontece com outras películas. Em *Le Ballon Rouge,* a montagem é quase acidental. O que encanta e atrai é a imagética simbólica que aparece em filigrana e que Lamorisse soube tão bem construir.

Le Ballon Rouge desperta as profundezas da alma, provoca naquele que o contempla um fluxo de imagens poéticas que resultam da consciência ingênua que reside no âmago do ser. O tempo da narrativa pouco importa, não interessa se o filme se passa em dias, semanas ou meses. As imagens devem ser vivenciadas no instante, no momento em que emergem na consciência do espectador. Assistindo ao filme nos entregamos ao que Bachelard denomina de *sublimação absoluta,* pela qual as imagens, não tendo por função sublimar desejos ou paixões, se impõem com intensidade, trazendo em si mesmas uma significação puramente poética.

Cinema, estranho mundo de sonhos e ilusão. Entramos numa sala escura e de repente nos vemos penetrando numa gruta no meio da floresta. Ao sair, uma estrela brilhante nos arrebata, dançando sobre a imensa tela ao som de suave melodia. Nosso olhar se fixa na estrela que, inesperadamente, vai crescendo, ganha vida e nos arrasta numa aventura errante através do tempo e do espaço, singrando mares, escalando montanhas até retornar a terra firme. Sobre a tela novamente branca uma música solene anuncia que o filme chegou ao fim e que é hora de retornarmos ao mundo real, abandonando, assim, as ilusões que vivenciamos durante algumas horas. Deixamos para trás as belas imagens surreais que, repercutindo em nós, atingiram com intensidade e plenitude o âmago de nosso ser poético.

REFERÊNCIAS BIBLIOGRÁFICAS

BACHELARD, G. *L'eau et les Rêves.* Paris: J. Corti.

_____. *La Poétique de L'Espace.* Paris: PUF.

MORIN, E. *Le Cinema et L'Homme Imaginaire.* Paris: Éditions de Minuit, 1958 – Tradução de Antonio Pedro Vasconcelos.

Sinopse do filme *Violência e paixão*

Título do filme: *Violência e paixão* (*Gruppo di famiglia in un interno / Conversation piece*) - de 1974
Direção: Luchino Visconti
Elenco: Silvana Mangano, Burt Lancaster, Helmut Berger, Dominique Sanda, Claudia Cardinale

Sinopse: essa história de um *complot* fascista homicida começa pelo final - com o áudio de uma explosão sobre a tela preta e o escorrer de um eletrocardiograma - e serve, a Luchino Visconti, como cenário para a análise de sua própria geração - na figura do intelectual que vive em isolamento individualístico - diante da *doença* de uma nação. Uma das raras obras viscontianas não diretamente baseadas na literatura,[10] *Violência e paixão* parte do estilo de pintura inglês do século 18, conhecido como *Conversation piece* - ou *Cenas de conversação*, gênero de pintura que retrata grupos familiares em ambientes informais. Burt Lancaster é um professor aposentado que vive recluso em seu *palazzo* romano, colecionando *conversation piece*, quadros que, assim, definem o filme como retrato intimista e informal de uma família *sui generis*, constituída pelo professor com seus inquilinos - pertencentes à família de uma nobre romana, rica e amoral, da alta aristocracia industrial de direita - que, sorrateiramente e com o engano, o forçam a alugar-lhes o apartamento que mantinha fechado, no andar de cima; sendo, finalmente, adotados pelo professor, mesmo se inicialmente indesejados. O filme encena a oposição entre a serena intimidade dos grupos familiares de um passado distante, retratados nos quadros que revestem - até o teto - as paredes do antigo apartamento e a nova família do professor, desestruturada e desesperadamente contemporânea à sua época. Montagem de contraposições como metáfora italiana dos anos de 1970 - *anos de chumbo, anni di piombo* - do terrorismo de direita e de esquerda - que viram a contestação jovem de 1968 transformar-se em violência criminosa e luta armada. O professor tenta o refúgio dessas

---

10 Afirmamos isso apesar da ligação intensa que existe entre o filme e o volume sobre pintura, lançado pelo crítico literário e colecionador italiano Mario Praz, em 1971: *Conversation Piece*. Visconti toma aqui - como estímulo criativo - mais um fato pictórico do que um evento literário.

ruínas da civilização, encerrando-se em seu belo apartamento-museu. Inquietante tema viscontiano da atualidade do fascismo que trás de volta a impossibilidade de preservação da intimidade, diante de uma sociedade que desmorona. A desordem invade e contagia o *eldorado intelectual*, instalando ali a doença e a morte, cujos passos o professor ouve no andar de cima, enquanto - prostrado em seu leito - lê Proust.

Marcelo de Carvalho

Luchino Visconti e Gaston Bachelard: por uma estética da ambiguidade. Dicotomias, ambiguidades, contradições, antinomias e negações no pensamento e na arte.

Marcelo de Carvalho[11]

I - PARA ALÉM DA BELEZA

> Só um filósofo iconoclasta pode empreender esta pesada tarefa: discernir todos os sufixos da beleza, tentar encontrar, por trás das imagens que se mostram, as imagens que se ocultam, ir à própria raiz da força imaginante.[12]

Assisti *Violência e paixão*, de Luchino Visconti (Milão - 1906 / Roma - 1976), pela primeira vez em 1976, aos 18 anos, e ainda recordo a comoção que a obra provocou em mim. Em 1979, transferi-me para a Itália, onde vivi durante 25 anos, podendo compreender melhor o clima de *anos de chumbo*, descrito no filme. Bombas incertas explodiam em carros, estações ferroviárias, praças públicas e instituições bancárias, determinando a abertura de processos penais que logo se arrastariam por décadas, na impossibilidade de determinar qual terrorismo detinha a responsabilidade pelos atentados, aquele de direita ou aquele de esquerda, o vermelho ou o negro. Em dezembro do mesmo ano, numa madrugada de nevasca, assisti de novo, no *studio* parisiense de um amigo que me hospedava, em Rue de Rivoli, a fita K7 do filme, transcrevendo entusiasticamente, num pedaço de papel, a cena de enfrentamento dialético entre Burt Lancaster, o velho professor, e Helmut Berger - Konrad - universitário anarquista, sobrevivente aos tumultos alemães de 1968 como *michê* da Marquesa Brumonti (Silvana Mangano). Na acolhente cozinha do antigo palazzo romano, o professor justifica seu modo de vida recluso, afirmando: "Corvos voam

---

11 Marcelo de Carvalho é doutorando em Filosofia na Universidade do Estado do Rio de Janeiro.

12 BACHELARD, G., *A água e os sonhos - Ensaio sobre a imaginação da matéria*, p. 2. SP: Martins Fontes, 2002.

em bandos, a águia voa só..." e, supreendendo a todos, o inconformista Konrad cita a Bíblia: "Andai com aquele porque se um cair, o outro levanta-o; mas ai do que estiver só, pois quando cair não terá quem o ergua".

O violento contraste da dicotomia marcaria para sempre minha *forma mentis*, supostamente, predispondo meu modo de pensar à aceitação de contradições e oposições, não como charadas ilógicas ou insensatas, mas, ao contrário, como modalidade *sui generis* de foco sobre a realidade - e, nela, sobre a humanidade mesma - em toda sua complexidade que, notoriamente, nos conduz sempre além dos rigores do pensamento simétrico, instrumento da lógica tradicional. Passados bem 30 anos dessa noite de neve em Paris, Marly Bulcão, minha orientadora acadêmica - no curso de doutorado em filosofia, na UERJ - ao ver certas anotações minhas, ousou sugerir-me aquilo que eu vinha distinguindo como *metodologia bachelardiana das ambiguidades e contradições*, como argumento de tese que, portanto, tomou o título de: *Por uma filosofia do inexato - dinamismo de polaridades e método em Gaston Bachelard*.

Por isso, ao ser convidado a discutir uma obra cinematográfica à luz do pensamento de um filósofo, no curso para cine-philós que Marly ministra - como professora emérita - na UERJ, dando prosseguimento à nova vertente de suas pesquisas, não tive dúvidas: vamos refletir sobre o filme viscontiano *Violência e paixão*, tentando ressaltar a aplicação de certa dinâmica de contrastes que, a nosso ver, domina seja a estética viscontiana, seja o pensamento bachelardiano.

Polaridade e dinamismo serão então duas noções-chave neste texto. Para tanto, dividiremos nosso ensaio em quatro itens, dedicando os dois primeiros à apresentação das ideias bachelardianas - epistêmicas e poéticas - que nos guiarão no universo estético de Visconti, objeto de estudo de nossos dois últimos itens; sendo que, no terceiro item, discorreremos sobre o filme escolhido, reservando o último item para uma breve investigação sobre a trilogia alemã do regista, considerada por muitos especialistas como seu autêntico testamento espiritual - são os três filmes imediatamente anteriores a *Violência e paixão*, a saber, *O crepúsculo dos deuses* (1969), *Morte em Veneza* (1971) e *Ludwig* (1972). Todos fizeram eco à mesma dinâmica de oposições, objeto de nossas investigações bachelardianas.

Traçaremos, assim, o panorama da criatividade desses dois universos - viscontiano e bachelardiano - que, a nosso ver, se cruzam na permanente alusão a dicotomias polares como eixo dinâmico de desenvolvimento de ação e pensamento, assim como de conceito e imagem. Em ambos, o dinamismo da criação brota do contínuo confronto entre polaridades opostas que mantém, sempre em ação, um motor dialético de eventos, na referência constante a dicotomias, polaridades e contradições, presentes não só na obra como também na vida dos dois mestres. Acreditamos que o fato mesmo de filósofo e regista - cada um no jeito que lhe é próprio - terem exibido com clamor a vertente antagônica de sua expressão estética e intelectual sirva como inquietante sugestão da ambiguidade como mola da criação.

Uma última observação quanto ao nosso procedimento: não realizaremos nenhuma análise exaustiva de nossa hipótese de leitura dos fenômenos estéticos. Deixamos essa pesquisa em termos bastante intuitivos, por duas razões simples: inicialmente, seguindo a lição do filósofo, renovador da tradicional crítica estética, fundada na conceitualização que, aos olhos de Bachelard, constituiria uma prática intelectual redutiva - por definição - da criação mesma sobre a qual se debruça. Ele foi o iniciador, portanto, de uma nova *démarche* crítica, bem mais atenciosa, respeitosa e gentil, que parte sempre de uma atenção interior focalizada totalmente no evento criativo observado - ou melhor, experimentado - segundo uma vivência da alma. Amadurecendo o pensamento, podemos torná-lo experiência. Tratando-se de literatura, essa nova modalidade de crítica bachelardiana, como nos adverte o filósofo mesmo, não pode partir de uma primeira leitura, feita sempre em estado de animus, a saber, com a razão intelectiva. A atividade crítica exige uma segunda leitura do texto - do poema - uma leitura profunda, em estado de anima, que se transforma em experiência interior. Só assim torna-se possível a expressão não só da razão, mas também do coração. A segunda razão que mantém nossa pesquisa nos moldes de uma investigação em aberto também é simples: gostaríamos que o leitor pudesse participar, pessoalmente, da aventura, percorrendo os caminhos da obra desses mestres da imagética criadora: Bachelard e Visconti. Não convém, portanto, apressar-nos em tirar conclusões. Antes, teríamos ainda que reler todos os livros de um e rever todos os filmes do outro.

Gaston Bachelard (Bar-sur-Aube, Champagne - 1884 / Paris - 1962), foi pensador do poema e do teorema, habitou certamente em dois mundos, na ciência e na poesia, intermediando-os por sua formação tardia como filósofo. Notamos que, como ele, Visconti também foi cidadão de três mundos[13] diversos, consagrando-se como diretor de cinema, teatro e canto lírico - com a nomination ao Oscar para *O Crepúsculo dos deuses* e, entre muitos outros prêmios, o Leão de Ouro, em Veneza, e a Palma de Ouro, em Cannes - Visconti dirigiu 20 filmes, 42 peças de teatro e 21 óperas. Mas, como dizíamos, a apresentação que Bachelard faz de sua obra é, portanto, dupla; polarizada entre dois universos: de um lado a razão, com seus conceitos; do outro, a imaginação com suas imagens. Imaginação e razão indicam, no universo bachelardiano, duas funções diversas e complementares: função da realidade, cujo objeto é o conceito científico e função da irrealidade, que tem a imagem poético-literária como objeto próprio. São esses os dois polos que constituem, também, a individualidade própria do nosso filósofo. O dinamismo de sua obra parte com escritos epistemológicos (de 1928 a 1938), para dali saltar em direção ao imaginário poético (de 1938 a 1948, com exceção de *La Philosophie du Non*, de 1940), retornando, sucessivamente, ao pensamento científico (de 1949 a 1953), para concluir sua produção com visões poéticas (de 1957 a 1961). A expressão de seu pensamento criativo[14] polariza-se entre dois universos, fazendo de sua obra um duplo, com o qual Bachelard nos indica as duas direções de um mesmo dinamismo capaz de alargar, concomitantemente, os campos do pensamento e da vida. Desancorada de conceitos absolutos, a configuração ontológica mesma, do ser e do real, transforma-se - com o filósofo champenois - em plasticidade maleável às circunstâncias de cada instante.

Para compreender o panorama bachelardiano de criação dicotômica, convém relembrar que, durante o início do século 19, a renovação do pensamento científico, decorrente da descoberta e afirmação da nova física quântica - com sua mecânica ondulatória e a teoria da relatividade -

13 VISCONTI, L.: "Cinema, teatro e lírica (...), aconteceu que eu fizesse cinema e pensasse na prosa (teatral); comprometido com a prosa, ainda sonhava o melodrama (ópera)". Entrevista concedida à revista italiana *Il Mondo*, em 8/1/1976, dois meses antes de sua morte.

14 Elyana Barbosa, pesquisadora bachelardiana de Salvador, em recente palestra na UERJ/Anpof (20-21 de outubro de 2011), *Gaston Bachelard: o pensamento criador* - lembrou que Bachelard nos mostra as artimanhas de um pensamento que, antes de desdobrar-se na polaridade: razão/imaginação, conceito científico/imagem poética, é, originariamente, criativo; situando, portanto, a *polaridade* mesma como fruto da criatividade do espírito.

subverte os parâmetros tradicionais de reflexão sobre a ciência.[15] A razão, ao ter de lidar com aspectos contraditórios manifestados nessa nova abordagem da realidade física, revoluciona a si mesma, dando origem ao procedimento teórico que chamamos: dialética binária de polaridades, dialética de oposições ou, ainda, dinamismo de antinomias; existente, por sua vez, nos dois polos da obra bachelardiana. Bachelard diz que "antes de pensar é necessário desaprender! (...) Devolver à razão humana sua função de turbulência e de agressividade",[16] indicando assim a implicação fundamental desse novo dinamismo do pensamento, a saber: não se dá subversão no conhecimento sem uma correspondente revolução espiritual. Única mudança habilitada a transgredir as leis do raciocínio lógico tradicional, essa renovação do espírito subverte o quadro do saber ao instaurar, com a microfísica, novos esquemas para o pensamento de uma objetividade físico-científica microscópica e incerta entre os modos de ser partícula ou vibração. Esse novo objeto científico é, portanto, *sui generis*, naquilo que contradiz o modelo tradicional de conhecimento. Como dissemos, transformações nas regras do raciocínio requerem uma nova configuração do espírito, um novo pensamento da subjetividade, ou seja: revoluções do pensamento exigem revoluções espirituais. Por isso, ambos, Visconti e Bachelard, dispondo-se ao enfrentamento de polaridades ambíguas e contraditórias, souberam com excelência fundir vida e obra, criando assim uma opera nova.

Nascia então a urgência de uma *lógica da diferença* que renovasse a abordagem seja do mundo teórico da ciência, seja do próprio sujeito do conhecimento. Uma filosofia que se afirma dizendo não, um novo *critério de verdade* que emerge no embate retificador de erros. "O conhecimento científico é sempre a reforma de uma ilusão",[17] afirma o filósofo. De tal modo que Bachelard opõe-se à tradição do pensamento

---

15 PESSANHA, J. A. Introdução ao volume: *Bachelard*, da coleção: *Os pensadores*, Nova cultural, 1988, p. 10: o autor cita Bachelard, afirmando que as grandes conquistas da ciência, no século 20, sobretudo em matemática, física e química, indicam não apenas um avanço, mas a instauração de um *novo espírito científico*, com novos pressupostos epistemológicos, em uma atividade que, mais do que simples descoberta, é criação: "A ciência experimenta então aquilo que Nietzsche chama de *tremor de conceitos*, como se a Terra, o mundo, as coisas adquirissem outra estrutura".

16 BACHELARD, G., *Le Surrationalisme*, in: *L'Engagement rationaliste*. Paris: PUF, 1972, p. 7.

17 Em: BACHELARD, G. *O racionalismo aplicado* - VI .

ocidental, fundamentada rigorosamente sobre a identidade ou impossibilidade de contradição. A razão bachelardiana, em sua audácia de ruptura, resgata sua *função de turbulência e agressividade*, instaurando o âmbito de uma *sobrerracionalidade,* apta a dar conta dos desafios da nova ciência subatômica e microfísica,

> "sobrerracionalismo": agressividade da razão dividida contra si mesma. O compromisso racionalista é uma revolução permanente.[18]

Ao formalizar uma *dialética de contrários*, como *elo polêmico* entre os dois criadores que constituem nosso objeto de estudo, encontramos - na filmografia viscontiana - várias situações de confronto entre mundos antagônicos, em estado de oposição recíproca. Citamos como exemplo, em *Violência e paixão*, a cena na qual os jovens inquilinos, ao entrarem no apartamento do professor, o encontram lendo, com uma porta secreta aberta - camuflada entre as estantes da biblioteca - que dá acesso a um quarto com banheiro. Konrad entra e encontra o quarto secreto. O professor, então, explica que o esconderijo tinha sido construído por sua mãe, italiana, durante a guerra, para esconder refugiados políticos, partisãns e judeus. Este espaço *outro*, escondido no isolamento, servirá também à criação de uma negação do espaço sólito. Nesse ambiente fora do tempo e do espaço comuns, o professor acolherá Konrad ferido após uma agressão que sofreu durante a noite, em casa, por parte de invasores desconhecidos. Ali, confessará a Konrad ter abandonado a posição acadêmica de doutor em ciências em razão da convicção de que a ciência não pode ser neutra. "O preço do progresso é a destruição", ele admite. Portanto, sua solidão é uma oposição, uma negação do mundo de sua atualidade.

Sabemos que para Bachelard existe somente o instante, qualquer duração é obra de reconstrução por parte da memória. De modo que encontramos - em duas cenas em *flashback*, no filme em questão - a confirmação, em linguagem fílmica, dessa possibilidade de sublimação ou abstração da realidade presente. As cenas ilustram, também, a noção bachelardiana de tempo descontínuo, despedaçado em instantes, única autêntica realidade temporal, segundo o nosso filósofo. Nelas, por causa das

18 CANGUILHEM, G., prefácio de: BACHELARD, G. *L'engagement Rationaliste*, p. 6.

frequentes visitas dos inquilinos ao professor, a volta de vozes e rumores pela casa - anteriormente sempre deserta e silenciosa - o faz mergulhar em devaneios dos tempos passados e, numa esplêndida reconstrução do salão, em época bastante anterior - début du siècle - vemos chegar de viagem sua mãe, Dominique Sanda, belíssima e etérea entre véus esvoaçantes, como uma visão da duquesa Carla Erba Visconti, mãe do próprio regista. No segundo episódio de volta no tempo, aparece Claudia Cardinale como a esposa do professor.[19] Com essas visões, ele acorda no meio da noite ouvindo uma linda música (*La mia solitudine sei te...* versão italiana de Roberto Carlos). Vai até a sala onde se depara, na penumbra, com os corpos nus dos três jovens - Konrad, Lietta e Stefano, seu namorado. Fumam hashish, tocando-se e beijando-se, sugerindo o início de uma doce orgia. Lietta nota a presença do professor e, imediatamente, recita para ele, ainda nua: “Se ver uma bela forma, siga-a e se possível abrace-a, seja moça ou rapaz... não seja tímido, seja impetuoso, vigoroso. A vida é curta. Goze todo contato que sua carne queira ter”. Eis aqui, em cena, a refiguração do embate frontal - colisão - entre mundos antagônicos.
Transcrevendo, de certo modo, nossas implicações teóricas para a linguagem cinematográfica da obra viscontiana em questão, veremos o professor deixar-se, aos poucos, contaminar pela irrupção de vida que, enfim, acarretará a morte, de Konrad e sua. Verdadeiro enfrentamento do contraditório próprio - do contrário de si mesmo - mais radical das oposições, aqui representada pelo traumático e fatal encontro com o modo de vida ou visão de mundo dos inquilinos-invasores, pertencentes à alta burguesia industrial de direita, que é nobre, porém bárbara. Inicialmente ele reage, não os quer, tenta renegá-los em vários modos, mas, inexoravelmente, será preso nas malhas daquela estranha e intensa convivência.

Visconti fora acometido por um derrame um ano antes de começar a rodar o filme, que realizará doente e sobre uma cadeira de rodas. Trabalhava com grande paixão pela vida que sentia escapar-lhe e nisso existe uma ligação profunda com a história mesma do professor, que seduzido pela ambiguidade de Konrad e pela doçura de Lietta, ousará abandonar

19 MELLO E SOUZA, G., professora de filosofia da USP, em depoimento presente nos extras do DVD do filme, afirma que a mãe e a esposa do professor, Dominique Sanda e Claudia Cardinale, são figuras inspiradas em Eleonora Duse e Francesca Bertini, duas divas da infância de Visconti. Sua mãe mesma, a duquesa Carla Erba Visconti era, em seu cotidiano, a réplica viva dessas divas etéreas e, como tal, será constantemente mostrada em seus filmes.

seu refúgio seguro na arte e dirigirá ao menos o olhar às ruínas da civilização italiana, na época devastada pelo terrorismo político.

> O professor, como Visconti, é um intelectual amante da arte, o que nos sugere o tema do compromisso do intelectual com seus contemporâneos. O tema da consciência infeliz do intelectual. É um filme no limiar da morte, que traz o retrospecto de uma vida diante do pressentimento da morte. O filme nos fala da impossibilidade de preservar-nos e defender-nos de uma civilização invasiva e contaminante.[20]

Portanto, da apatia de sua reclusão o professor passa a viver emoções intensas, no envolvimento com o grupo de família da marquesa Brumonti. Como indicam as visões do passado, já citadas, ele tornará a sofrer, a escandalizar-se, a alterar-se, apegar-se e comover-se como qualquer outro ser humano, percorrendo num só golpe o caminho reverso que, por décadas, percorrera ao encontro de sua solipsística *atarassia* ou imperturbabilidade emocional. Num só golpe, encontra-se lançado para fora de seu *universo pasteurizado*, como teria dito Bachelard:

> (...) na faculdade de Dijon, ouvi um estudante falar do meu "universo pasteurizado". Isso foi uma iluminação para mim; era isso: nenhum homem saberia ser feliz num mundo esterilizado. Era preciso urgentemente que eu fizesse pulular e formigar nele os micróbios para lhe restabelecer a vida. Corri aos poetas e entrei na escola da imaginação.[21]

Características complementares devem ser inscritas na essência do ser, rompendo com a crença no ser enquanto signo de unidade absoluta.

---

20 MELLO E SOUZA,G., idem. Sobre o compromisso ético do intelectual, na cena do jantar que reúne todas as personagens à mesa, o professor diz: "Intelectuais da minha geração buscaram o impossível equilíbrio entre política e moralidade".
21 QUILLET, P. (org.). *Introdução ao pensamento de Bachelard*. Rio de Janeiro: Zahar, 1977, p. 23.

> Não acredito na identidade, mas na mistura. Não acredito no conceito de lucidez da velha sociedade positivista, cartesiana e lógica, que afirmava a organização do mundo em torno de um princípio absoluto. Não acredito em nada disso. Para mim, existe outro tipo de lucidez.[22]

O que Zé Celso confirma, com essa antinomia - derivada da prática dionisíaca de sua arte teatral - é o inconfundível fato de que, para determinar o dinamismo de crescimento dos conceitos e imagens, bem além da identidade, o que conta realmente parece ser a *dialética mistura de contrários* que, mais do que qualquer outro fator criativo, engendra movimento e embate, faz surgir controvérsia e vontade de superação, causando a proliferação de estímulos à criação. Na citação que segue, o filósofo prossegue coligando opostos. Nesse caso, contrapõe - ou seja, une em antinomia - valores racionais e dados falsos.

> Pode-se estranhar que um filósofo racionalista dedique tanta atenção a ilusões e erros e que sinta incessantemente a necessidade de representar os valores racionais e as imagens claras como retificações de dados falsos.[23]

Após fazer referência a si mesmo como *filósofo iconoclasta* - na citação inserida em primeira página - aqui Bachelard se diz *filósofo racionalista*. Ora, sabemos que racionalistas não são iconoclastas, e nem vice-versa. Isso serve a ilustrar a frequência com a qual o autor utiliza o recurso das oposições ou inversões. O que afirmamos até aqui nos servirá a configurar, pois, na obra de Gaston Bachelard - assim como na filmografia de Luchino Visconti - um *procedimento* sui generis *de pensar*, que fundando-se sobre a questão das dicotomias, negações, ambivalências, ambiguidades, contradições e antinomias, que ele incansavelmente enumera, cita e indica - indiferentemente - nas duas vertentes de sua pesquisa - epistemológica e poética - alcança o formato de uma modalidade

22 MARTINEZ CORREA, J. C., entrevista à revista Trip, outubro de 2011 - nº 204.
23 BACHELARD, G. *A água e os sonhos - Ensaio sobre a imaginação da matéria*, p. 7. SP: Martins Fontes, 2002.

dinâmica do pensamento, vindo a constituir seu principal procedimento metodológico,[24] mesmo se tal postura permanece algo espontâneo e jamais teorizado como tal. O autor mesmo propõe uma *leitura dicotômica* de seus campos de interesse: ciência e poesia, como única capaz de levantar todos os desdobramentos envolvidos na especificidade de cada um desses campos teóricos. Configura-se, em tal modo, o procedimento do pensar por meio de ambivalências, que é o que nos interessa aqui caracterizar, ao afirmar que a noção de ambiguidade reveste função central em toda obra do filósofo:

> Se devesse resumir uma carreira irregular e trabalhosa, marcada por livros diferentes, o melhor seria colocá-la sob os signos contraditórios, masculino e feminino, do conceito e da imagem. Imagens e conceitos se formam nesses dois polos opostos da atividade psíquica que são a imaginação e a razão. Existe entre eles uma polaridade de exclusão.[25]

Rompendo, pois, com as noções tradicionais de *absoluto* e de *identidade*, o autor afirma a noção de saber como "convergência de múltiplas dialéticas retificadoras", radical indefinição que torna inteligível uma pluralidade de interpretações da realidade. Chegamos assim a hipotizar a existência, portanto, de uma *lógica da razão contraditória* como sugestão de uma fundamental *dinâmica de contradição* do ser e do real, lembrete da *fecundidade do negativo*, pois o espírito que se habilitar a dizer "não" à anterioridade aprende com isso mesmo a instituir novidades enquanto aberturas de possibilidades. Especificamente, buscaremos caracterizar o mesmo *mecanismo de oposições* também na cinematografia de Visconti.

24 Quando nos referimos ao procedimento *sui generis* que pretendemos identificar na obra bachelardiana utilizando o termo *metodologia de contradições* não atribuímos o mesmo significado que as palavras teriam, segundo a tradição do pensamento filosófico, mas, ao contrário, pensamos em uma *filosofia do não*, à qual o autor se refere explicitamente, intitulando assim uma de suas obras.

25 BACHELARD G., idem, pp. 45-47.

II – A POÉTICA COMO *CONVERSÃO* AO DEVANEIO IMAGÉTICO:

Bachelard sugere como tarefa da filosofia "tornar poesia e ciência complementares, uni-las como dois contrários bem-feitos". Seduzido por imagens poéticas que cantam os quatro elementos primordiais da natureza, Bachelard converte-se ao imaginário,[26] numa profunda *virada interior* que afirmaria a dialética do fogo como dinamismo que, em última análise, libera o devaneio, abrindo caminho à sua *função de psiquismo criador*. Surgiria assim a segunda vertente bachelardiana - aquela da arte poética - que daria seus primeiros frutos nos volumes dedicados aos elementos cósmicos:[27] fogo, água, ar e terra, tomados nas imagens de seus poetas prediletos. Uma verdadeira *biblioteca cósmica* de poesias, classificadas segundo cada um dos elementos da natureza. Uma metafísica do imaginário ou imagética transcende os limites da objetividade empírica que, mais tarde, nos anos de 1950, em suas duas obras primas da poética,[28] nos transmitiria sua habilidade na construção de *surrealidades*.

Amadurecendo em sua poética, Bachelard nos revelou a fundamental androginia da alma humana - racional e imaginária, diurna e noturna - instaurando o *dinamismo polar* como lei mesma da imagem literária. Surgiria, daí, o fervilhante *procedimento por antinomias e contradições* que, sem distinção, alimentaria sua produção como epistemólogo, filósofo e crítico literário ou teórico da arte poética. A nosso ver, Bachelard nos deixou o exemplo, implícito em suas análises, de um procedimento que - confrontando oposições - renovou a dinâmica do saber, atualizando seu método, conforme os desafios da *episteme* de seu tempo. Logo, o *dinamismo* que, unindo contrários, dicotomiza imagens poéticas poderia, do mesmo modo, ser apontado como principal *postura metodológica bachelardiana*, convalidando a hipótese de um *método de ambiguidades*, como

26 Termo utilizado por Jacques Gagey, do qual discordamos enquanto uma conversão autêntica, pois implica uma via de não retorno ao estado precedente. Mas, como notório, Bachelard dedica toda sua vida, em períodos alternados, aos dois aspectos de sua alma estudiosa - *anima* e *animus*, diz ele com Jung - ciência e imaginário poético. Conclui seu último volume, poético, *A chama de uma vela* - de 1961, ano anterior à morte - ainda com o desejo de voltar a estudar sobre um texto difícil, de desenvolvimento rigoroso... referindo-se, assim, à ciência.

27 BACHELARD, G. *A água e os sonhos*, de 1942; *O ar e os sonhos*, de 1943; *A terra e os devaneios da vontade*, de 1948; *A terra e os devaneios do repouso*, de 1948. Todos editados pela Martins Fontes - SP, 1990-1991.

28 Seu legado poético maior: *A poética do espaço* e *A poética do devaneio*. Rio: Martins Fontes, 2008.

motor para o surgimento de novas imagens. O filósofo François Dagognet - discípulo e continuador de Bachelard - confirma nosso procedimento, ao formular sua lei do onirismo: "a imagem poética, enquanto criação pura da palavra, vive de contradições flagrantes".[29]

Reunir oposições, criando a ambiguidade de um surpreendente e conturbante mundo imaginário, acende a fagulha que termina por incendiar a imaginação, excitando-a a criar *novidades*, a ousar composições insólitas que maravilham naquilo que possuem de extraordinário. O devaneio poético-literário de Gaston Bachelard - *rêverie* - revela à alma do leitor a condição andrógina primitiva do psiquismo humano, na qual - entre o racional e o imaginário - infinitas polaridades constituem a incessante dança de opostos - que separa e reúne o espírito - no gozo dos instantes poéticos. O percurso cósmico-imaginário de nosso autor, configurado precisamente como itinerário poético de investigação da individualidade humana - dinâmica e ambígua - conduzindo-o à descoberta de seu ser fundamentalmente duplo, imprimirá ao desenvolvimento de sua pesquisa a urgência em fundar *polaridades, ambiguidades e antinomias*, como possíveis *modos de realidade ou de existência*, já em si mesmas polar, ambígua e antinômica. Tal processo exigirá do filósofo uma renovada metodologia de abordagem, por nós chamada *procedimento bachelardiano de ambivalências*, que focaliza humanidade e universo, inserindo ambos numa específica *dinâmica de contrários*, que veremos refletir-se, indistintamente, nos dois âmbitos da pesquisa bachelardiana.

No campo da ciência, é exemplar o procedimento de retificação da verdade que se especializa no confronto com seu contrário, o erro; ou a ruptura entre o conhecimento comum e o saber científico. De maneira análoga, ao percorrer a vertente poética de sua obra encontramos a convocação bachelardiana à descida em nossos abismos que - por simples oposição - pode, ao contrário, impulsionar-nos às alturas.

Contradições, dicotomias e ambiguidades não se superam jamais, ou seja, são aspectos estruturais da realidade que fundam a dinâmica do pensamento, seja na ciência ou na estética.[30] Essa é a regra fundamental

29 DAGOGNET, F. *Bachelard*, edições 70 - Lisboa, pp. 51 e 80.

30 "*Ce que je m'attache (...) à montrer, c'est que, dans la combinaison qu'il (Bachelard) réalise, la contradiction affleure à chaque instant, criante, au point de laiser subsister, pour finir, une faille irréductible. Cela sans doute est exceptionnel, singulier (...)*" - LECOURT, D. *Bachelard Le jour et la nuit - Théoriciens Grasset*, 1974.

para a aquisição do conceito-chave de *pensamento criador*, prescindindo de sua dicotomização entre conceito e imagem, razão e imaginação. Portanto, para compreender Bachelard, torna-se necessário proceder por antinomias e ambiguidades, transitando pela duplicidade de sua alma que afirma a ambivalência como ingrediente necessário ao êxtase poético. Iremos agora investigar o mesmo *dinamismo de oposição entre contrários* - ou *dialética binária de polaridades* - como cerne da poética viscontiana. Caracterizar de tal modo o gênio de nossos dois criadores nos autorizará a falar em *divergência enquanto princípio de criação.*

III – LUCHINO, TIRANO SONHADOR:

Talvez fosse necessário conhecer a história dos tirânicos Duques Visconti di Modrone - descendentes de Carlos Magno, imperador do Sagrado Romano Império - que no século 13 dominaram, com punhos de ferro, o Ducado de Milão; como deveríamos conhecer, também, o altíssimo significado para a civilização italiana, do *Teatro Alla Scala di Milano*, onde Visconti montou diversas óperas, tendo frequentado a Scala desde a infância - com seus avós, beneméritos do teatro - como se fosse seu teatro privado, do *palazzo* atávico. Só assim teríamos uma vaga ideia do vigor e domínio[31] com os quais o grande *maestro*, Luchino, descendente dessa dinastia de dominadores, imperava nos *sets* e palcos de suas criações.[32]

Um breve ensaio,[33] escrito por Visconti mesmo, e intitulado *Cinema antropomórfico,* fornece exatos parâmetros sobre sua arte. Interrogando-se sobre o que o teria conduzido à atividade criativa no cinema, o *maestro* esclarece que para ele criação significa a obra de um homem qualquer que viva em meio aos homens. "Qualquer trabalhador vivendo cria, seja ele

31 Em 1946, logo após a guerra, o jovem Franco Zeffirelli encontra Visconti durante um ensaio num palco de Florença. Foi o início de uma relação que, entre amor e arte, durou anos. "(...) Visconti estava possuído por uma fúria apocalíptica: hurros, palavrões, insultos irrepetíveis. Naturalmente, fiquei chocado e curioso. Visconti tinha então 40 anos, era aristocrático, um conde, belo, rico e elegante. Seu pai era Duque e sua mãe uma herdeira milionária." ZEFFIRELLI, F. *Autobiografia.* Milão: Mondadori, 2006, p. 92.

32 Em *O crepúsculo dos deuses* Visconti fez reviver seu *teatrino*, na cena em que Helmut Berger - parodiando o extravagante herdeiro Arndt von Krupp - se traveste de Marlene Dietrich e canta *O anjo azul.*

33 No site indicado na bibliografia deste artigo.

artista, artesão ou operário", diz ele. Para Visconti não existe vocação. O que existe, sim, é a consciência da própria experiência produtiva, nesse sentido qualquer trabalho torna-se criativo enquanto manifestação de vida:

> O que me conduziu ao cinema foi, sobretudo, o empenho em narrar histórias de homens vivos. O cinema que me interessa é um *cinema antropomórfico*, no qual o que mais me apaixona é o trabalho com atores, material humano com o qual se constroem esses homens novos - personagens - aos quais eles são chamados a dar vida. Os atores geram, assim, uma nova realidade, a realidade da arte.[34]

Como na poética e na epistemologia bachelardianas, na arte de Visconti também partimos da consciência do valor atribuído - no cinema, na prosa e na lírica - à *criação contínua de novas realidades*. Visconti afirma que durante a preparação cênica ator e personagem tornam-se um só. Para isso constrói personagens desde a escrita do roteiro, para a fusão efetiva com a intimidade do indivíduo humano.

> "É um trabalho duro encontrar o âmago de uma personalidade que criamos *ex novo*. Mas vale a pena porque lá no fundo existe sempre uma criatura humana a ser liberada. A presença viva, o peso do ser humano é a única coisa que realmente preenche o fotograma. O mais humilde gesto do homem, seus impulsos e hesitações transmitem poesia e vibração às coisas ao seu redor. Repito sempre: poderia rodar um filme diante de uma parede, mesmo sem cenografia, se pudesse encontrar e narrar dados sobre a verdadeira humanidade dos homens."[35]

Assim, acreditamos que a reflexão que apresentamos sobre princípios bachelardianos sirva para ilustrar também divergências e polaridades que são frequentes na obra de Luchino Visconti, *artista desconcertante*

34 VISCONTI, L. *Cinema antropomórfico*, ver bibliografia.
35 VISCONTI, L. Idem.

que - em 20 filmes, 42 peças de teatro (prosa) e 21 óperas (melodrama) - traduziu, como o fez Bachelard em seu contexto, as contradições dos indivíduos de sua época criando um ambíguo panorama de dicotomias e oposições. Filho da mais alta nobreza milanesa e comunista convicto, Don Juan e homossexual, militante antifascista, diretor tirânico e cruel. Nasce no luxo de um dos mais belos palácios de sua cidade, mas, em *A terra treme* (1948), mostra a miséria - com força quase mítica - dos pescadores sicilianos e, em *Rocco e suoi Fratelli* (1960), aborda a imigração miserável do sul da Itália à Milão industrial. Em *Il Gattopardo* (1963), do romance de Giuseppe Tommasi di Lampedusa, de 1958, sobre a unificação da Itália, Visconti encena o surgimento de um mundo radicalmente novo, confrontando a decadência da aristocracia rural siciliana - com a união garibaldina da Itália, em 1861, sob a dinastia dos Savoia - à ascenção da nova burguesia comercial. Sua biógrafa assim o define: "Luchino Visconti, *artista desconcertante*, que representa as contradições da Itália do século 20".[36] Foi co-fundador do neorrealismo, que projetou o cine italiano ao mundo:

> "Não é possível criar um filme neorrealista nem com diálogos compostos por escritores nem com atores provenientes das companhias teatrais. Mas, não convém generalizar, pois logo voltam à memória casos contrários; lembro-me da primeira vez que assisti *Roma: cidade aberta* de Rossellini, em 1946, num cinema de Via Veneto, na cena da queda da Magnani, todos pulamos de pé, aos gritos..."[37]

Conhecido como *O conde vermelho*, Luchino era filho de Carla Erba - riquíssima herdeira da indústria farmacêutica *Carlo Erba*, seu avô - e do andrógino dandy Don Zizi, Duque Visconti di Modrone. Conviveu, durante a infância, com grandes artistas da época, entre eles Toscanini e Puccini. Paradoxalmente, o notório comunismo do maestro surge como fruto de uma incerta fusão entre a rica burguesia industrial, por um lado, e a mais alta aristocracia de brasões, por outro. Em *Il Gattopardo*, ouvimos dizer: "Será preciso mudar

---

36 SCHIFANO, L., Luchino Visconti. *O fogo da paixão* (prêmio literário - biografia - da Académie Française, 1988), Rio de Janeiro: Nova Fronteira, 1990.

37 VISCONTI, L. *Esperienze di un regista sul palcoscenico e nello studio.* Ver bibliografia.

tudo para que nada mude", em referência à ruptura e queda de uma ordem imóvel, feudal e burbônica do *reino de Nápoli e das duas Sicílias*. No Palazzo di Donna Fugata, o Príncipe Fabrizio di Salina (Burt Lancaster), "celebra-se ao mesmo tempo o apogeu, o declínio e o triunfo da velha aristocracia e dos novos burgueses, comerciantes *parvenus*". Também aqui o confronto entre contraditórios - dois mundos opostos - é o fator histórico explorado, em vista da criação de certa tensão estética que sustenta a trama do filme. O baile do Príncipe é uma cena de referência na história do cinema, pois foi inteiramente filmada em *sequência contínua*, ou seja, são cenas de um baile real, uma grande festa em costume, e à luz de velas, que durou toda a noite e até as primeiras luzes do amanhecer agitou os salões nobres de um palácio histórico de Palermo. O extraordinário efeito final desse recurso da continuidade cênica sugere na tela o real superamento da ficção.[38]

Nos três filmes citados aqui, *A terra treme*, *Rocco* e *Il Gatopardo*, Visconti trata o tema escandaloso da "dissolução familiar, vista como metáfora de eventos políticos e sociais".[39] O tema representa, em si, o foco de embate entre contrários que desagregam a união fundamental em toda sociedade humana. Sua biógrafa, Laurence Schifano - lembrando nossa questão sobre ruptura, polaridade e oposição - afirma ainda que Visconti provocara, durante toda sua vida, escândalo, polêmica e intervenções da magistratura. Afirma, também, que ele era tentado pelo excesso, pelas regras a destruir, pela sonolência a sacudir. Além disso, amava mostrar, com crueldade, a tortura dos corpos entre a paixão e o aniquilamento:

> "... encenando amores como convulsão, como furor animal. Amor como intrusão instantânea e fulgurante da beleza que mata, como na primeira visão de Tadzio (Morte em Veneza) ou no primeiro olhar sobre Konrad. O erotismo de Visconti oscila entre sacro e profano, entre exaltação e desordem, entre manifestação da vida e sugestão da morte onipresente. A beleza suscita adoração e profanação".

38 Assinalamos, também, com interesse o realismo da cena na qual a máquina penetra no banheiro masculino, revelando um amplo local repleto de belos penicos de porcelana cheios de urina, como de regra naquela época.

39 PORRU, M. *Luchino Visconti: un viaggio spettacolare nel mondo dell'arte*. Indicamos na bibliografia final o site bibliográfico de Visconti, no qual encontramos diversos ensaios dificilmente disponíveis em livrarias.

Visconti manifestava uma paixão secreta por dominar e destruir, em total antagonismo à *beleza* de suas obras. Testemunhos sobre suas relações íntimas com Franco Zeffirelli e Helmut Berger falam de episódios frequentes de confrontos e crueldades, ciúmes e humilhações recíprocas. Muito provavelmente, o grande mestre sentia-se atraído somente por aqueles que ousavam enfrentá-lo, humilhá-lo e puni-lo, como ele também amava fazer. Todos esses íntimos detalhes biográficos demonstram, meramente, que em sua *vida criativa* "não havia prazer nem contemplação da beleza sem sofrimento, castigo e condenação à morte".

Visconti, então, em clara tensão antitética entre desejo e castração: "faz que o corpo cobiçado sofra ultrajes para parecer arruinado, maculado, castigado, violado". É o caso da surra dada por agressores anônimos em Konrad, no filme que comentamos e das lutas do belíssimo e jovem Alain Delon, em *Rocco e i suoi Fratelli*; como também de Ludwig - brilhante cavaleiro do cisne, exibido decadente, velho e desdentado - encurralado em seu castelo pela polícia imperial. A biógrafa sugere um *fantasma cultural* que, apesar de ainda fazer vítimas, foi bastante típico em gerações passadas de homossexuais,[40] afirmando que o amor viscontiano, como para Wilde, Proust e Pasolini:

> ... permanece ligado à culpa. Para amar ele tem de pagar o prazer da transgressão com o sofrimento. Além do mais, mantinha relações só com quem não podia possuir, homens casados ou levianos e caprichosos. Em plena época do amor livre ele evoca sempre o amor proibido.[41]

Portanto, dicotomizando prazer e sofrimento, Visconti tece suas histórias sempre a partir de polaridades e oposições, confrontando o negativo que faz ressaltar claramente a divergência e a ambiguidade como princípios de criatividade.[42] Por tal razão, não limitaremos nossa

40 Parafraseando o termo carregado de preconceito, José Celso Martinez Correa, na mesma entrevista já citada à revista Trip, define-se um *homem sexual*.

41 SCHIFANO, L. Idem.

42 O DVD do filme em questão traz em seu menu uma entrevista com Visconti mesmo que, discorrendo sobre o ano de 1969, diz: *A crise política, cultural e humana* desses últimos anos *quebra os esquemas preexistentes*, como uma *tomada de consciência e de posição não dogmática*. Atribuo importância ao papel dos

exposição à obra diretamente em questão, mas buscaremos também referências à divergência como princípio da expressão artística nos três filmes da *trilogia alemã* viscontiana.

Logo, ao apresentar *Violência e paixão* (1974), percorremos um território, da mesma maneira, minado por ambiguidades, dicotomias e contradições, entre o barulho da explosão inicial - nos anos 1970, bombas explodiam em lugares públicos por toda a Itália - e o silêncio sereno do *palazzo* romano; entre o refinado discurso do professor e a linguagem afiada e vulgar da marquesa Brumonti; entre a serenidade dos grupos familiares retratados nos quadros que ele coleciona e os confrontos violentos na família de inquilinos; entre isolamento solipsístico e vida em grupo; e, afinal, entre a vida e a morte, que chegaria pontual. Veremos, porém, que a descrição de algumas cenas, à luz dos parâmetros que indicamos como próprios da *metodologia de oposições e ambiguidades* de Bachelard, não poderá ser substituída pelo recurso direto do DVD do filme. Convidamos, portanto, os leitores a colher a ocasião de rever esta obra prima do cinema italiano.

> O tema do filme mostra um intelectual de minha geração que não consegue viver em sua época, entrando em choque com a geração atual. Coleciona quadros ingleses do século 18, conhecidos como *conversation pieces*, cenas de famílias. Meu filme é um *conversation piece*, um retrato de família. Sua cena mais bonita, o jantar trágico das cinco personagens, é um *conversation piece*. O professor sabe que errou trancando-se em si mesmo. Ele não entende o que acontece ao redor: "De repente me vi num mundo do qual não compreendo o significado".[43]

---

jovens mas, com frequência, o entusiasmo dos jovens é acompanhado por novas formas de dogmatismo. Sua veia polêmica opõe juventude a dogmatismo. Visconti contraria onde todos concordam, põe em discussão objetos de consenso geral, ilustrando a máxima bachelardiana que diz ser a verdade *filha da discórdia e da discussão* e não do consenso. Notamos, ademais, que Visconti considera a crise e a quebra de esquemas como ocasião de tomada de consciência e de posição não dogmática... em convergência com o tema do filósofo, da ruptura com o senso comum como gerador de desenvolvimento nas ciências.

43 Release escrito por Visconti para divulgação do filme na imprensa italiana, presente entre os *extras* no DVD de *Violência e paixão*. O maestro continua: "Konrad denuncia um *complot* fascista, mas o professor não acredita no perigo fascista. Por isso, o apoio que Konrad esperava não chegará em tempo para evitar

Uma primeira dicotomia dinamiza a sequência de cenas iniciais: os grupos de pessoas em situações de convivência intimista - retratados nos quadros do professor - contrastam claramente com seu isolamento individualista. A marquesa Bianca Brumonti surge em cena já numa posição ambígua, entre a nobre elegantíssima e refinada e a intrusa oportunista que junto à filha, Lietta, e o noivo desta, Stefano - por sua vez, filho da mesma alta burguesia industrial de direita - conseguem alugar o apartamento do andar de cima, ludibriando o professor, proprietário, com enganos e subterfúgios.

A primeira visita ao andar de cima cria o impacto de um panorama diametralmente oposto ao ambiente clássico e refinado da residência do professor. Ao entrarem, encontram salas vazias, ambiente velho e escuro, fechado e em abandono. O impacto entre ambientes diametralmente distintos se repetirá, na conclusão das obras de reforma do imóvel, totalmente descaracterizado. Com a demolição de paredes, os novos inquilinos criam um espaço branco, de gosto contemporâneo. Ao entrar Konrad (Helmut Berger), amante de Bianca, uma troca de olhares particular, entre os dois homens, o jovem e o idoso, denuncia que entre eles surgiria um vínculo profundo. "Sou velho, neurótico e histérico", alega o professor em defesa do próprio isolamento.

O violento embate entre os dois mundos vem à tona com um telefonema que, involuntariamente, o professor testemunha, no qual Konrad chama a amante aristocrática de "vagabunda safada..." e de *Madame la marquise... de merde*. "Quanto mais ricas, mais podres", justifica-se ao professor, acirrando a tensão entre opostos. Instaura-se assim um radical panorama de antinomias, entre a fúria contida e educada do velho senhor e a raiva desbocada dos dois amantes. A linguagem ordinária da marquesa também causa contraste com a beleza de seus figurinos e joias.[44] Mas, por outro lado, um agradável contraste surpreende o velho professor. Trata-se do jovem Konrad, como veremos, o mais desqualificado e sem brasões

---

seu assassinato pelos fascistas. O professor é um egoísta maníaco que detesta o barulho dos homens e vive fechado no silêncio. Em Burt, analiso minha geração. Meus filmes contam histórias de famílias, sua autodestruição e desestruturação. Narro tragédias, no ponto máximo do desespero. Interessa-me o exame da sociedade doente".

44 MELLO E SOUZA, G., já citada, afirma que Silvana Mangano, marquesa Brumonti, elegante e refinada nas roupas, é vulgar no comportamento. Segundo a filósofa, a personagem representaria, portanto, um "monstro ambíguo com aparência contraditória".

dentre os intrusos que, porém, reconhece discos inéditos de Mozart e resolverá a questão sobre a atribuição incerta de um dos quadros do professor, reconhecendo seu autor. Estudava história da arte, tornando-se ativista do movimento estudantil de 1968. Com o desenrolar da trama em direção ao atentado patrocinado por certos industriais de direita - entre eles o marido de Bianca e o pai de Stefano - contra membros esquerdistas do governo italiano, descobriremos que Konrad fazia parte dos militantes comunistas, junto aos radicais de Berlim, de onde fugira para evitar a prisão. Em Roma, mantinha-se em liberdade - sempre em risco em virtude da vida desregrada que levava[45] - informando à polícia sobre complôs criminosos da direita, que descobria graças aos contatos que mantinha entre os ativistas do movimento romano de contestação política.

Veremos surgir, em tal cenário, um vínculo ambíguo - enquanto surpreendente - entre o personagem mais escabroso da família de novos inquilinos, único sem grande *estirpe* ou riqueza, e o mundo ideal das imagens de harmonia eterna que o velho homem coleciona. "É uma puta de nascença", diz Lietta ao professor, a respeito de Konrad, que ela acolhe docemente com a pergunta: "Querido, do *baudoir* de quem você está chegando". A personagem atrai em si todo o vigor e força de embates antagônicos - e choque entre contrários - pulverizados na obra toda. No clima de oposição que se instaura entre o grupo de invasores e o velho homem, sobretudo a linguagem é discordante. O discurso do professor é sempre pacato e, mesmo se intenso e comovente, permanece nos limites do rigor de uma elegância de outros tempos, enquanto a linguagem crua, ofensiva e amoral dos jovens e da matriarca deixa transparecer o abismo entre os valores e comportamentos que separam os dois mundos, criando o dinamismo que conduzirá a trama aos limites de um desfecho fatal. Na verdade, o professor representa uma personagem *intempestiva*, cujos valores pertencem a outra época, a outro mundo. Como em Bachelard, aqui também é o radical encontro de contrários que provoca o progresso da trama. Com a poética do filósofo, aprendemos que imagens contrastantes - indícios de polaridades ambíguas - dão origem a uma profusão de novas imagens, conduzindo a narrativa por seus insuspeitáveis meandros.

45 Lietta diz de Konrad: "dirige como um doido, se morre, todas as putas de Roma iriam ao seu funeral, seguidas por viciados, bandidos e sapatões e uma delegação de bichas".

O pretexto de um sanduíche de salame na cozinha confirma a tática do *maestro*, de construção das cenas - encantadoras e sofisticadas - como réplicas de seus quadros de *gruppi di famiglie*. São grupos de uma família *sui generis*, retratados em diferentes momentos de uma conturbante cotidianidade. Porque vive essa vida reclusa? Bianca ousa indagar o professor. "Para viver com as pessoas você tem de pensar e envolver-se com elas e não com suas obras", admite, confessando o sonho impossível de colecionar pinturas em busca daquela beleza ideal - *desencarnada* - existente somente nas obras de arte. Não desejava misturar-se às contradições ínsitas no convívio com a humanidade. Dá-se então a troca de citações entre ele e Konrad, referentes aos corvos e à Bíblia, antes citada. A cena seguinte mostra mais um *conversation piece* ou *gruppo di famiglia in un interno* que, dessa vez, retrata na esplêndida sala de jantar oval - de gosto clássico, século 18, iluminada por velas - o professor que espera em vão seus hóspedes para o jantar. A velha e fiel *bonne* diz que gente refinada teria ligado para avisar do atraso. "Não são refinados, são rudes, estúpidos e inúteis" ele responde. E janta só.

Visconti escrevia seus roteiros com a amiga Suso Checchi d'Amico, sempre partindo da grande literatura, o que, em termos bachelardianos, nos permitiria defini-lo, como fazia o filósofo Gaston, a propósito de si mesmo, como um *ledor de livros* voraz, além da merecida qualificação de: "o mais literato dos diretores italianos",[46] pois inspirou-se em Camus, Proust, D'Annunzio, Boccaccio, Thomas Mann, Guy de Maupassant, Dostoievsky, Shakespeare.

> "Sua filmografia deriva, em sua totalidade - direta ou indiretamente - de matrizes literárias. O *regista* mesmo afirmou em diversas ocasiões como fosse inconcebível para ele escrever roteiros sem basear-se sobre textos literários."[47]

> "Os mecanismos interdisciplinares que tecem a intensa relação existente entre o cinema viscontiano e outras manifestações artísticas, como a literatura,

46 CECCATTY, R. De: extrato do prefácio ao romance *Angelo*, de VISCONTI, L., ver bibliografia.
47 PORRU, M. Idem.

> a pintura, a música, o teatro e o melodrama, constituem a espinha dorsal de sua poética."[48]

Violência e paixão continua o diálogo com as artes, deixando-se inspirar na pintura, a partir da narrativa erudita do excêntrico crítico literário italiano, Mario Praz, que lançara um volume monográfico sobre quadros de escola inglesa, *conversation pieces* ou *Cenas de conversação*, que Praz mesmo colecionava. Visconti encena, pois, o crepúsculo das certezas de uma casta de privilegiados. O professor mesmo verá ruir sua recusa em relacionar-se com a vida do presente. Os invasores trazem o irreversível contágio com a vida pulsante que, porém, contrariamente, lhe revelaria a morte.

A busca pelos aspectos mais reais e autênticos da existência, e nela, o permanente interesse por conflitos e paixões que atraem e, concomitantemente, repelem os indivíduos entre si, constitui certamente a característica fundamental na aproximação entre o *regista* e o que chamamos de *método das ambiguidades bachelardiano* fundado, como vimos, no contínuo embate entre contrários, como dinâmica propulsora da criatividade.

> In Visconti é exatamente a relação crítica com o mundo que ele reconstrói e interpreta o que fornece a substância e a vital contradição ao seu modo de representá-lo. É uma questão de estilo e de escolha ideológica.[49]

Seguindo o enredo, os tremendos, mas simpáticos e envolventes jovens, reúnem-se ao professor para um jantar formal, no qual Bianca chega - em *grande gala* - e, agitada, narra a fuga do marido para a Espanha, veemente na proibição à esposa de continuar a encontrar-se com Konrad, o que acarreta o pedido de divórcio por parte de Bianca. Durante o jantar, acontece o enfrentamento final entre Stefano e Bianca de um lado e Konrad do outro. Refinado, mesmo que cruel, combate entre castas que excluem-se reciprocamente no jogo dicotômico de oposições entre sistemas de vida antagônicos:

---

48 PORRU, M. Idem.
49 BENCIVENNI, Alessandro. *L'eredità viscontiana*. Ver bibliografia.

> "Sou o que sou, mas também sei o que vocês são", diz o jovem alemão: "Vocês vivem entre cavalheiros sem saber que são assassinos. Seu marido, Bianca, fugiu porque descobriram que ele e seu grupo estavam por assassinar uma dúzia de comunistas, membros do governo".

O professor atordoado com as acusações se entrega ao paradoxo:

> "Nem mesmo os malditos do inferno se acusam como vocês o fazem. Tratam-se como animais e achei que se amavam (...) Foi tudo muito pior do que pensei, mas vocês poderiam ter sido minha família". E, então, fala da consciência de ter chegado ao fim da vida. "Vocês me acordaram de um sonho, profundo e morto como a morte."

Em tal situação, o professor descobre ter sido acordado de um *sonho morto*, somente para viver sua morte definitiva. Antes, porém, veria morrer seu *angelo ribelle* - Konrad - ao qual negara apoio. Ao encontrá-lo morto, na explosão da cozinha do andar de cima - estrondo que dá início ao filme - o toma, sem vida, em seus braços, como angustiante *Pietá,* toda ao masculino. Konrad tinha sido assassinado pelos fascistas, cujo falido golpe de Estado ele mesmo denunciara à polícia. Na última cena, o professor doente na cama - lendo Proust - ouve os passos da morte que se aproxima e fecha os olhos, para sempre, em doce expressão de arrependimento.

IV – A TRILOGIA ALEMÃ

Como dissemos, ao descrever em *Violência e paixão* o mesmo dinamismo da *dialética de contrários* que detectamos na obra de Bachelard, percebemos aos poucos que a *oposição de antagonismos* descrevia uma conduta criativa presente não somente nesse filme viscontiano, de 1974, como também em toda sua filmografia. Pareceu-nos, portanto, boa conclusão para este breve ensaio apresentar em poucas linhas[50] o que ficou conhecido como a *trilogia alemã* de Visconti, para muitos críticos seu verdadeiro testamento espiritual.

Ao contrário da civilização das luzes - que Luchino frequentou desde menino, nas viagens e estadas em Paris, com sua mãe, a duquesa Erba Visconti ou durante sua estada na *ville lumière*, no final dos anos de 1920[51] - a cultura alemã foi, para o *regista*, uma descoberta tardia. Sob o cunho da contradição, Visconti sente-se profundamente atraído pela Alemanha do desastre, da grande catástrofe, do romantismo - "Alemanha apaixonada pelo impossível e pela morte" - como diria seu adorado Thomas Mann. Ademais, como esclarece sua biografia:

> "Luchino Visconti foi um homem forte e prepotente, fascinado pelos fracassados, pelas vítimas, pelos destinos esmagados pela realidade. Destinos atormentados. Prometeus fulminados da arte que conduziram suas vidas e suas obras em meio a tumultos, calamidades e guerras".[52]

No final dos anos de 1960, Visconti, alarmado com o perigo de uma retomada da violência de direita, considerava que o fascismo na Itália ainda não tinha morrido. Temia que o simbolismo totalitário da tomada do Parlamento Alemão - Reichstag de Berlim - pelos nazistas, na fatídica noite de 1933, ainda fosse uma probabilidade real para a Itália daqueles anos. Uma realidade ainda miseravelmente atual.

Em última análise, pensando nas forças ambíguas e contraditórias que se enfrentavam naquele momento histórico, conclui-se que raramente havia-se instaurado antes na cultura jovem panorama tão divergente. Na América *hyppie* imperavam as máximas do *peace and love* e do *sex, drugs and rockn'roll*. O festival de Woodstock, experiências lisérgicas de grupo e a contestação de massa à guerra do Vietnã completavam o cenário americano. Enquanto na França a adesão imediata de operários, por um lado, e da

50 Neste item, seguiremos, sobretudo, notícias colhidas na biografia viscontiana já citada.

51 Neste período, Visconti frequenta Kurt Weil, Jean Cocteau e Coco Chanel que o introduz a Renoir, com quem colaboraria como figurinista e assistente, na direção de *Une partie de campagne*.

52 SCHIFANO, L. Idem.

intelligentsia filosófica, por outro, transformaram quase imediatamente manifestações estudantis de rua em episódios de guerrilha civil, prólogo ao aparecimento, na Itália e na Alemanha, dos grupos terroristas clandestinos *Le brigate rosse* e *Baader Meinhof*, aos quais as forças de governo responderiam com acirramento feroz que, contrariamente aos clamores da época, muito contribuiu para o fortalecimento da extrema direita.

De tal modo, podemos afirmar que assim como o momento histórico no qual viveu Bachelard - graças à revolução científica que comentamos - apresentava a combustão de forças em ruptura como ponto de mutação de toda uma época, da mesma maneira, o momento histórico de Visconti também lhe pôs diante de forças ambíguas e contraditórias que ergueram-se como *Weltanschaung* de uma época. Para ele, então, o retorno do pesadelo alemão, que expandiu-se até se tornar uma tragédia mundial, ainda permanecia - no fim dos anos de 1960 - uma possibilidade atual. Novamente, tomavam forma os pressupostos "para uma decomposição da civilização, para a queda dos valores humanistas e para o desencadeamento de forças irracionais". Visconti então, como um cruzado ou um dos tantos guerreiros de sua gloriosa estirpe, sente o chamado à tarefa de "remontar às raízes do mal da decadência".

> "O decadentismo é coisa preciosa, movimento artístico de extrema importância (...). Imergir nessa atmosfera para demonstrar a evolução da sociedade por meio dos cataclismos que a sacudiram e levaram à decadência de uma grande época (...). Fazer isso também é uma forma de engajamento político."[53]

Em 1969, temendo portanto o renascimento do fascismo - em razão da contestação anárquica que, como dissemos, sucedeu o movimento estudantil europeu, gerando violência criminosa e luta armada entre grupos terroristas de direita e esquerda - Visconti, aos 63 anos, identifica-se com Thomas Mann, humanista e romancista do declínio europeu e alemão. Ele nota, ademais, ter a mesma idade que o escritor tinha na época do incêndio do *Reichstag*, em 1933. De tal modo, e como sempre, opondo-se aos "modismos e convenções" do instante, Visconti

53 Depoimento do *regista*, de 1973, referido na biografia citada. Os termos entre parênteses são usados pela autora no volume citado.

não participaria das vanguardas em desordem. Por isso foi "acusado de senilidade arrogante". Num movimento incrivelmente contra a corrente, mergulha de novo na grande literatura para, por meio dela, realizar ainda aquilo que mais o atraía, a saber, o exame da *sociedade doente*, "remontando às raízes do mal europeu".

O *maestro* formularia, assim, um exato diagnóstico de sua contemporaneidade, na majestosa revisitação de três datas fatídicas: numa verdadeira "busca do tempo perdido", percorre o início do século ou limiar da Primeira Guerra (1915-1918), com *Morte a Venezia*, de 1970; o incêndio do *Reichstag* de Berlim (1933) ou a noite dos cristais, com *La caduta degli dei - Os deuses malditos*, de 1969; e a derrota do Império Austro hungárico e a queda do reino da Baviera, com *Ludwig*, de 1972.

Voltando-se, portanto, à Alemanha do passado, nessa trilogia, Visconti indagará, em *Morte a Venezia*, o mundo *fin de siècle de la belle époque*. Mundo de sua infância, segundo ele, raiz do decadentismo.[54] Em: *Os deuses malditos*, narra a "história de violência, sangue e sede de poder" que levou o nazismo ao governo da Alemanha e à destruição da Europa. E, por último, o advento da Alemanha bismarckiana, em *Ludwig*.

Em depoimento de 1971, referido em sua biografia, Visconti se manifesta sobre o papel da grande literatura europeia em sua obra, assim como sobre o papel desta última no resgate da cultura ocidental:

> "A cultura torna-se cada vez mais uma cultura de massa. É fatal. Talvez seja bom que o cinema convide o grande público a se voltar para as grandes obras literárias (...). O discurso que deveríamos fazer, nós, os antigos cineastas, o fizemos. Eu o fiz, desde *Obsessão* até *Os deuses malditos*. Doravante, podemos atacar temas mais particulares e privados, como os de Proust e Thomas Mann. Há, por trás de nós, um passado de luta que justifica a volta a *privacy*, que recusamos durante anos".

54 Tema que Visconti contava enfrentar no tanto desejado filme sobre *La recherche* de Proust, que não conseguiu concluir em razão de desentendimentos com sua produtora, apesar dos anos de empenho, com pesquisa e roteiro, e das filmagens em estado avançado.

IV.1 - *OS DEUSES MALDITOS: (LA CADUTA DEGLI DEI / GOTTESDAMMERUNG)*, DE 1969.

O roteiro do filme, como de costume para o *regista*, nasce de um velho projeto literário, de adaptação do *Macbeth* shakespeariano, "espetáculo sobre a corrupção moral e o desejo desmedido de poder. Enquanto os mecanismos que conduzem uma família da alta burguesia à destruição derivam de *Os Buddenbrook* de Thomas Mann".[55] Tais influências unem-se a outras obras literárias, como *O jovem Torless* e *O homem sem qualidades* - ambas de Musil - *Os demônios* de Dostoievsky e *Les Séquestrés d'Altona*, de Sartre, para narrar a saga de uma potente família de industriais, os Essenbeck - como paródia da potente dinastia do aço bélico alemão, os Krupp - durante a formação da Alemanha nazista. Essen era o feudo da família Krupp, que reuniu imensa fortuna instalando uma centena de indústrias de produção bélica do aço nos campos de extermínio, onde exploravam a mão de obra gratuita dos prisioneiros condenados.

O jovem Helmut Berger interpreta o papel de Martin Essenbeck, encarnando o extravagante e ambíguo herdeiro Arndt Krupp, cujo pai, Alfried - após a condenação no processo de Nuremberg - morre em 1967, vítima de alucinações em seu castelo. Arndt viverá no luxo extremo por mais vinte anos, casado com uma princesa alemã e circundado por uma corte de rapazes que o adulam e roubam, como Ludwig e seus valetes. Em algumas cenas, como naquela em que Martin, travestido, imita Marlene Dietrich no teatrinho do Palácio Essenbeck, é como se Visconti revivesse, em seus filmes, uma espécie de *infância permanente* bachelardiana, a saber, não relembrando recordações da memória de uma infância passada, mas sim propondo, em termos de vivência presente, uma infância que dura e se constrói a partir do *hic et nunc* momento presente. Infância que permanece sempre conosco, pronta a ser experimentada de novo e reconstruída, cada vez mais nova. Recompondo, portanto, cenários dos palácios onde vivia com sua mãe, duquesa Erba-Visconti, o regista torna presente aquela *infância permanente* da qual fala Gaston Bachelard em suas memórias da casa natal.[56]

Tema do filme será, pois, a tragédia do declínio da aristocracia, na evocação viscontiana da corrosiva contaminação entre riqueza e corrupção:

---

55 PORRU, M. Idem.

56 BACHELARD, G. *A terra e os devaneios do repouso.* São Paulo: Martins Fontes, 2003.

"Os protagonistas são príncipes da indústria, que encontram no crime e na adesão absoluta ao mal sua sinistra grandeza". Como nos interessa demonstrar, mais uma vez vemos a criatividade do mestre enlaçar-se no jogo de contrários, ao fazer deslizar personagens - irremediavelmente - de uma altíssima posição social ao *basfond* da ética e da moralidade.

> "Uma contradição fundamental entre o poder industrial, títulos nobiliárquicos, grande passado e cultura e por outro lado a colaboração com nazistas vulgares que tanto desprezam."[57]

A contaminação da qual fala a biógrafa de Visconti, comentando o filme de 1969, baseia-se, então, no aguçado contraste, presente no filme, entre o passado aristocrático, o *status* social e riqueza da família Essenbeck e o "presente invadido por dissonâncias tonais, por rivalidades e ressentimentos, pela manifestação de taras - incesto - no âmbito da convivência familiar e, afinal, por perversões e instintos mortíferos". O incêndio de Berlim, em 1933, reduz em cinzas, consigo, a velha Alemanha inteira. Naquela noite, nas praças públicas berlinenses surgem fogueiras de livros e de quadros - *arte degenerada* - que farão arder toda a civilização ocidental, liberal e democrática. Queimam-se livros de Thomas Mann, Stefan Zweig, Gide, Zola, Wilde, Proust e de tantos outros nobres autores. O filme traduz, portanto, a distância de poucas décadas, a obsessão de Visconti pelo momento *princeps* da perversão *nazi* que - muito em breve e em toda a Europa - teria submetido à lenta agonia a cultura da beleza, da arte e do refinamento de espírito.

Mas, o que nos importa é o fato de que a narração, digamos assim, não se volta ao passado, mas pretende alertar contra os riscos de um futuro incerto, contra o reapresentar-se de precisos sinais de "corrupção, putrefação e morte" de uma inteira civilização. Nesse contexto, várias formas de contradição instauram-se como motor do dinamismo cênico.

> "A moral privada está morta. Essa é uma sociedade de eleitos em que tudo é permitido: estupro,

57 SHIFANO, L. Idem.

> assassinato, incesto, parricídio, matricídio e mesmo infanticídio."[58]

O choque entre contrários volta em cena durante o expurgo de oficiais nazistas, dizimados por mãos de um pelotão de oficiais da SS, no que ficou conhecido como a noite das longas facas. Visconti foi filmar a sequência às margens do lago de *Altersee*, na Áustria, utilizando belíssimos rapazes locais, companheiros de farra dos maduros oficiais SA. A noite penetra a madrugada, na exposição da nudez e beleza viril de jovens soldados, embriagados como faunos, até a irrupção dos carrascos SS que transforma a orgia de homens em instantâneas de corpos mutilados. Estigma do flagelo de gerações de homossexuais.

> "Como nos quadros de Bacon, num ritual sangrento de degradação que revela, ao mesmo tempo, o masoquismo de um castigo temido quanto desejado, como a maldição de um destino comum."[59]

IV.2 – *MORTE EM VENEZA: (MORTE A VENEZIA)*, DE 1971.

Exuberante em sua reconstrução de época, o filme mostra o *Grand Hotel des Bains* do Lido de Veneza, durante um verão *début du siècle*. Polaridades ambíguas e contraditórias, porém, se fazem presentes pontuais, desde o início do espetáculo, pois opondo-se a toda a beleza de cenários e figurinos, o que Visconti nos induz a ver, no roteiro escrito sobre a obra literária homônima, de Thomas Mann, é o diagnóstico de um momento preciso da História, quando a semente do decadentismo dá início ao processo de declínio da civilização que, dali há pouco, teria sido abatida pela Guerra de 1915-1918. "Ordem e serenidade de uma civilização em seu apogeu que a guerra varrerá três anos mais tarde", escreve Schifano. O personagem

58 A propósito, lembramos que o *infanticídio* será tema do último filme de Visconti, *L'innocente*, com Laura Antonelli e Giancarlo Giannini, que mostra igualmente - no final do século 19 - a decadência de uma família de alta estirpe torinense. Ao saber que a esposa, grávida, o traía com outro homem, o protagonista espera nascer a criança e, numa noite gélida de neve, coloca o recém-nascido, por alguns instantes, sobre a balaustra externa da janela. Em seguida, o restitui ao berço, no qual seria, em breve, encontrado morto.

59 SCHIFANO, L. Idem.

de Mann chama-se Mahler - no filme: Gustav Aschenbach, interpretado por Dirk Bogard - como o compositor que, opondo-se à tradição musical, rompeu com sua crítica, a tranquilidade das harmonias burguesas, instaurando a polifonia onde antes ouviam-se somente delicados acordes sinfônicos. Clara declaração de ruptura com padrões estéticos dominantes e de oposição à sociedade da época.

Pautando seu foco sobre a criação artística, o filme investiga a relação do *criador* ou artista consigo mesmo e com suas aspirações e, sobretudo, com a vida pública. Trata-se, portanto, da dicotomia existencial intrínseca à interioridade mesma do artista que, além de criar, é condenado a submeter-se ao julgamento do mundo. Assim, *Morte em Veneza*, "cidade oriental da sensualidade e da morte" - como *Os deuses malditos* - exibe o conflito de um momento de crise da subjetividade:

> (...) a doença, o irracional, a atração pela autodestruição que levam a melhor sobre a vida burguesa. Gustav é o homem da recusa, da decadência, aos 50 anos, cheio de glórias e honras, cede à angústia interior - por fracassos do passado, pelo escândalo de sua música e pela obsessão do envelhecimento - que o impele a Veneza, cidade como ele, marcada pela degradação física e moral.[60]

Toda tensão da trama gira na radical dicotomia entre moralismo e sensualidade homossexual. "Puritanismo *versus* tentação de ceder ao erotismo, pois Visconti liga puro e impuro, amor espiritual e sensual." Gustav parte ao encontro da beleza - o jovem Tadzio - que, violada, transforma-se em morte. Visconti gira toda a Europa à procura do jovem ator que interpretaria Tadzio. Encontrará, na Suécia, um menino de 15 anos, belo como a porcelana, exata representação da polaridade antagônica a Gustav - com o rosto pintado como palhaço - que desliza, contaminado pela cólera, morto no chão pútrido da cidade infestada pela praga. A epígrafe mesma do filme - de August von Platten[61] - é eloquente a respeito do antagonismo que

60 SHIFANO, L. Idem.

61 O poeta August von Platten (1796, Munique – 1835, Siracusa/Sicília), além de homossexual, é também intempestivo como Visconti (e, também, como seus personagens: o professor de *Violência e paixão* e o compositor de *Morte em Veneza*). Opõe-se à literatura de sua época, indignando-se pela falta de sentido artístico do

tematizamos: "Aquele cujos olhos contemplam a beleza já está condenado à morte". Beleza e decadência, refinamento e ameaça de peste, sedução e morte, criam o clima de oposição que atravessa o tempo fílmico. Nesse sentido, citamos a cena em que um patético grupo de saltimbancos, tocando música napolitana num acordeom, invade o jardim do luxuoso hotel, exibindo-se com risadas histriônicas na *mossa* - movimento obsceno dos quadris, na dança *tarantella*. Seus modos vulgares causam desconforto nos hóspedes refinados que seguem a intrusão, acomodados na sacada do Grand Hotel.

Como em todos seus filmes, mulheres elegantes[62] e belíssimas - entre as quais, sua musa Marisa Berenson, intérprete da esposa do musicista - materializam ecos da memória do grande esteta Visconti. Mais uma vez fará reviver a majestade de sua mãe na figura etérea e velada da mãe de Tadzio (Silvana Mangano).

Schifano argumenta, claramente, a favor de nossa hipótese interpretativa: "A arte - no caso, a música - é, por sua natureza mesma, ambígua. Na obra de Visconti, a luz tem um brilho puro graças à presença das trevas, fonte de inspiração de todo artista". Diz, portanto, que nesse filme Visconti não quis retratar outra coisa senão a ambiguidade que confronta contrários, situando o artista na oposição entre eros e mundo. O chamado erótico da beleza - redenção ou perdição? - causa a ruptura do musicista com o mundo burguês. Aschenbach, atormentado pelo desejo, submete-se a uma metamorfose - de roupas e maquiagem - embelezando-se, na inútil esperança de atrair Tadzio. "Demoníaco e angélico", assim a biógrafa declina a polaridade que atravessa o filme.

Nesse ponto, convém chamarmos a atenção do leitor para dois aspectos. Inicialmente, a ambiguidade que apontamos está presente já no romance de Mann que deu origem à obra viscontiana. Tadzio - objeto da paixão proibida de Aschenbach - é um ambíguo e frágil "anjo da morte". Desse modo, nossa segunda anotação propõe relembrar que Tadzio, na verdade, representa uma personagem bem próxima ao Konrad de *Violência e paixão*, ele mesmo mensageiro de um *excesso* de vida que, em metamorfose, acarreta seu contrário mesmo, a morte. Tal característica, a nosso ver,

---

último romantismo. Entusiasta da pureza e dignidade da poesia, von Platten encontra hostilidade nos círculos literários alemães, transferindo-se para a Itália. A inspiração oriental de sua poesia pura e elegante chamaria a atenção de Goethe.

62 Visconti trabalhava com o figurinista Piero Tosi e com o Atelier Tirelli, que reúne já 14 Oscars e 24 nomeações.

se reapresenta idêntica no Martin de *Os deuses malditos*, como também no *Ludwig,* com o qual concluiremos nosso ensaio. Das quatro personagens citadas, Tadzio coube ao menino sueco enquanto as outras três foram vividas por Helmut Berger, objeto da paixão de Visconti. Podemos sugerir, portanto, a caracterização dessa ambiguidade entre paixão e morte como uma hipostatização de tormentos viscontianos, talvez característicos da genialidade homosex entre os artistas de sua geração.

Não podemos concluir sem mencionar outra fundamental chave de leitura dessa obra, que Schifano qualifica como diagnóstico de uma época: segundo a biógrafa, seja o oficial SS de *Os deuses malditos*, seja o musicista conturbado de *Morte em Veneza*, compartilham o mesmo nome - Aschenbach - evidenciando, assim, a intenção do *regista* em fundar uma relação forte entre o nazista e o esteta, indicando dessa maneira que a degeneração que ocorre na Alemanha do IIIº. Reich tem suas fontes ou raízes na civilização na qual nasce Visconti, a saber, na *Belle Époque du fin de siècle*, que o *regista* contava abordar no projeto de um filme, jamais concluído, sobre a proustiana *Busca do tempo perdido*:

> "Thomas Mann analisa o pessimismo e a crise de valores que determinam o declínio da cultura humanista na Europa da segunda metade do século 19: uma *epidemia de wagnerismo* cria a atmosfera irracional de sonho, de fantasia e mitos, que rompem com a civilização burguesa. Uma embriaguez de morte conquista o mundo, diz Mann. Decretava-se assim o culto da noite, da morte, da destruição".[63]

Por tal razão, no último filme da trilogia, que abordamos em seguida, Richard Wagner apareceria nos panos de um compositor "mesquinho e burguês".

IV.3 - *LUDWIG:* (Munique - 1845-1886 - de 1972)

Aos 66 anos, Visconti sofre um derrame cerebral que paralisa o lado esquerdo de seu corpo. Apesar das limitações impostas pela doença

---

63 SHIFANO, L. Idem.

conseguirá concluir a trilogia com a história de Ludwig II von Wittelsbach - durante 22 anos - *rei louco* da Baviera. Personagem individualista, excêntrico e, paradoxalmente, irresponsável que, sem abandonar o trono, abdicaria a qualquer obrigação pública pelo próprio prazer. Em *Ludwig*, mais uma vez, o *regista* documenta ambiguidades e contradições inscritas na História, narrando o lirismo de um espírito totalmente devoto à beleza, à arte e ao homoerotismo. Se tivesse seguido o desenvolvimento linear do tempo, de fato, a sequência da trilogia deveria ter sido: *Ludwig, Morte em Veneza* e o nazismo de *Os deuses malditos*. Mas, certamente, o projeto viscontiano não previa o rigor da continuidade temporal. Ao enfrentar o desafio da saga dos reis da Baviera, ainda em fase de elaboração do roteiro, Luchino envolve-se com a história de dinastias - dos Wittelsbach, Hohenzollern e Habsburg - cujas raízes retrocedem há mais de sete séculos no percurso histórico de famílias reais antigas quanto à sua mesma. Entretanto, *Ludwig* deveria ter sido o *intermezzo* da realização - infelizmente, para nós, inalcançada - de seu sonho imagético maior, a saber, a filmagem da *recherche* proustiana.

Muitos viram *Ludwig* como o repropor-se da oposição contraditória entre pureza da arte e prazer corpóreo. A nosso ver, porém, o principal núcleo de antíteses e dicotomias explorado no filme seria a grandiosidade de um rei "destronado, decaído, desarmado", refém de seu próprio *establishment* burocrático. Contudo, nas circunstâncias misteriosas de sua morte, nas águas rasas do Lago Starnberger - no Castelo de Berg - metaforizando um final ofélico, Ludwig declara não ter cedido à resistência que a realidade tentou opor a seu permanente onirismo: "desejo continuar um enigma eterno para mim mesmo, assim como para os outros". *Ipsus dixit*, palavra de rei.

Descendente de uma família de excêntricos - por seu avô, rei Ludwig I - Ludwig II cresceu educado por tutores aos rigores de seus futuros encargos e deveres reais, vivendo, porém, desde a infância, no cenário inspirado ao imaginário das sagas e mitos germânicos que coloriam as paredes do castelo de Hohenschwangau, construído pelo pai Maximillian II, no *Lago dos Cisnes - Schwansee*. Assim, Ludwig habitua-se a relaxar tensões no devaneio de si enquanto cavaleiro do cisne. Aos 18 anos de idade, em decorrência da morte prematura de seu pai, é coroado rei, no trono da Baviera. Imediatamente convoca à corte seu adorado compositor Richard

Wagner, senhor dos mitos arcaicos da cultura germânica. Constrói um Teatro Real,[64] o atual *Staatstheater* de Munique - capital da Baviera, para onde traria, além da música, o melhor do teatro europeu. Apesar de toda a pressão protocolar por herdeiros, o rei jamais se casaria. Inicialmente, como resulta das anotações em seu diário, tentara reprimir o desejo homoerótico por fidelidade à Igreja Romana. Com o tempo, como mostra o filme, cederá aos encantos irresistíveis dos homens que o cercavam como servidores: um escudeiro, um chefe de cavalaria, um ator, um cortesão...

Após a criação da Alemanha, com a proclamação do rei prussiano Wilhelm I como *Kaiser* do novo Império[65] e Bismarck como *chanceler* - o rei bávaro, em modo paradoxal, retira-se[66] definitivamente da política, dedicando-se à *fantasia* da criação artística.[67] Passa a ocupar-se unicamente de projetos pessoais, como a construção de castelos que, depois de consumir sua fortuna pessoal, esvaziaria também os cofres do Estado. Surgiriam assim os Palácios de *Herrenchiemsee* (réplica de *Versailles*) e o rococó *Linderhof* - com a espetacular gruta de Vênus e seu barco em forma de cisne, reconstruída no filme - e o Castelo de *Neuschwanstein*, sobre um cume montanhoso que inspirou Walt Disney na construção do castelo da *Disney* californiana. Constrói também, durante seu reinado, o Teatro de *Bayreuth*, onde anualmente encenam-se as óperas de Wagner. Visconti nos conduz à visitação desse imenso legado artístico e arquitetônico. Ludwig detestava a *Residenz* atávica de Munique, sede do Governo, portanto, numa grande reforma, constrói aposentos reais e um imenso jardim de inverno, tentando maquiar a realidade com as cores fortes de seu desejo. Apesar de ter usado seu patrimônio pessoal, Ludwig deixa a Baviera com pesadas dívidas, mantendo-se afastado da política.

Permaneceria sempre amado por seu povo o que, porém, não evitaria sua deposição por parte de comissões do Governo que se apresentam

---

64 Narra-se que, em 13 anos, Ludwig teria assistido nos dois Teatros de Corte, sozinho ou com um só convidado, a 209 "apresentações privadas", dentre as quais: 28 óperas de Wagner (oito réplicas de *Parsifal*), outras tantas de compositores vários, mais de cem peças de teatro e balé.

65 O panorama histórico da criação do II e do III *Reich* na Alemanha é o pano de fundo da trilogia germânica viscontiana.

66 Provavelmente desgostoso com a perda - do estatuto de reino independente - à qual o novo Império alemão submete os pequenos reinos pulverizados pela nação. Na era bismarckiana, o reino da Baviera torna-se um mero Estado do Império alemão.

67 Ludwig considerava a si mesmo como rei lua, como polaridade ou sombra romântica de seu amado rei sol.

- para colocá-lo sob custódia - a *Neuschwanstein*, onde vivia recluso com sua corte de *vallets de chambre* e de fiéis servidores que opõem breve resistência até que uma nova comissão, no dia seguinte, consegue levar o rei prisioneiro para o Castelo de Berg, onde, após seu primeiro dia de reclusão, como dissemos, Ludwig encontraria a morte.

Já que tratamos de oposições, dicotomias, antíteses, polaridades, paradoxos, antinomias, rupturas e negações, não poderíamos perder a oportunidade de concluir dizendo que o fim desse *rei louco*, contrariamente, daria início à sua lenda. A última nota desse longo *excursus* na perspectiva polar de reavaliação do negativo, sempre em campo dicotômico, faz menção a um fato bizarro. Os castelos e palácios de Ludwig, causa última da ruína financeira de seu reino, representam hoje - por meio da profícua indústria turística local - a principal fonte de renda e divisas da região da Baviera.

Seguindo Bachelard, convém, portanto, manter mentes abertas a outros conhecimentos e percepções, deixando-nos conduzir pelo inesperado a surpresas e novidades.

REFERÊNCIAS BIBLIOGRÁFICAS / WEBGRAFIA:

BACHELARD, G. *A água e os sonhos* - Ensaio sobre a imaginação da matéria. SP: Martins Fontes, 2002.

_____. *A terra e os devaneios da vontade*. Ensaio sobre a imaginação das forças (de 1948). SP: Martins Fontes, 2008.

_____. *A terra e os devaneios do repouso*. Ensaio sobre as imagens da intimidade (de 1948). SP: Martins Fontes, 2003.

_____. *Le Surrationalisme*, in: *L'Engagement rationaliste*. Paris: PUF, 1972.

_____. *Le Racionalisme Appliqué*. Paris: PUF, 1998.

_____. *La Poétique de la Rêverie*. Paris: PUF, 1993.

_____. *Instant Poétique Instant Métaphysique* in: *L'Intuition de l'Instant*. Paris: Stock, 1992.

BARBOSA E. *Gaston Bachelard - O pensamento criador*. Palestra no Encontro do GT da Anpof: Filosofia contemporânea de expressão francesa. Uerj, 20-21 de outubro de 2011.

CANGUILHEM, G. Prefácio de BACHELARD, G., *L'engagement Rationaliste*. Paris: PUF, 1972.

DAGOGNET, F., *M. Gaston Bachelard, Philosophe de L'imagination*, in Revue Internationale de Philosophie, n° 51 - Paris, 1960.

_____. *Bachelard* , Lisboa - edições 70, 1965.

JOSÉ CELSO MARTINEZ CORREA, entrevista à revista Trip, outubro de 2011 - nº 204.

QUILLET, P. (org.), *Introdução ao pensamento de Bachelard*. Rio de Janeiro: Zahar, 1977.

LECOURT, D. *Bachelard Le Jour et la Nuit*. Paris: Théoriciens Grasset, 1974.

PESSANHA, J. A. Introdução ao volume: *Bachelard*, da coleção *Os pensadores*. SP: Nova Cultural, 1988.

SCHIFANO, L., Luchino Visconti, *O fogo da paixão* (prêmio literário - Biografia - da Académie Française, 1988). Rio de Janeiro: Nova Fronteira, 1990.

VISCONTI, L. Entrevista concedida à revista italiana *Il Mondo*, em 8/1/1976, dois meses antes de sua morte.

ZEFFIRELLI, F. *Autobiografia*. Milão: Mondadori, 2006.

* * *

- Depoimentos presentes nos extras do DVD do filme *Violência e paixão*:

MELLO E SOUZA, G., de. (professora de filosofia - USP).

VISCONTI, L. Entrevista de divulgação do filme, 1973.

* * *

- Bibliografia e (42) ensaios sobre, e de, Luchino Visconti na rede: www.luchinovisconti.net, dentre os quais cito:

BENCIVENNI, Alessandro. *L'ereditá Viscontiana*.

CECCATTY, R. De. Extrato do prefácio ao romance *Angelo*, de VISCONTI, L.

PORRU, M. *Luchino Visconti: un Viaggio Spettacolare nel Mondo Dell'Arte*.

VISCONTI, L. *Cinema antropomórfico*.

_____. *Esperienze di un regista sul palcoscenico e nello studio*.

* * *

- www.fondoluchinovisconti : arquivo que documenta a obra do regista na prosa, cinema e teatro lírico.

Sinopse do filme *Hiroshima, Mon Amour*

Título: *Hiroshima, Mon Amour* (1956)
Elenco: Emmanuelle Riva, Eiji Okada e Stella Dassas
Direção: Alain Resnais
Roteiro: Marguerite Duras

Hiroshima, Mon Amour é um marco revolucionário na história do cinema, pois certos comentadores consideram que o filme inaugura a *nouvelle vague* . O filme narra o encontro de dois amantes, uma atriz francesa e um arquiteto japonês. A ação se passa no final dos anos de 1950 do pós-guerra quando a atriz chega à cidade de Hiroshima para participar de um filme sobre a paz. As cenas de amor do casal são entrecortadas por vários *flashbacks* que remetem à história de uma paixão vivida pela atriz durante a II Guerra em Nevers, França, quando ela se vê envolvida com um soldado alemão. Sua família, envergonhada com o caso de amor que ela está vivendo com o inimigo, a aprisiona numa caverna depois de rapar sua cabeça. A estrutura dramática do filme se divide entre passado e presente, mostrando cenas nas quais o espectador pode vivenciar os horrores causados pela bomba lançada sobre Hiroshima em 6 de agosto de 1945, mostrando uma cidade submersa pela tortura dos sobreviventes que têm a vida marcada pelas sequelas deixadas pela bomba nas gerações seguintes.

Hiroshima, Mon Amour é um filme sobre a questão da memória e do esquecimento. Viver o instante presente implica para a atriz, que é chamada no filme de Nevers, a superação das lembranças do passado, assim como o arquiteto, cujo nome é Hiroshima, que só pode se entregar ao amor do presente mediante o esquecimento dos horrores vividos no passado pela cidade japonesa. O conflito vivenciado pelos amantes está na necessidade de renegar a reminiscência, pois só o esquecimento e a negação da memória poderão levá-los a se entregar à paixão que os consome no tempo presente.

Marly Bulcão

Os labirintos da memória e a sedução do instante em *Hiroshima, Mon Amour*

Marly Bulcão[68]

Ao assistir pela primeira vez *Hiroshima, Mon Amour*, fui tocada emocionalmente pela imagética e pela beleza do filme. Era na ocasião muito jovem e o estudo da filosofia ainda não fazia parte de minha vida. Durante muitos anos alimentei a ideia de escrever algo sobre o filme que me deixara marcas indeléveis, tocando-me intensamente de um ponto de vista puramente estético. Hoje, com mais maturidade, posso dizer, com plena consciência, que a adesão como espectadora à imagética de *Hiroshima, Mon Amour,* por meio desse primeiro olhar, não tem relação alguma com a racionalidade, nem pode ser interpretada de um ponto de vista psicanalítico, trata-se de um mergulho espontâneo no imaginário e por isso mesmo não deixou escapar o sentido puramente estético que emerge das cenas apresentadas pelo filme.

Passados os anos, ingressei no curso de filosofia, vendo-me envolta em conceitos filosóficos e questões complexas que, por meio dos sistemas mais diversos e dos pensadores mais diferentes, me levaram à reflexão sobre a vida, a morte, o amor, a razão, a imaginação, o tempo e a memória. Um dia, em minha trajetória filosófica, encontrei Gaston Bachelard, pensador francês contemporâneo, cuja atitude peculiar de filosofar me chamou a atenção, pois, afastando-se dos pensadores *sorbonianos,* renegava as categorias que habitualmente constituíam instrumentos de reflexão da tradição filosófica do ocidente. Bachelard se impunha, pois, como o *filósofo camponês* que, proveniente de Bar-sur-Aube, pequena cidade da região da Champagne francesa, desvelava-nos um mundo cósmico, pelo viés do devaneio, um devaneio que tinha como operadores os quatro elementos primordiais: água, terra, fogo e ar. Sua obra singular se apresentava bifurcada em duas vertentes: a da razão e a da imaginação, caminhos que, como dizia o filósofo, eram opostos, mas complementares, assim como o dia e a noite. Bachelard abria, portanto, diante de nós a possibilidade de seguir dois rumos diferentes, o do devaneio e do sonho

68 Marly Bulcão é professora da Universidade do Estado do Rio de Janeiro, com bolsa de Pesquisador Emérito da FAPERJ.

que dissecava os meandros da imaginação e foi explorado por ele em sua vertente poética e o outro, desenvolvido nas obras epistemológicas do filósofo e que se voltava para a razão e para a ciência. A epistemologia bachelardiana tem como preocupação primordial apontar o surgimento do *novo espírito científico*, proveniente das revoluções instauradas pelas geometrias não euclidianas, pela teoria da relatividade e pela mecânica quântica. O *novo espírito científico* constituía uma prova de que o progresso científico ocorrido no século 20 era resultado da ruptura com o saber anterior e exigia uma filosofia das ciências que lhe fosse adequada e pudesse, assim, expressar com fidelidade as revoluções que eclodiram no interior das teorias científicas do momento.

São inúmeras as questões relevantes levantadas ao longo da obra desse pensador singular que, renegando a filosofia da tradição, nos conduz por meio de uma *filosofia do não* por caminhos anteriormente inexplorados. Duas questões, entretanto, são, a meu ver, primordiais no bachelardismo e me remeteram novamente ao filme *Hiroshima, Mon Amour*. São elas a questão da memória e a do tempo como instante. Quando lia Bachelard essas questões sempre me intrigaram e a frequência com que apareciam nos textos do filósofo me levaram a concluir que constituíam verdadeiramente fundamentos importantes para a compreensão do pensamento bachelardiano. De um lado, me deparava constantemente com a noção de tempo como instante que, enfatizada em vários momentos da trajetória do filósofo, afastava a noção de duração, renegando o tempo linear que rege a vida cotidiana, colocando em suspense o tempo cronológico da ciência newtoniana, apregoando outras dimensões do tempo que só a teoria da relatividade, a mecânica quântica e a imagética criadora inerente ao processo artístico eram capazes de explicitar. Por outro, lendo Bachelard, constatava que a questão da memória era frequentemente solicitada pelo pensador de Bar-sur-Aube como uma questão que é intrinsecamente ligada à noção de tempo e, sendo este o tempo do instante, o tratamento dado por Bachelard à memória adquire feição bastante original.

Voltei, portanto, novamente ao filme *Hiroshima, Mon Amour*, agora com outro olhar, pois a preocupação era analisar as cenas fílmicas sob novo prisma, tomando-as como provocação para o filosofar que me levava a repensar, pelo viés das categorias bachelardianas, a questão da memória e do esquecimento, temáticas centrais no filme de Alain Resnais.

Mas, inevitavelmente, a análise da questão da memória me conduziria à noção bachelardiana de tempo como instante.

Vamos, pois, neste livro fazer certas elucubrações que me obrigam a oscilar como um pêndulo, indo das imagens fílmicas à filosofia e, num movimento inverso, partindo de noções filosóficas para repensar e tentar compreender melhor o processo imagético do cinema. O trabalho será, pois, dividido em duas partes. Na primeira, pretendo reviver a imagética fílmica, procurando me afastar, o mais possível, dos conceitos e da filosofia, tentando descrever de que maneira as cenas do filme me tocaram enquanto espectador, procurando me deter, apenas em seu sentido estético. Num segundo momento, a preocupação primordial será a de me voltar para a questão principal que permeia as cenas do filme, a da memória e do esquecimento, tomando-as como um estímulo para o filosofar e, convocando Gaston Bachelard, mostrar a profunda ligação que existe no bachelardismo entre a noção de memória e a de tempo como instante, pois se o tempo verdadeiro não é duração e sim instante, não há lugar para se conceber a memória como acúmulo de lembranças como queria a tradição filosófica do ocidente. Nesse caso, a memória vai se impor como pura construção da razão.

As cenas belíssimas de *Hiroshima, Mon Amour* revelam o encontro de dois amantes, uma atriz que vem à cidade a fim de participar de um filme sobre a paz e um arquiteto japonês. Ao longo do filme vai se tornando evidente o drama vivenciado pelo casal que se vê diante da impossibilidade de se deixar consumir de maneira plena e total pela paixão que sentem um pelo outro, pois a memória faz que as lembranças de dor e sofrimento que ambos experimentaram no passado impeçam o mergulho profundo no instante presente, num instante de plenitude do amor. A atriz não consegue se desvencilhar das reminiscências, revivendo em cenas mostradas por meio de *flashbacks* o amor que sentiu por um soldado alemão na segunda guerra mundial quando vivia na cidade francesa de Nevers. O arquiteto japonês, por sua vez, como habitante de Hiroshima, não consegue esquecer o passado de sofrimento vivido pelos habitantes da cidade japonesa por ocasião do lançamento da bomba que não só a destruiu, matando milhares de pessoas, como deixou, também, sequelas nos sobreviventes que são obrigados a conviver com elas durante gerações. A câmera, num passeio angustiante, vai pinçando cenas, que revelam de maneira dramática os sofrimentos vividos pelos habitantes de Hiroshima.

O modo como o diretor nos apresenta as cenas que revelam dor e sofrimento, apesar de marcadas pelo desespero de homens, mulheres e crianças que apresentam ferimentos graves e deformações, é de uma beleza indescritível, pois expressa imageticamente a vida e a morte, a luta pela sobrevivência. Vida e morte, memória e esquecimento, o tempo que ora é o instante de amor, ora é reminiscência da dor e da guerra.

O filme, em preto e branco, revela, no meu entender, a convicção do cineasta de que a cor é desnecessária como instrumento para a beleza estética. Ao ver *Hiroshima, Mon Amour* pela primeira vez, compreendi, concordando com seu realizador, que a cor nada mais é do que um acessório, um acessório totalmente dispensável, pois as primeiras imagens mostradas pelo filme são às vezes meio enevoadas, tornando-se, outras vezes, mais nítidas, deixando-nos perceber os corpos brilhantes dos amantes que se entrelaçam, oferecendo-nos num tom acinzentado a beleza das formas do amor, ingredientes imprescindíveis para a encantação e a sedução do espectador.

A emoção me arrebatou de imediato pela câmera que, oscilando entre presente e passado, me conduzia pelos caminhos sinuosos do tempo que às vezes era memória e outras o instante presente, marcado pelo êxtase da paixão.

Amor e paixão eram as determinantes do tempo do instante. As cenas revelavam, mediante uma coreografia corporal, os amantes que no ato do amor se fundiam numa só pessoa. Se num primeiro momento os corpos pareciam estar envoltos em areia, logo em seguida podia-se perceber com nitidez que se tratavam de braços, pernas, dorsos dos dois amantes, um homem e uma mulher que, com suas peles lisas e brilhantes, se abraçavam, tornando-se um só. Um diálogo belíssimo acompanhava as cenas de amor e paixão, mas senti que não era necessário, nesse primeiro momento, refletir sobre o que estavam falando, a imagética falava por si mesma, revelava o êxtase do amor, a exaltação da vida, o medo da morte.

Deixando de lado a prudência racional, fui mergulhando na imagética de *Hiroshima, Mon Amour,* vivenciando a imaginação como uma força que me envolvia por completo, como uma atividade que me fazia engrandecida, que me levava a acreditar que era eu a autora daquele filme, com o qual me identificava de maneira plena e total. As cenas me provocavam sentimentos diversos, a alegria de amar, o desejo e a paixão pelo outro, o horror da morte, o sentimento de querer viver, a luta pela sobrevivência. Vivenciei a sensação de que o filme me transportara para o ponto de origem, no qual nascem as imagens primeiras, o ponto em que somos lançados no turbilhão mesmo da imaginação. Pude, então, me deleitar com as formas que as imagens iam adquirindo, pude habitá-las de seu interior, apreendê-las com intensidade. A beleza das cenas, mesmo quando entremeadas pelo horror da guerra ou pelo impacto da bomba sobre os habitantes da cidade, não exigia de mim nenhuma interpretação objetiva, mas, pelo contrário, penetrava até o âmago do meu ser, fazendo-me sentir como um personagem do filme. Perdera minha verdadeira identidade, a vida lá fora se esvanecera por completo, nada importava a não ser vivenciar com intensidade o voo estético que ia me arrebatando das profundezas de meu ser para uma espécie de paraíso imagético. O diálogo que se desenrolava entre os amantes e que reproduzirei em outro momento era agora um canto que soava em meus ouvidos, era como uma linguagem sem conteúdo, impunha-se, apenas, como mais um componente dessa imagética de encantação.

As cenas mostradas pelo filme repercutiam em mim, ressuscitando ressonâncias profundas e despertando um fluxo de imagens novas que me levavam ao êxtase de imaginar. Era como se a imagética fílmica provocasse em mim um poder poético e criador, fazendo-me poeta.

Embora minha intenção na primeira parte do trabalho fosse permanecer na descrição puramente estética do filme, atendo-me, apenas, às sensações que experimentei enquanto espectador, reconheço que é inevitável trazer Bachelard à cena, pois o que vivenciei ao assistir *Hiroshima, Mon Amour* pela primeira vez e que acabei de descrever só se tornou compreensível, para mim, muito depois quando comecei a ler as obras poéticas do filósofo.

Lendo *La Poétique de L'espace* de Gaston Bachelard, tive consciência do por que de minha adesão total ao filme, o porquê da sedução que as imagens fílmicas de Resnais exerceram sobre mim. Pude, então, compreender que vivenciara o que Bachelard denomina de *fenomenologia da imaginação,* pois consegui na ocasião apreender a poética da imagem fílmica como *um produto direto do coração, da alma, do ser do homem tomado na sua atualidade.*[69] Compreendi que podia gostar de *Hiroshima, Mon Amour* sem nada saber de arte, sem conhecer seu autor ou a história de sua vida. Foi com Bachelard que aprendi mais tarde que *a imagem, em sua simplicidade, não precisa de um saber. Ela é dádiva de uma consciência ingênua. Em sua expressão, é uma linguagem jovem.*[70]

Diante da tela, assistindo enlevada às cenas do filme, experimentei os fenômenos da dupla *ressonância-repercussão,* tão bem explicitados na vertente poética bachelardiana. A repercussão me levou a um aprofundamento da alma, enquanto as ressonâncias me remeteram a outros planos de minha vida, a lembranças do passado. Por meio da repercussão acreditei com convicção que as imagens do filme haviam sido criadas por mim, tive a certeza de que era eu mesma a realizadora de *Hiroshima, Mon Amour*. As imagens fílmicas se enraizaram em mim, fizeram-se minhas, senti que poderia tê-las criado, pois, conforme nos ensina Bachelard, *a repercussão opera uma revirada do ser. Parece que o ser do poeta é nosso ser.*[71]

Assistindo *Hiroshima, Mon Amour* fui envolta pelas ressonâncias, viajei pelas lembranças do passado, vivenciei momentos de minha vida que parecia ter esquecido. Mais tarde, compreendi com Bachelard que *é depois da repercussão que podemos sentir as ressonâncias, repercussões sentimentais, recordações do nosso passado. Mas a imagem* - conforme afirma o filósofo - *chega à profundidade antes de movimentar a superfície.*[72]

Para alcançar a verdadeira atitude imagética que nos leva ao cerne da imagem, sem passar pelo viés da racionalidade que é sempre um obstáculo ao mergulho estético, é importante retomar as acusações de Bachelard à noção tradicional de crítica literária. Em *La Poétique de L'espace* Bachelard nos ensina:

> A atitude "objetiva" do crítico sufoca a "repercussão", recusa, por princípio, a profundidade, de onde deve tomar seu ponto de partida o fenômeno poético primitivo. (...) Para o psicanalista, a imagem

69 BACHELARD, Gaston. *La Poétique de l'espace.* Paris: PUF, 1998, p. 2.
70 BACHELARD, Gaston. *La Poétique de l'espace.* Paris: PUF, 1998, p. 4.
71 BACHELARD, Gaston. *La Poétique de l'espace.* Paris: PUF, 1998, p. 6.
72 BACHELARD, Gaston. *La Poétique de l'espace.* Paris: PUF, 1998, p. 7.

> poética tem sempre um contexto. Interpretando a imagem, ele a traduz em outra linguagem que não a do "logos" poético.[73]

A grande dificuldade dos críticos reside no fato de pretender compreender o processo imagético da arte recorrendo a instâncias de racionalidade, o que faz que deixem escapar o verdadeiro sentido estético da obra artística. A psicanálise freudiana, por sua vez, sofreu também sérias críticas de Bachelard, na medida em que, pelo fato de ter como preocupação primordial a terapêutica, aponta a necessidade do psicanalista remontar à vida e aos sofrimentos do artista para que possa compreender melhor o homem e a obra. Numa crítica ferrenha ao freudismo, Bachelard retoma uma citação de Jung a fim de mostrar que o sentido estético da obra de arte deve ser apreendido na obra mesma por uma instância que é inteiramente imagética. Diz o filósofo:

> O interesse se desvia da obra de arte para se perder no caos inextricável dos antecedentes psicológicos e o poeta se transforma num caso clínico, um exemplo que traz um número determinado da *psychopathia sexualis*. Assim, a psicanálise da obra de arte se afastou do seu objeto, transpôs o debate para um domínio geralmente humano, que não é o campo específico do artista e não tem importância para sua arte.[74]

Quando assisti *Hiroshima, Mon Amour* pela primeira vez não conhecia o cineasta Alain Resnais, jamais ouvira falar dele e dos curtas que fizera. Posso dizer que a vivência que tive do filme veio, pois, acompanhada de um não saber, do desconhecimento da história e da vida do grande cineasta e foi por essa razão que pude experenciar com intensidade a imagética cênica, captá-la em seu instante poético e alcançar o que considero como uma sublimação pura. Lendo *La Poétique de L'espace,* compreendi que *não há nenhuma necessidade de ter vivido os sofrimentos do poeta para*

73 BACHELARD, Gaston. *La Poétique de L'espace*. Paris: PUF, 1998, p. 7.
74 JUNG, C. G. La psychologie analytique dans sés rapports avec l'oeuvre poétique in *La Poétique de L'espace*. Paris: PUF, 1998, p. 14.

compreender o reconforto da palavra oferecida pelo poeta - reconforto que domina o próprio drama.[75]

Mas, como se trata de um texto filosófico, creio que seria interessante fornecer aqui, apenas como ilustração, alguns dados da vida de Alain Resnais, ressaltando, entretanto, que o leitor deve esquecê-los quando estiver diante da tela para assistir a um de seus filmes, pois nesse momento o que importa é vivenciar a imagética que emerge das cenas fílmicas, do trabalho dos atores, da montagem, do roteiro e da excelente direção que confere aos filmes do cineasta o tom estético que seduz o espectador.

Alain Resnais nasceu na Bretagne no ano de 1922, tendo nos presenteado com o filme maravilhoso, mas, ao mesmo tempo, polêmico: *Hiroshima, Mon Amour,* no ano de 1959. O roteiro do filme foi escrito por Marguerite Duras, o que contribui para sua beleza estética. Durante a infância, Resnais foi apaixonado por desenhos animados e quadrinhos, o que exerceu influência em vários de seus filmes. Estudou dois anos de arte dramática na tentativa de ser ator, mas a Segunda Guerra Mundial o levou a se alistar e, por conseguinte, servir ao exército, o que teve também forte implicação no seu cinema. Só depois de terminada a guerra é que Resnais voltou à França para se dedicar, então, totalmente ao cinema e à arte cinematográfica.

Resnais é um diretor que sempre trabalhou com roteiristas, pois não aprecia escrever seus próprios roteiros, o que faz que seus filmes tenham sempre histórias e abordagens diferentes, tornando-os mais ricos e interessantes. Começou a carreira dirigindo curtas relacionados a temas de artes plásticas que estavam em voga nos anos de 1940. Seu primeiro curta intitulado *Van Gogh* foi lançado em 1950, tendo, em seguida, feito outro filme que recebeu o título de *Gauguin* e o curta *Guernica* sobre a famosa pintura de Picasso.

Sua carreira como cineasta deslanchou mesmo com o média-metragem *Nuit et Broulliard* (Noite e nevoeiro - 1955), documentário considerado como um dos mais contundentes sobre o holocausto, pois disseca o horror de vários campos de concentração da Polônia. Ao ser indicado para o prêmio do cinema inglês denominado Bafta, abre caminho para os longas que se seguem: em 1959 *Hiroshima, Mon Amour* e em 1961 o outro longa intitulado *L'anné Dernière à Marienbad* (O ano passado em Marienbad) que

75 BACHELARD, Gaston. *La Poétique de L'espace.* Paris: PUF, 1998, pp. 12-13.

teve como roteirista o grande escritor Alain Robbe-Grillet. O filme venceu o Festival de Veneza e foi indicado para o Oscar de melhor roteiro, embora tenha causado furor no mundo inteiro, tendo recebido críticas negativas por parte de alguns críticos.

Depois de trabalhar um período para a televisão, teve volta triunfal em 1993 com o *Smoking / No Smoking*, baseado numa peça inglesa de Alan Ayckbourn e que obteve o Urso de Prata em Berlim e o César de melhor filme. Recorrendo ao mesmo roteirista fez em 2007 *Coeurs* (Medos privados em lugares públicos), tendo recebido com esse filme o prêmio de melhor diretor no festival de Veneza e em 2009 nos presenteou com um filme muito interessante que nos toca profundamente e nos faz refletir sobre seu significado, intitulado *Les Herbes Folles* (Ervas daninhas).

Pode-se dizer que Alain Resnais conseguiu levar para a tela uma carga imagética intensa, criando um universo fantasmático, assombrado e irreal, de imagens oníricas e aparentemente sem sentido, mas de encantamento e sedução irresistíveis. Os filmes de Resnais nos arrebatam vertiginosamente mediante lampejos de lirismo entremeados de imagens que denunciam imageticamente a violência, provocando medo e angústia.

Gostaria de encerrar esta primeira parte do texto reafirmando que ao assistir a *Hiroshima, Mon Amour* quando jovem senti que a imaginação é capaz de instaurar o que Bachelard denomina de *função do irreal*, pela qual nos afastamos da realidade, esquecendo-nos da vida cotidiana, mas que, ao mesmo tempo, inquietando e seduzindo, consegue nos despertar de nossos automatismos, conduzindo-nos pelos caminhos sinuosos do imaginário, levando-nos ao êxtase estético, fazendo-nos concluir que a imagética é o poder maior da natureza humana.

Foi, pois, com o espírito ingênuo e liberto de pré-conceitos e também de conceitos que fui ao cinema ver *Hiroshima, Mon Amour*. Não conhecia ainda a filosofia, não lera Bachelard, mas hoje estou consciente de que pude, nesse dia, vivenciar com força e intensidade a imagética do cinema. Saí da sala de projeção com imagens que jamais pude esquecer, com imagens que me marcaram e que iriam me acompanhar ao longo da vida, pois me fizeram um novo ser ao provocar em mim fluxos de novas imagens, um novo ser que passou a ter, quem sabe, a faceta de um poeta.

A segunda parte do trabalho será conduzida por novo ritmo. Revendo *Hiroshima, mon amour*, muitos anos depois já na maturidade da vida, percebi que o filme constituía um forte estímulo para a reflexão filosófica, pois me remetia a questões primordiais da filosofia que, com Gaston Bachelard, haviam assumido facetas inteiramente originais. Como venho, há muitos anos, pesquisando a obra bachelardiana, não foi difícil, para mim, passeando pelas duas vertentes do filósofo, recolher o que este dissera sobre temáticas que são centrais no filme, tais como a da memória, a do tempo e a da História.

Cabe ressaltar que as temáticas referidas se apresentam quase sempre interligadas, não só no pensamento bachelardiano, mas em outros pensadores que as trabalham, pois a abordagem de uma leva necessariamente à discussão da outra. Pode-se constatar isso quando remontamos aos primórdios do mito. Conforme nos ensina a mitologia grega Clio, a musa da história é filha de Mnemosine (a Memória) que é, por sua vez, a titânica irmã de Cronos (o Tempo), pai de Zeus.[76] Percebe-se aí dois aspectos importantes. O primeiro é a estreita ligação entre História, tempo e memória e o segundo é que esses personagens míticos são marcados por sua estirpe titânica, o que significa dizer que trazem no seu bojo a veia de rebeldia que nos incita a vê-los como contestadores do unificado e do sistematizante. Zeus, embora descendente dos titãs, expressa, por outro lado, a luminosidade ordenadora da racionalidade olímpica que marcará a trajetória da filosofia ocidental. Nesse sentido, é importante ter sempre em mente que Cronos (o Tempo), Mnemosine (a Memória) e Clio (a História), em razão de sua origem titânica, opõem-se, quase sempre, ao sistemático, ao absoluto e ao fixado, ou seja, ao que é racional.

Voltando à contemporaneidade, achamos que seria interessante retomar o pensamento de Gaston Bachelard a fim de mostrar em quê consiste sua noção de tempo como instante para, em seguida, discutir, então, a noção de memória e de narrativa ou de História, pois se, de um lado, parto do pressuposto de que os leitores deste livro não conhecem a história da filosofia, de outro devo reconhecer que a noção bachelardiana de tempo como instante traz subsídios de rebeldia como já dizia o mito, o que a torna mais difícil de compreensão. Afirmar, como Bachelard, que o tempo é o instante é renegar a noção de duração e de tempo contínuo, noções estas que são predominantes em nossa formação no ocidente.

76 PESSANHA, José Américo. *Sono e vigília em Tempo e história*. Rio de Janeiro: Editora Companhia das Letras, p. 33.

Bachelard defende, pois, em L'*intuition de l'instant* e em *La Dialectique de la Durée* que a realidade do tempo é o instante. Para chegar à noção de tempo como instante, toma como ponto de partida a polêmica com Bergson, filósofo que defendia a ideia de que o tempo verdadeiro é duração e que esta é apreendida de maneira imediata pela consciência. Bachelard, retomando da obra Silöe de Gaston Roupnel, opõe-se a Bergson, afirmando que a duração não pode ser apreendida de maneira imediata pela consciência e que a descontinuidade temporal constitui a verdadeira realidade. Bachelard começa sua obra *L'Intuition de L'instant* com afirmações enfáticas que demonstram sua forte oposição a Bergson. Afirma:

> ... o único tempo real é o instante (...) o instante se impõe de um golpe de forma completa para logo em seguida morrer (...) o instante é, portanto, uma realidade entre dois nadas.[77]

Para o filósofo de Bar-sur-Aube, o instante presente constitui, pois, o único domínio da realidade temporal experenciado pelo homem. O instante se impõe como solidão, pois é impossível passar de um instante a outro. Abandona-se um instante para, em seguida, viver-se outro. O instante conserva, assim, sua novidade, sua individualidade, sua especificidade. Conforme mostra Bachelard, torna-se necessário, portanto, que se inverta a tese bergsoniana. A duração não é, como pretendia Bergson , um dado imediato da consciência, a certeza de existir está restrita ao aqui e ao agora, o que significa que por meio da intuição vivemos a experiência ambígua do instante. No pensamento bachelardiano, ao contrário de Bergson, a duração tem, portanto, um caráter mediato e indireto, pois a continuidade temporal é uma obra, uma construção de nossa inteligência que, reunindo os diversos instantes num fluir contínuo e linear, dá a impressão de duração.

Refletindo, então, sobre a questão: *O que confere ao tempo a aparência de continuidade?* Bachelard responde, mostrando que a duração nada mais é do que uma reconstrução psicológica que nasce da repetição de ritmos, na medida em que o passado é um hábito presente e o futuro, um hábito antecipado.

---

77 Bachelard, G. *L' intuition de L'instant*, 1985, p. 13.

Considerando que Bachelard não é um adepto do método sistemático de filosofar, principalmente na vertente poética, somente depois de fazer afirmações que exaltam o tempo como instante é que o filósofo vai buscar fundamentos para sua tese da descontinuidade temporal, retirando-os da ciência, da psicologia e da poética.

Retoma da psicologia de Pierre Janet a ideia de que o espírito é essencialmente um fator de começos, pois as condutas psicológicas são sempre atos explosivos ou impulsos que não continuam, o que leva à conclusão de que a continuidade temporal nada mais é do que o resultado da atividade compreensiva da razão. Em *A dialética da duração* ele afirma:

> Há na obra de Pierre Janet numerosas páginas sobre a psicologia do "começo". Eis aqui uma psicologia muito especial que poderia ser a chave de muitos problemas. O espírito é, talvez, essencialmente um fator de começos.[78]

Mais adiante acrescenta:

> Toda duração bem constituída deve, portanto, estar provida de um começo claramente destacado. Nesses começos magníficos e solenes, como não ver a causalidade da razão substituindo a pretensa causalidade de uma duração?[79]

Recorrendo à ciência contemporânea, Bachelard vislumbra na teoria da relatividade e na mecânica quântica a ideia de uma aritimetização da noção de tempo, o que constitui mais um subsídio para sua tese da descontinuidade temporal.

Mostra que Einstein recusa o absoluto da duração, substituindo-o pelo absoluto do instante. Para a teoria da relatividade somente no contínuo espaço/tempo, portanto no instante, podemos medir com precisão o tempo. A teoria da relatividade destrói, segundo Bachelard, todas as provas externas da duração absoluta.

78 BACHELARD, Gaston. *La Dialectique de la Durée*. Paris: PUF, 2001, p. 41.
79 BACHELARD, Gaston. *La Dialectique de la Durée*. Paris: PUF, 2001, p. 41.

Em *L'intuition de L'instant*, Bachelard nos diz:

> Assim, subitamente, com a relatividade, tudo o que dizia respeito às provas externas de uma duração única, princípio claro de uma ordenação dos acontecimentos, foi arruinado. O metafísico devia se curvar ao seu tempo local, encerrar-se na sua própria duração íntima. O mundo não oferecia - pelo menos de imediato - uma garantia de convergência para nossas durações individuais, vividas na intimidade da nossa consciência.[80]

Descendo ao detalhe, Bachelard nos convida a evocar experiências que se dão no mundo da microfísica, levando-nos a uma reflexão da realidade subatômica dos quanta. Conforme nos mostra o filósofo, para penetrar no contexto da microfísica devemos abandonar a postura realista. O corpúsculo, manifestando-se por meio de impulsos de energia ou de radiação, tem sua existência restrita ao instante. Na mecânica quântica, a energia passa a ser calculada a partir dos impulsos e não da velocidade, o que significa que a noção de tempo que serve de fundamento para a microfísica é a de tempo como instante. Vejamos o que afirma Bachelard:

> (...) o átomo receberá o dom de um momento fecundo, mas o receberá ao acaso, como uma novidade essencial, após as leis do cálculo das probabilidades, pois é preciso que cedo ou tarde o Universo, em todas as suas partes, tenha participado da realidade temporal, pois o possível é uma tentação que o real acaba sempre por aceitar.[81]

Em sua obra *A dialética da duração* faz referência a uma tese manuscrita, intitulada Ritmoanálise, que recebeu de Lucio Pinheiro dos Santos, psicólogo português que viveu sua vida inteira no Brasil. Conforme mostra a tese, a energia vibratória é a energia da existência e, assim sendo, não só a matéria, mas, também, o espírito existe em um tempo vibrado, em um tempo constituído de ritmos, o que significa que o verdadeiro tempo é o

80 BACHELARD, Gaston. *L'intuition de L'instant.* Paris: PUF, 1985, p. 30.
81 BACHELARD, Gaston. *L'intuition de L'instant.* Paris: PUF, 1985, p. 55.

do instante. Para a Ritmoanálise, o homem pode sofrer de uma escravidão dos ritmos inconscientes e confusos que levam à perturbação da estrutura vibratória do espírito, o que causa sofrimento. Contrariamente à psicanálise, a terapia da Ritmoanálise consistiria em procurar reorganizar temporalmente o espírito, levando-o a alcançar novamente a cadência rítmica.

Mas, como confessa o próprio Bachelard, sua pretensão não é a de desenvolver provas científicas que possam reforçar a tese do tempo descontínuo. Pretende, ao contrário, fazer que o leitor possa liberar em si mesmo a intuição do instante, afastando a noção de duração e de contínuo que, servindo como base de nossas ações cotidianas, acaba por nos oprimir. Para o filósofo, o *tempo é o mais difícil de se pensar de maneira descontínua. É, pois, a meditação dessa descontinuidade temporal realizada pelo "instante isolado" que nos abrirá as mais diretas vias para uma pedagogia do descontínuo.*[82]

Nesse sentido, a metafísica do tempo como instante não é meramente especulativa, constitui, ao contrário, uma pedagogia de vida que visa impulsionar o espírito humano para a renovação constante de si mesmo, pelo ato de criação, seja pelo exercício de uma racionalidade que progride sempre em busca do novo e da novidade, seja pela atividade de imaginar que nos leva a vivenciar imagens que instauram um mundo surreal.

O filme *Hiroshima, Mon Amour* me evocou a tese bachelardiana de que o tempo verdadeiro é o instante. Foi como se, por meio das cenas do filme, tivesse a certeza de que o instante é o tempo real. As cenas de amor vivenciadas com intensidade pelos amantes que anseiam se desvencilhar das memórias expressam o clamor para que esses permaneçam no instante presente, para que reneguem o passado, para que não façam planos futuros. É ali, no tempo do instante, que a intensidade e o êxtase da paixão podem ser vividos com intensidade vertiginosa pelos amantes, cujas lembranças trazem atrelados a ela os sofrimentos da guerra ou a desilusão amorosa. Ele, recorrendo à lembrança, revive o drama dos habitantes de Hiroshima, cidade atingida pela bomba que a destruiu durante a guerra, deixando sequelas em seus habitantes; ela, afastando-se do instante, evoca com tristeza sua cidade natal, Nevers, onde viveu na adolescência o drama de uma paixão impossível, ao se envolver com 18 anos num caso de amor com um soldado alemão. Rejeitada pelos pais como traidora de seu país, pelo fato de manter relações com um soldado inimigo,

---

82 BACHELARD, Gaston. *L'intuition de L'instant.* Paris: PUF, 1985, p. 56.

é aprisionada numa caverna, onde passa fome e vive momentos de angústia e dor. Somente o instante presente, pleno de paixão, pode levá-los ao esquecimento do passado que não mais lhes pertence e a vivenciar a felicidade do amor, o desejo da carne, a paixão pelo outro.

As questões centrais do filme *Hiroshima, Mon Amour* são, portanto, a da memória e a do esquecimento, a do tempo e a da História, questões que emergem com toda a força nas primeiras cenas do filme, pelo diálogo travado entre os dois amantes que reproduzo a seguir para, em seguida, comentá-lo:

O diálogo começa com as palavras ditas enfaticamente pelo ator japonês:

- Você não viu nada em Hiroshima!

A mulher retruca em seguida:

- Eu vi tudo em Hiroshima

- Vi o hospital - ele existe - como poderia deixar de vê-lo?

Como um canto que se repete, ele continua a afirmar:

- Você não viu nada em Hiroshima!

Ela responde:

- Vi quatro vezes o museu em Hiroshima, vi pessoas passeando diante das fotografias. Pelas fotografias conheci a reconstrução sem precisar de outra coisa.

- Vi o metal queimado, o bouquet de cogumelos.

- Vi a carne humana pendurada, vi partes de cabelos anônimos que a mulher de Hiroshima encontrou caído nas pedras.

Ele repete insistentemente:

- Você não viu nada em Hiroshima!

Ela afirma teimosamente, embora essa memória não seja sua:

- Estava na Praça da Paz, dez mil graus na praça da paz, eu conheci a temperatura.

Ele repete enfaticamente:

- Você não viu nada em Hiroshima!

Referindo-se ao filme do qual ela participa, ela diz:

- As reconstruções eram as mais fiéis, pois o filme era o mais autêntico.

- Os turistas choravam ao vê-lo.

Nas cenas que se seguem Resnais revela os horrores vividos pelos habitantes de Hiroshima com o lançamento da bomba. São cenas fortes que mostram a cidade destruída, uma mulher saindo em desespero dos escombros, habitantes sem boca, médicos retirando, por meio de instrumentos, os olhos de alguém que foram estilhaçados pela bomba nuclear.

Ela acrescenta:

- *Vi as notícias, do primeiro dia, do segundo, do terceiro, do décimo quinto dia.*

Ele insiste:

- *Você não viu nada em Hiroshima!*
- *Você inventou tudo.*

Esse diálogo apresentado constituiu, para mim, uma provocação ao filosofar. Refletindo sobre ele, dois aspectos chamaram de imediato minha atenção, pois se impunham como questões que incitavam o ato de pensar. O primeiro deles me remeteu à questão filosófica do tempo, de um tempo que é o do instante, o segundo me fez evocar a questão da memória que, no filme, aparece atrelada à noção de narrativa ou de história.

Percebe-se no diálogo o clamor do amante para que a mulher não se aposse das memórias que não são dela, pois fazem parte da história dele como cidadão de Hiroshima. O amante pede à mulher que viva a plenitude do instante presente, um instante marcado pelo amor, pela paixão e que tem a força e a presença do agora. Ela insiste em evocar as lembranças da guerra, o sofrimento dos habitantes de Hiroshima, mas ele se recusa, deseja viver o instante, pleno de desejo e que carrega com ele a força da presentificação.

O outro aspecto que diz respeito à memória deixa evidente que o amante pretende o tempo todo mostrar enfaticamente que as lembranças da bomba lançada sobre Hiroshima e dos sofrimentos de seus habitantes são partes de uma memória, construída por ele e à qual a mulher não pode ter acesso. Ela, por outro lado, insiste em mostrar que conhece a história de Hiroshima, que viu o hospital, que viu reproduções no museu, onde esteve quatro vezes. Mas tais lembranças lhe chegaram por meio de narrações ou de fotos e, sendo assim, não podem fazer parte do acervo da memória de alguém que não vivenciou os fatos.

A mulher é uma atriz que está em Hiroshima para participar de um filme sobre a paz, ela insiste em descrever, para o amante, as cenas cinematográficas das quais participou e que vão sendo mostradas por Resnais como cenas fílmicas que têm o intuito de reproduzir o momento em que a bomba foi lançada. Mas o filme, assim como as fotos do museu que mostram o drama dos habitantes de Hiroshima, é, apenas, uma reconstrução de vivências do passado, uma reprodução nem sempre fiel da memória que não é a de alguém que vivenciou os dramas de Hiroshima. Ela insiste que as cenas do filme e as fotos do museu fizeram o público e os turistas chorarem. Ele repete enfaticamente: *não viram nada em Hiroshima*. Para ele, as cenas são, na verdade, reconstruções, assim como todas as memórias, são narrativas, assim como todas as histórias e essas não têm, nem mesmo a autenticidade de serem construídas por aqueles que estavam em Hiroshima por ocasião do lançamento da bomba.

Em Bachelard a questão da memória e da história (narrativa) é tributária da noção de tempo como instante. O filósofo discute tais questões ao longo de toda a sua obra. Mas na conferência intitulada *Le Surrationalisme,* afirma algo muito interessante que acho importante destacar aqui. Mostra que é comum se confundir memória com tradição. Nesse sentido, o conhecimento é identificado ao acúmulo de saber que fica armazenado na memória. Para o filósofo, o racionalismo que admite que o conhecimento se baseia na repetição monótona dos recursos da memória é *elementar e penoso, alegre como uma porta de prisão, acolhedor como uma tradição.*[83] Para Bachelard, *é necessário devolver à razão humana sua função turbulenta e agressiva,*[84] pois só assim o ato de conhecer vai implicar produzir novo saber, em lugar de se fundar, apenas, na memória. A ciência do século 20 é um exemplo de saber, exaltado por Bachelard, rompe com as teorias do passado apresentando novas ideias e novos fundamentos científicos negando o que antes fora verdade. *Não pode haver verdades primeiras. Há somente erros primeiros.*[85]

Numa conferência intitulada *L'actualité de L'histoire des Sciences,* Bachelard discute a noção de História, questão que está, conforme mostra o próprio filósofo intrinsecamente, ligada à noção de tempo e de memória. Mostra primeiramente que a história das ciências deve ser considerada

83 BACHELARD, Gaston. *Le Surrationalisme* in L'engagement rationaliste. Paris: PUF, p. 7.

84 BACHELARD, Gaston. *Le Surrationalisme* in L'engagement rationaliste. Paris: PUF, p. 7.

85 BACHELARD, Gaston. *L'idéalisme Discursif* in Études. Paris: J.Vrin, p. 89.

como tribunal e como escola. Pretende com isso defender a tese de que a História, assim como a memória, não é um acúmulo de fatos do passado, mas sim uma narrativa, uma construção humana. Conforme mostra Bachelard, a História não registra simplesmente, pois é uma narrativa que implica julgamento, sendo, portanto, normativa. Por outro lado, a História deve ser sempre recorrente, o que significa que parte dos valores do presente para reconstituir o passado. Considerando que o pressuposto da análise bachelardiana é a da descontinuidade do progresso do saber, somos forçados a concluir que os valores de racionalidade têm caráter efêmero, pois estão sempre se transformando. Nesse sentido, a história das ciências é um relato que deverá ser constantemente retomado e refeito, não podendo ser jamais um relato definitivo. Vejamos o que diz Bachelard:

> Certamente a posição filosófica que assumo aqui não é somente difícil, mas é também perigosa. Traz em si um elemento que a arruína: esse elemento é o caráter efêmero da modernidade da ciência. De acordo com o ideal de tensão que proponho para a história das ciências será necessário que esta seja frequentemente refeita, reconsiderada. De fato, é precisamente o que ocorre. Na verdade, a obrigação de iluminar a historicidade das ciências pela modernidade da ciência faz da história das mesmas uma doutrina sempre jovem, uma das doutrinas científicas mais vivas e mais educativas.[86]

Embora Bachelard esteja se referindo à história das ciências, pode-se retomar o que disse para tirar algumas conclusões que vão nos ajudar a compreender o sentido de toda e qualquer narrativa e podem, também, nos ajudar para repensar filosoficamente o filme *Hiroshima, Mon Amour.* Como se pode deduzir da ligação entre instante, memória e História, se o tempo verdadeiro é o instante, a História, assim como a memória, é uma reconstrução recorrente que une, num contínuo linear, julgando a partir do presente, fatos do passado. A memória é, pois, uma poeira de instantes, por nós solidarizados. Por outro lado, devemos nos aperceber

---

86 Bachelard, Gaston. *L'actualité de L'histoire des Sciences* in L'engagement Rationaliste. Paris: J. Vrin.

do ponto de vista psicológico que a experiência imediata do tempo não é a experiência tão fugaz, tão difícil, tão complexa da duração, mas sim a experiência displicente do instante, pois tudo o que é forte em nós é o dom de um instante presente.

O filme *Hiroshima, Mon Amour* é uma exaltação do instante presente, o passado aparece nas cenas em *flashbacks* como uma reconstrução secundária, mediata, lembranças que trazem a marca da linearidade imposta pela narrativa dos personagens. A imagética fílmica enfatiza o tempo todo o apelo para que os personagens permaneçam na experiência do instante, o que significa que toda a força do tempo se condensa no agora. No filme de Resnais, o passado, as lembranças de cada um dos amantes aparecem como dados mediatos que vão sendo reconstruídos por meio de um esforço da razão que une numa narrativa a história vivida pelos amantes. O relato do passado é sempre uma história, à qual a razão atribui certa simpatia e afeto e, nesse sentido, dá a impressão de que é um caminho de progresso, mas, na verdade, só se alcança o verdadeiro progresso pelo recomeço incessante dos instantes presentes, pois é assim que o ser consegue se renovar inesgotavelmente.

Cabe ressaltar que a própria narrativa cinematográfica é apresentada por meio de rupturas, pelas quais o espectador vai, ele mesmo, reconstruindo a história de Hiroshima, a história da mulher e de seu amor da adolescência, ao mesmo tempo em que o instante presente se impõe por meio de cortes como a verdadeira realidade temporal. O filme torna evidente que o que se chama de passado são os instantes desaparecidos que são reconstruídos numa duração e o que se chama de futuro são as perspectivas de espera que resultam de uma projeção executada pelo próprio sujeito.

Assistindo ao filme *Hiroshima, Mon Amour* podemos compreender que a duração não nos oferece nosso passado como um bloco uniforme, pois as lembranças são sempre apoiadas numa dialética do presente. No filme, a evocação do passado está sempre ligada a um tema afetivo do presente. A mulher, pelo fato de estar vivendo no presente o amor com intensidade, consegue evocar, pela memória, o amor que viveu quando tinha 18 anos. Revivendo o passado, mediante o presente, Nevers (nome pelo qual a mulher é chamada por seu amante japonês) constrói suas lembranças num encadeamento que lhe dá o aspecto de realidade. Relendo Bachelard, pode-se compreender que a memória é sempre reconstruída a partir do presente. Diz ele:

> Para se ter a impressão de duração - impressão singularmente imprecisa - é preciso colocar nossas lembranças como acontecimentos reais em um meio de esperança e inquietação, em uma ondulação dialética. Não há lembranças sem esse tremular do tempo, sem esse tremor afetivo.[87]

Hiroshima, Mon Amour, embora tenha me arrebatado, num primeiro momento da vida por sua beleza estética, provocou em mim quando o vi na maturidade da vida muitas reflexões filosóficas, apesar de continuar a achar que a linguagem imagética do filme conserva sua dinâmica, seduzindo esteticamente o espectador. Remeteu-me à tese bachelardiana de que a memória é reconstituição de instantes desaparecidos, uma reconstituição que, como já vimos, se faz a partir do presente, mas que leva em conta principalmente os instantes ativos que foram vividos com intensidade no passado. Mas o que me parece mais interessante na perspectiva bachelardiana da memória é que a narrativa do passado não pode desprezar também os instantes inativos, espécie de vazios que trazemos para a narração. Conforme mostra Bachelard, *mesmo num passado que acreditamos ser pleno, a evocação, a narração, a confidência recolocam os vazios dos tempos inativos; sem cessar, ao recordar misturamos o tempo ativo e dado ao tempo inútil e ineficaz.*[88]

O filme *Hiroshima, Mon Amour* ilustra muito bem isso, pois as narrações do passado são sempre entremeadas de vazios, de retornos ao instante presente, o que faz que a reconstrução do passado venha sempre associada a um sentimento de perda, à vivência da morte, à angústia dos instantes que não foram tão fortes ou daqueles que, mesmo vividos intensamente, já ficaram para trás. As cenas, de beleza incontestável, trazem com ela o lamento dos vazios que separam os instantes revividos por meio da memória. Quando, como a mulher de *Hiroshima, Mon Amour,* contamos nossa história de vida queremos revelar para o outro um contínuo linear de atos e de vida, mas *nossa alma não guardou a lembrança fiel de nossa idade, a verdadeira medida*

87 BACHELARD, Gaston. *La Dialectique de La Durée.* Paris: PUF, p. 33.
88 BACHELARD, Gaston. *La Dialectique de La Durée.* Paris: PUF, p. 33.

do comprimento da viagem ao longo dos anos; ela guardou apenas os acontecimentos que criaram instantes decisivos de nosso passado.[89]

Percebe-se bem claramente no filme o que afirma Bachelard. A mulher que no filme é chamada de Nevers revela, pela sua angústia, a dificuldade que existe quando se quer relembrar o passado. Sua narração vem sempre acompanhada de sofrimento, não só pelo fato de não conseguir evocar os instantes menos significativos, os vazios, os instantes ativos, mas também porque é difícil contar para o outro os instantes que foram para ela decisivos, os instantes vividos, por ela, com intensidade.

O filme de Resnais deixa entrever em sua imagética simbólica que, apesar da mulher tentar dar à sua narração a impressão de duração, o que ela nos oferece, na verdade, é uma história que se apresenta como um tempo que vibra por meio de seus instantes. Escreve Bachelard:

> ... para se ter a impressão de duração - impressão singularmente imprecisa - é preciso colocar nossas lembranças como acontecimentos reais em um meio de esperança e inquietação, em uma ondulação dialética. Não há lembranças sem esse tremular do tempo, sem esse tremor afetivo.[90]

A imagética fílmica apresentada pelos *flashbacks* que reproduzem as lembranças da mulher me remeteram, pois, à parte da obra bachelardiana *La Dialectique de la Duration,* na qual o filósofo mostra que entre passado, presente e futuro não há continuidade, mas sim instantes pontuais, entremeados de vazios e de nadas. Pode-se, então, deduzir que se recorremos à memória, construindo os instantes descontínuos para dar a aparência de que estamos vivendo uma duração, impõe-se que o revivamos com seus intervalos, nos quais há quebra do tempo.

Pode-se, assim, concluir que *Hiroshima, Mon Amour* ilustra, por intermédio de imagética de beleza inesquecível, o que nos ensina Bachelard sobre a memória, o tempo e a História. Expressa metaforicamente a temporalidade bachelardiana do instante, insinuando, por meio de imagens, que a memória nada mais é do que uma reconstrução do passado feita pela razão, que almejando a duração reúne linearmente os instantes

89 BACHELARD, Gaston. *La Dialectique de la Durée*. Paris: PUF, p. 34.
90 BACHELARD, Gaston. *La Dialectique de la Durée*. Paris: PUF, p. 33.

pontuais, preenchendo os vazios que os separam. Fica evidente no filme de Resnais que a história de cada um não é senão uma narração por nós construída. Vejamos o que diz Bachelard:

> Nossa história pessoal não é senão a narração de ações soltas e, recontando-as, é pela razão e não pela duração que pretendemos lhes dar a continuidade. Assim, nossa experiência de nossa própria duração passada se apoia sobre verdadeiros eixos racionais; sem essa carcaça, nossa duração tombaria. Por conseguinte, vamos mostrar que a memória não nos dá diretamente a ordem temporal precisa para ser sustentada por outros princípios de ordenação. É preciso não confundir a lembrança de nosso passado com nossa duração.[91]

Do que foi dito, pode-se tirar algumas conclusões. A socialização e a educação com o intuito de favorecer o convívio humano em sociedade submetem o homem ao tempo da vida, ao tempo linear e horizontal, criando, assim, um *eu* superficial que age segundo regras aprendidas e que se insere na História.

Hiroshima, Mon Amour exalta, pois, o tempo estilhaçado em instantes e, negando a duração, afasta a ideia de que os personagens têm uma história. Perpassa o filme todo o convite para que os personagens vivam o aqui e o agora, que vivam com intensidade o amor e a paixão que os consomem no presente, abandonando, assim, as lembranças e o passado de sofrimento e dor. Mas como mostra imageticamente Resnais é difícil se ater ao instante presente sem acatar a interferência da inteligência que nos impulsiona a reconstruir o passado numa perspectiva de linearidade, sem ouvir os brados da razão que nos acena com a História como algo imprescindível para que possamos nos conhecer como pessoas.

Assistindo *Hiroshima, Mon Amour*, enlevada pela beleza estética de suas imagens, não consegui, hoje, abandonar o filosofar que se impôs como instrumento de enriquecimento da sedução que o cinema exerce sobre mim. Trazendo Bachelard à cena pude vibrar com mais intensidade

91 BACHELARD, Gaston. *La Dialectique de la Durée*. Paris: PUF, pp. 34-35.

diante da imagética de *Hiroshima, Mon Amour* e, repensando, por meio das cenas do filme, o que é tempo, o que é memória, o que significa história ou narrativa, pude compreender o apelo cinematográfico para que se viva com intensidade o presente. O filme me ensinou, pois, mediante o viés artístico, que viver a temporalidade como vibração do instante é, na verdade, viver a contratempo, é renegar a duração, a temporalidade contínua e horizontal que rege a vida cotidiana, é se afastar do pragmatismo que domina a sociedade, para, num ato de total rebeldia, mergulhar na intimidade ambígua do instante.

REFERÊNCIAS BIBLIOGRÁFICAS:

BACHELARD, Gaston. L'actualité de L'histoire des Sciences in *L'engagement Rationaliste*. Paris: J. Vrin.

_____. *L'intuition de L'instant*. Paris: PUF, 1985.

_____. *L'idéalisme Discursif* in Études. Paris: J. Vrin.

_____. *La Dialectique de La Durée*. Paris: PUF, 2001.

_____. *La Poétique de L'espace*. Paris: PUF, 1998.

_____. *Le Surrationalisme* in L'engagement Rationaliste. Paris: PUF.

JUNG, C. G. - *La psychologie analytique dans sés rapports avec l'oeuvre poétique* in *La Poétique de L'espace*. Paris: PUF, 1998.

PESSANHA, José Américo. *Sono e vigília* em Tempo e história, Rio de Janeiro: Editora Companhia das Letras, 1992.

Sinopses dos filmes: *Drowning by Numbers* (Afogando em números), *The Tulse Luper Suitcases, part 1 - The Moab Story* (As maletas de Tulse Luper Parte I: a história de Moab) e *The Pillow Book* (O livro de cabeceira).

Drowning by Numbers (Afogando em números)

Três mulheres cometem três assassinatos, cada uma afogando o próprio parceiro, por pura satisfação. A garantia de que os crimes virão à tona é dada por um amigo apaixonado por elas: ele declara que os afogamentos foram acidentais.

Direção: Peter Greenaway
Roteiro: Peter Greenaway
Elenco: Joan Plowright, Juliet Stevenson, Joely Richardson, Bernard Hill, Jason Edwards, Bryan Pringle, Trevor Cooper, David Morrissey, John Rogan, Paul Mooney.

The Tulse Luper Suitcases, part 1 - The Moab Story (As maletas de Tulse Luper Parte I: a história de Moab)

As aventuras de Tulse Luper (JJ Field), cuja trajetória é reconstruída por meio de evidências encontradas em 92 maletas. Luper é um escritor e projetista, que passou boa parte da vida confinado em diversas prisões ao redor do mundo. Sua vida é apresentada em diversas histórias que se entrelaçam.

Direção: Peter Greenaway
Roteiro: Peter Greenaway
Elenco: JJ Field, Raymond J. Barry, Valentina Cervil, Caroline Dhavernas, Debora Harry, Steven Mackintosh, Drew Mulligan, Jordi Mollà, Enrique Alcides, Naim Thomas, Kevin Tighe, Scot Williams.

The Pillow Book (O livro de cabeceira)

A poesia representada por quem a sente com uma particularidade singular, os manuscritos são pele humana. Uma jovem escritora oriental inicia a sua escrita de poemas eróticos sobre os corpos de diferentes homens; um ritual proveniente de seu pai, escritor calígrafo, que em cada aniversário da filha marcava-lhe no rosto os votos da ocasião.

Direção: Peter Greenaway
Roteiro: Peter Greenaway
Elenco: Ewan McGregor; Vivian Wu; Hideko Yoshida; Ken Ogata; Yoshi Oida

A tipologia das imagens em Peter Greenaway

Veronica Damasceno[92]

Pensar as imagens no cinema de Peter Greenaway implica considerar diretamente o problema das multiplicidades na filosofia. Seu modo peculiar de tratar as imagens e o interesse cinematográfico que ele concede a essa noção nos remetem, por sua vez, à importância filosófica desse problema.[93] Do mesmo modo como as multiplicidades bergsonianas, em Greenaway as imagens expressam a coexistência de um universo acentrado com suas conjunções virtuais e descrevem o surgimento, em seu interior, de centros instáveis e suas conexões reais.[94]

A coexistência atual-virtual parece-nos muito próxima ainda daquilo que Deleuze designa por "diferença entre tipos de multiplicidade em Bergson" (Deleuze, 2000, p. 1).

Contrariamente à inspiração dialética da montagem, que caracteriza o cinema soviético, na qual, segundo a perspectiva de Deleuze, a gênese das imagens depende de uma unidade de produção, como uma célula que se reproduz em suas próprias partes por divisão e se diferencia por oposição, as imagens em Greenaway parecem abortadas de sua própria gênese e são apresentadas segundo uma ordem de mostragem que privilegia o simultâneo ao sucessivo, a diferença de natureza à síntese opositiva.[95]

A oposição dialética das imagens sempre esteve na dependência da força motriz interna pela qual a unidade dividida refaz-se como nova unidade em outro nível ou forma. A dialética pretende reunir a multiplicidade na unidade superior da forma, de tal modo que o todo se sobreponha às partes e condicione seu desenvolvimento.

A diferenciação das imagens em Greenaway procede por tipos, pela diferença tipológica entre imagens, imagens que decompõem os

---

92 Verônica Dasmaceno é Professora Adjunta do Departamento de História e Teoria da Arte (EBA/UFRJ). Pós-Doutoranda em Filosofia pela Unicamp.

93 A esse respeito cf. GREENAWAY "Cinema e novas tecnologias - conversa com Peter Greenaway" em *O cinema enciclopédico de Peter Greenaway*. pp. 179-190 passim. Entrevista concedida a Maria Dora Mourão.

94 A esse respeito cf. BERGSON. *Matière et Mémoire*. pp. 169-223 passim.

95 A respeito do cinema soviético e sua relação com a montagem dialética cf. DELEUZE. *Cinéma 1 L'image-mouvement*. pp. 46-82 passim.

mistos forjados pela unidade sintética dos opostos. Rompendo com a sucessão linear do passado, presente e futuro, o simultâneo escava no sucessivo as séries ou tendências que diferem por natureza, dando lugar à coexistência das conjunções virtuais e conexões reais.

Gostaríamos de indicar, no presente artigo, algumas ressonâncias entre o cinema de Greenaway e a Teoria das Multiplicidades de Bergson, tal como formulada por Gilles Deleuze. Nossa análise, contudo, se restringe aos filmes: *Drowning by Numbers*, 1988 (Afogando em números); *The Pillow Book*, 1996 (O livro de cabeceira) e *The Tulse Luper Suitcases, part 1 The Moab Story*, 2003 (As malas de Tulse Luper, parte 1 a história de Moab), deixando de lado o conjunto de sua produção artística tão rica e diversificada, que compreende desde roteiros e textos ensaísticos até suas intervenções nas artes plásticas e sua criação operística. Desse modo, partindo do problema das multiplicidades de Bergson, do modo como o apresenta Deleuze, pretendemos atingir a tipologia das imagens em Greenaway. Consideramos que a teoria das multiplicidades de Bergson nos possibilita aceder, diretamente, à tipologia das imagens em Greenaway.

A DISTINÇÃO ENTRE AS MULTIPLICIDADES

Tradicionalmente a ideia de multiplicidade nunca recebeu suficiente atenção e importância, porque sempre permaneceu referida à unidade superior que a subsume, relegada ao descontínuo e à dispersão sensível. Há em filosofia um emprego corriqueiro da palavra multiplicidade, por exemplo, quando dizemos: "... há uma multiplicidade de coisas, há uma multiplicidade de números" (Deleuze, 2000, p. 1), queremos, com isso, indicar que há uma quantidade ou uma diversidade de números e coisas. Isso parece ocorrer porque tomamos a multiplicidade como um adjetivo, como um valor que se agrega a alguma coisa, para opô-la a outra unidade e porque atribuímos e impomos à multiplicidade uma determinação numérica, um sentido quantitativo. Nesse caso, somos levados necessariamente a relacionar a multiplicidade à unidade da coisa ou do próprio número. Desse modo, afirmamos frequentemente: "... a coisa é una ou múltipla", ou ainda: "... ela é una e múltipla" (Deleuze, 2000, p. 1).

Esse tratamento que a tradição dialética do pensamento impõe à multiplicidade corresponde à montagem alternada e convergente da escola soviética de cinema, na qual a unidade do todo se desdobra e faz as partes retornarem para formar uma nova unidade, como afirma Deleuze:

> E as oposições são múltiplas: quantitativa (um - vários, um homem - vários homens), um único tiro - uma salva, um navio - uma frota, qualitativa (as águas - a terra), intensiva (as trevas - a luz), dinâmica (movimento ascendente e descendente, da direita à esquerda e inversamente) (Deleuze, 1983, pp. 51-52).

A novidade que Bergson promove em relação à tradição dialética do pensamento se deve ao modo diferencial com que ele trata a multiplicidade: não mais como um adjetivo, mas sim como um substantivo. Se afirmamos, por exemplo, que: "... cada número é uma multiplicidade" (Deleuze, 2000, p. 1), identificamos a noção de número à de multiplicidade. Nesse caso, a multiplicidade designa algo que é e difere qualitativamente, e não em quantidade, de outra coisa. Somente quando a multiplicidade é tratada como um verdadeiro substantivo, e não mais como um adjetivo, é que a multiplicidade pode romper em definitivo com a oposição entre o uno e o múltiplo.

No emprego riemanniano da multiplicidade, por exemplo, cada coisa vale por si mesma e é afirmada em sua diferença própria, sem que se precise conduzi-la a seu oposto para afirmar o que ela é.[96] Desse modo, é possível dizer o que cada coisa é *em si mesma* e *por si mesma*.

Parece que a conversão do adjetivo em substantivo nos abre outro horizonte de problemas, a partir do qual somos necessariamente levados a distinguir dois tipos de multiplicidade: a multiplicidade qualitativa da

96 Bernhard Riemann (1826-1866), matemático alemão de fundamental importância para a geometria e análise, foi quem, na matemática, inspirou Bergson e posteriormente Deleuze a pensarem a multiplicidade como um substantivo. Riemann critica o privilégio concedido ao espaço como uma determinação que funda as demais grandezas e postula que o espaço deve ser pensado somente como uma grandeza diante das demais grandezas. Suas ideias sobre a geometria do espaço influenciaram muito o desenvolvimento da física teórica moderna. A esse respeito cf. DELEUZE; GUATTARI, 1980, p. 190, ver também MARTIN, 1993, pp. 179-181, e também BLANCHOT, 1969, pp. 106-112.

duração e a multiplicidade quantitativa do espaço. Em outras palavras, afirma Deleuze:

> ... a própria noção de multiplicidade tomada como um substantivo implica um ultrapassamento de todo o pensamento. A oposição dialética do um e do múltiplo é substituída pela diferença tipológica entre multiplicidades (Deleuze, 2000, p. 2).

Se Bergson e Deleuze se distanciaram inteiramente da tradição dialética do pensamento, que concebe a multiplicidade sempre submetida a uma unidade superior, e passaram a conceber a multiplicidade insubmissa e irredutível a qualquer transcendência, foi porque ao substantivar a multiplicidade encontraram sua dimensão imanente. No *Essai sur les données immédiates de la conscience* (Bergson, 1889), a *duração* é pensada em termos de *multiplicidade*, e se procura investigar que tipo de multiplicidade é a duração. Nesse caso, a duração não é pensada em termos de ideias gerais, entre uno e múltiplo, ou ainda como a síntese do uno e do múltiplo. Bergson pretende, portanto, pensar cada problema em sua singularidade, de tal modo que a solução que a ele se aplica cabe somente a ele e a nenhum outro.

Nessa obra, Bergson propõe um modo inteiramente original de conceber a multiplicidade: partir da diferença de natureza, entre dois tipos de multiplicidade, até chegar à coexistência virtual das duas multiplicidades, em vez de servir-se de um termo geral e abstrato e opô-lo e/ou negá-lo a outro termo também geral e abstrato.

A diferença de natureza não só possibilita apreender a multiplicidade em si mesma, mas também nos força a pensar a multiplicidade em sua *diferença interna*. A diferença interna diz respeito à diferença de natureza entre coisas do mesmo gênero. Assim, podemos supor que há diferença de natureza entre indivíduos do mesmo gênero e que a diferença entre eles não é nem espaciotemporal, nem genérica ou específica, tampouco exterior, superior ou inferior à coisa, mas que a diferença é intrínseca à coisa.

A diferença de natureza distingue-se ainda daquilo que Bergson designa por *diferença de grau*. Ele frequentemente censura seus antecessores por não terem visto as verdadeiras diferenças de natureza e também por terem confundido as diferenças de natureza com as diferenças de grau, ou as diferenças de grau com as diferenças de natureza, como sugere Deleuze em *La Conception de la Différence Chez Bergson*: "Lá onde havia diferenças de natureza foram retidas apenas diferenças de grau (...) lá onde havia somente diferenças de grau foram postas diferenças de natureza..." (Deleuze, 2002, p. 43).

É preciso, ainda, levar em conta que mesmo os graus têm no bergsonismo uma realidade efetiva e que, de certo modo, já estão compreendidos nas diferenças de natureza. Isso quer dizer que a diferença de natureza abarca as diferenças de grau, e que existem *graus da diferença* e não diferenças de grau. Cada grau tem sua própria diferença interna e difere qualitativamente de outro grau, e que eles vão do mais alto ao mais baixo, exprimindo diferentemente suas *nuanças*.

Nossa experiência perceptiva, entretanto, converte as diferenças de natureza em diferenças de grau na medida em que confunde os graus compreendidos na diferença. A diferença, com efeito, torna-se uma simples diferença de grau no espaço. Em razão disso o espaço só apresenta, ao entendimento, coisas, resultados e produtos, proporcionalmente distintos, ao passo que, aquilo que efetivamente difere por natureza, não são coisas, nem estados de coisas ou ainda características de coisas, mas tão somente *tendências*.

Uma tendência se define, antes de tudo, por sua anterioridade, tanto em relação ao produto quanto em relação à sua causa. Desse modo, uma coisa, em sua verdadeira natureza, é sempre a expressão de uma tendência antes de ser o efeito de uma causa. As coisas, os resultados e os produtos são sempre mistos. Podemos distinguir, por exemplo, no espaço, o misto do espaço e do tempo, do aberto e do fechado. O misto, com efeito, é sempre uma mistura de tendências que diferem por natureza, como sugere Deleuze: "O misto é o que se vê do ponto de vista em que, por natureza, nada difere de nada. O homogêneo é o misto por definição, porque o simples é sempre alguma coisa que difere por natureza: somente as tendências são simples, puras" (Deleuze, 2002, pp. 47-48).

No *Essai sur les Données Immédiates de la Conscience*, Bergson divide o misto em duas tendências que diferem por natureza: a duração e o espaço. A duração pura apresenta-se como uma sucessão interna, sem exterioridade, pura continuidade. Trata-se da sucessão dos estados, como uma penetração mútua. O espaço apresenta-se como uma exterioridade sem sucessão, em que os estados são radicalmente distintos entre si. A duração e o espaço se misturam de tal modo que o espaço introduz na duração a forma de suas distinções, de seus cortes descontínuos e homogêneos, enquanto a duração, em troca, leva para essa mistura sua sucessão puramente interna, contínua e heterogênea.

O misto, que daí resulta, precisa ser então dividido em duas tendências que diferem por natureza. Somente uma tendência, dentre essas duas, é pura: a duração; a outra tendência, o espaço, representa a impureza que desnatura a duração. Na medida em que essas duas tendências não são equivalentes, pois diferem por natureza, uma delas se tornará a tendência dominante. A tendência dominante é quem define a natureza do misto.

O misto se divide, então, em duas tendências que diferem por natureza: a duração e o espaço. A diferença de natureza, entretanto, não somente se situa *entre* essas duas tendências, mas ela própria já é uma das duas tendências e se opõe à outra tendência. Isso só se torna possível na medida em que a duração é aquilo que difere de si mesmo. Ora, se a duração difere de si, e não de outra coisa, é precisamente porque ela é mudança contínua, de modo que ela não tem momentos idênticos nem exteriores entre si, sendo, pois, essencialmente heterogênea.

A decomposição do misto não somente nos oferece duas tendências que diferem por natureza, como também nos fornece a própria diferença de natureza como uma das duas tendências. Desse modo, afirma Deleuze: "A duração, a tendência, é a diferença de si para consigo; e o que difere de si mesmo é *imediatamente* a unidade da substância e do sujeito" (Deleuze, 2002, p. 52). A duração difere, portanto, *imediatamente* de si mesma.

A duração difere de si porque ela tem vários aspectos ou nuanças e se ela difere de si mesma é porque ela é pura duração, como afirma Deleuze: "Se a duração difere de si mesma, isto de que ela difere ainda é duração..." (Deleuze, 2002, p. 54). Isso acontece porque a duração não se divide como o misto, pois ela é simples, indivisível, pura. A duração não se divide, mas se diferencia porque o simples não se divide, mas se diferencia. Como afirma Deleuze: "Não é da mesma maneira, evidentemente, que o misto é decomposto e o simples se diferencia: o método da diferença é o conjunto desses dois movimentos" (Deleuze, 2002, p. 54).

O que possibilita compreender melhor essa ideia é a noção de virtual, que já aparece no *Essai sur les Données Immédiates de la Conscience*. Segundo a perspectiva de Deleuze, a duração, o indivisível, não é o que não se deixa dividir, mas aquilo que muda de natureza ao dividir-se, e o que muda de natureza é o próprio virtual. A duração é o virtual, na medida em que se atualiza, como explica Deleuze:

> ... a duração é o *virtual*. Mais precisamente é o virtual à medida que se atualiza, que está em via de atualizar-se, inseparável do movimento de sua atualização, pois a atualização se faz por diferenciação, por linhas divergentes, e cria, pelo seu próprio movimento, outras tantas diferenças de natureza (Deleuze, 1968, p. 36).

Em uma multiplicidade numérica tudo é atual, embora nem tudo nela esteja *realizado*, mas tudo nela é atual. Essa multiplicidade comporta apenas relações entre atuais e somente diferenças de grau. Já a multiplicidade qualitativa da duração mergulha em outra dimensão, na dimensão pura do tempo e não mais do espaço, indo, pois, do virtual à sua atualização. Ela se atualiza ao criar linhas de diferenciação correspondentes às suas diferenças de natureza. Essa multiplicidade compreende a continuidade, a heterogeneidade e a simplicidade.

Se Bergson procura dividir o misto é porque, para ele, essas duas tendências sempre foram confundidas por todos aqueles que se iludiram com a simplicidade aparente da ideia de tempo e, por isso, agruparam o tempo e o espaço acreditando que poderiam reconstruir a representação do espaço com a duração. Mas, a verdade é que a separação desse misto nos revela dois tipos de multiplicidade. Uma delas é representada pelo espaço ou pela mistura impura própria ao tempo homogêneo. A outra se apresenta na pura duração, como explica Deleuze:

> ... é uma multiplicidade de exterioridade, de simultaneidade, de justaposição, de ordem, de diferenciação quantitativa, de *diferença de grau*, uma multiplicidade numérica, *descontínua e atual*. A outra se apresenta na duração pura: é uma multiplicidade interna, de

> sucessão, de fusão, de organização, de heterogeneidade, de discriminação qualitativa ou de *diferença de natureza*, uma multiplicidade *virtual e contínua*, irredutível ao número (Deleuze, 1999, p. 28).

A partir de todas essas características podemos perceber os dois tipos de multiplicidade bergsonianas. Se é preciso, efetivamente, diferenciá-las por natureza, é porque elas parecem se opor, não no sentido dialético, mas no sentido da virtualidade, o qual trataremos a seguir.

Entretanto, gostaríamos, antes, de relacionar esses dois tipos de multiplicidade, tal como concebidos por Bergson e Deleuze às duas séries, ou ordens, de contagem que aparecem em *Drowning by Numbers*.

Encontramos em *Drowning by Numbers* dois tipos ou duas séries simultâneas. O primeiro tipo ou série é sucessivo, extensivo e os números são contados por unidades (1, 2, 3...). Essa série corresponde à multiplicidade quantitativa ou numérica, cuja ordem crescente exprime a diferença de grau, descontínua e atual. O segundo tipo ou série é intensivo e expressa o conjunto das situações perceptivas, afetivas, pulsionais e ativas que experimentam os personagens. Essa série escapa, pois, da ordenação sucessiva da primeira série e corresponde à multiplicidade qualitativa da duração, cujas características são a fusão, a heterogeneidade e a diferença de natureza. Trata-se aqui de uma multiplicidade contínua e virtual.

A série qualitativa evoca situações e personagens em suas conjunções virtuais, o encadeamento repetitivo das ações expressa mundos pulsionais nos quais gravitam os impulsos carnais e espirituais. Nesse mundo de percepções deformadas, de afetos cristalizados e de ações esquartejadas a desordem aparente é regida pela implacável lógica de onde emerge a informalidade do sentido. Essa série é caotizante e corresponde à desterritorialização da contagem numérica, a um tempo estratigráfico, não cronológico e cumulativo.

A COEXISTÊNCIA VIRTUAL

Em Bergson, graças à noção de *virtualidade*, a coisa, inicialmente, difere de si mesma. Em Hegel, a coisa primeiro precisa diferir de tudo aquilo que ela não é para depois poder diferir de si mesma.[97] Nesse sentido, a coisa precisa, antes, ir até a contradição, de modo que não se atinge uma realidade concreta já que se parte de duas visões opostas, bem como não é possível subsumir dois conceitos antagonistas. Nesse sentido, afirma Bergson: "Essa combinação de dois conceitos contraditórios não poderá apresentar nem uma diversidade de graus nem uma variedade de formas: ela é ou não é" (Bergson p. 1.416 [207]). Analisar a duração a partir de dois conceitos já prontos é estar obrigado, pela própria natureza do conceito e da análise, a abordar a duração *em geral* e não a duração em si mesma. Por um lado, há uma multiplicidade de estados de consciência sucessivos, por outro, uma unidade que os religa; e a duração é precisamente a *síntese* dessa unidade e dessa multiplicidade. Por isso, afirma Deleuze: "... a dialética da contradição falseia a própria diferença, que é a razão da nuança" (Deleuze, 2002, p. 59).

No entanto, a duração, tal como Bergson a concebe, diferencia-se em duas tendências divergentes, ela é, pois, uma virtualidade e, como tal, sugere Deleuze: "... é algo de absolutamente simples que se realiza. Nós o tratamos como um real que se compõe com os elementos característicos de duas tendências que só foram criadas pelo seu próprio desenvolvimento" (Deleuze, 2002, p. 59). A duração não se diferencia por ser o *produto* de duas determinações contrárias entre si, mas se diferencia desde o início de si mesma, pois ela é mudança contínua e ininterrupta e como tal jamais se assenta sobre um estado de coisas qualquer. Em seu próprio movimento de diferenciação, entre duas tendências, ela já é uma virtualidade e está apta a se atualizar, jamais sendo, pois, o produto ou o resultado de dois termos opostos.

Tudo parece, então, retornar à recusa bergsoniana do negativo, como afirma Deleuze: "... chegar à concepção de diferença que não contenha o negativo é o maior esforço de Bergson" (Deleuze, 2002, p. 59). Ele quer mostrar que a negação de um termo por outro é somente a realização positiva de uma virtualidade que já contém ambos os termos ao mesmo tempo. É somente por ignorância do virtual, da virtualidade, que se acredita na negação, como afirma Deleuze: "A oposição dos dois termos é somente a realização da virtualidade que continha todos os dois: isso quer dizer que a diferença é mais profunda que a negação, que a contradição" (Deleuze, 2002, pp. 59-60).

O virtual torna-se, então, o conceito puro da diferença, a própria coexistência dos graus ou nuanças. O virtual define, então, um modo de

97 A esse respeito cf. HEGEL. *La Phénoménologie de L'esprit*. Especialmente o cap. I.

existência consistente; a duração é, pois, o virtual. Cada um dos graus da duração só é real na medida em que eles se diferenciam. O que difere, por natureza, difere de si mesmo segundo graus distintos, e o que difere de si mesmo é a própria duração, que se define como diferença de natureza. A diferença de natureza é, portanto, a coexistência virtual de dois graus extremos. Quando a diferença de natureza entre duas coisas torna-se uma das duas coisas, a outra se torna somente seu mais baixo grau. Desse modo, não há qualquer tipo de oposição entre dois graus extremos, mas somente graus intermediários que vão do mais alto ao mais baixo.

A duração não se divide como o misto, mas se diferencia, porque ela é simples, pura, indivisível, somente se divide diferenciando-se, isto é, mudando de natureza. Desse modo, o misto se decompõe em duas tendências: uma delas é o indivisível, mas o indivisível se diferencia em duas outras tendências e dentre elas uma delas é o princípio do divisível, como explica Deleuze: "O espaço é decomposto em matéria e duração, mas a duração se diferencia em contração e distensão, sendo a distensão o princípio da matéria" (Deleuze, 2002, p. 54).

O que difere, por natureza, é a duração e a matéria, de modo que a matéria é o grau mais baixo da duração. Matéria e duração são, pois, dois níveis extremos, mas não opostos dialeticamente. A duração difere, por natureza, da matéria, ambas são graus, nuanças, intensidades da diferença. Nesse sentido, segundo Deleuze: "... o bergsonismo é uma filosofia dos graus" (Deleuze, 2002, p. 70). O pensamento de Bergson dirige-se aos graus, mas não às diferenças de grau, porque não existem diferenças de grau no ser, mas sim graus da diferença. As filosofias que procederam por diferenças de grau confundiram tudo justamente por não terem visto as verdadeiras diferenças de natureza e, consequentemente, perderam-se no espaço e nos mistos que o espaço nos apresenta.

O que difere por natureza é precisamente aquilo que difere de si mesmo, isto é, a duração. Desse modo, a duração é a própria diferença de natureza e o que difere da duração, por natureza, é tão somente seu mais baixo grau, como afirma Deleuze: "Quando a diferença de natureza entre duas coisas torna-se uma das duas coisas, a outra é somente o *último* grau desta" (Deleuze, 2002, p. 70). E é desse modo que a diferença de natureza ou a duração é a coexistência virtual de dois graus extremos.

Pelo fato de esses graus serem extremos, sua ligação forma graus intermediários. São esses graus que constituem o princípio dos mistos e fazem que acreditemos em diferenças de grau. Mas, isso só é possível se considerarmos esses graus em si mesmos e esquecermos que as extremidades que os relaciona são duas coisas que diferem por natureza, sendo essas extremidades graus da própria diferença.

Se eles são extremos, eles são *inversos*; e na medida em que eles são inversos ou opostos, mas não no sentido dialético, podemos afirmar que a matéria é o mais baixo grau da duração. Matéria e duração são, portanto, dois graus extremos que coexistem virtualmente.

Falar em contradição dialética é, pois, ignorar a realização de uma virtualidade que contém ambos os termos, e o papel dos graus intermediários compreende justamente a realização dessa virtualidade, de modo que eles colocam um grau no outro. Então, são os graus que se explicam pela diferença e não a diferença que se explica pelos graus. A tipologia das multiplicidades de Bergson é a própria coexistência virtual das duas multiplicidades. Isso quer dizer que não há oposição, nem negação, mas sim diferenças, virtualidades e, sobretudo, atualização de virtualidades. A duração é, precisamente, aquilo que coexiste virtualmente com o espaço ou mesmo com a matéria, seu mais baixo grau.

A TIPOLOGIA DAS IMAGENS EM GREENAWAY

A teoria das multiplicidades de Bergson nos possibilita pensar o que designamos *tipologia das imagens* em Greenaway. Dissemos que em *Drowning by Numbers* há dois tipos de série: a intensiva e a extensiva.

O filme acaba quando a contagem atinge o número 100. Parece que Greenaway optou filmar até atingir o número cem, em *Drowning by Numbers*, porque este número é, segundo ele, uma espécie de código universal de nossos dias. Para o autor, a partir do número 100 não há necessidade de se contar por unidades, mas deve-se contar por centenas ou em termos de milhares, já que mesmo 1.000.000 é um múltiplo de 100. O número 100 é a cifra de *controle* universal de nossa época, a partir dele todas as outras centenas são as mesmas, como explica o autor:

> A escolha do algarismo 100 se justifica facilmente: é o módulo significante universal que todo mundo reconhece hoje. No prólogo de *Drowning by Numbers*, a pequena filha que pula corda diz das estrelas: "uma vez que você contou até 100, todas as outras centenas são as mesmas". Não é inteiramente verdadeiro, mas, em certo sentido, pode-se ver o início de uma cadeia: de fato, um milhão só é um múltiplo de 100, e assim sucessivamente. Acho que o algarismo 100 é uma unidade de controle muito cômoda. Ele corresponde aproximadamente à idade do homem de nossos dias: sua duração de vida atingirá 100 anos talvez nos anos 2000 ou 2020. Em uma época decimal como a de hoje, o algarismo 100 aparece como uma estrutura adequada para apresentar ideias (Greenaway, 1992-1993, p. 10).

A partir da noção de virtual compreendemos que, na realidade, não se trata de dois tipos ou séries que aparecem em *Drowning by Numbers*, mas sim de uma única série que se diferencia da outra por natureza. A série predominante, qualitativa, diferencia-se da outra série sucessiva. A sucessiva é, pois, o grau mais baixo da qualitativa.

As duas séries surgem na tela misturadas ou sobrepostas. Trata-se de um misto, de uma mistura impura entre as duas séries. É preciso, pois, dividir ou separar esse misto. A separação desse misto nos revela dois tipos de série: uma sucessiva ou quantitativa, outra qualitativa ou virtual. É a série virtual que predomina entre as duas e difere da outra série por natureza. A outra série, quantitativa é, então, o grau mais baixo da série virtual.

O processo de diferenciação dos dois tipos de série em muito se assemelha ao processo de diferenciação das duas multiplicidades, na medida em que essas duas contagens não se opõem dialeticamente mas se diferenciam. É precisamente nesse movimento de diferenciação que se encontra a virtualidade, isto é, entre as duas séries, e exclui, pois, toda e qualquer possibilidade de haver uma oposição ou uma negação entre as duas séries. É o virtual que dá consistência a essa diferenciação qualitativa que há entre esses dois tipos de série.

A coexistência das séries aparece também em *The Pillow Book* em que, desde o início do filme, Greenaway introduz imagens que correspondem ao passado através das *janelas do tempo* que ele abre. O autor inicia o filme com uma das janelas de passado, na qual é introduzida a infância da personagem Nagiko. Nessa primeira imagem vemos o pai de Nagiko escrevendo uma mensagem de aniversário em seu rosto e em suas costas, que diz:

> Quando Deus fez seu primeiro modelo em barro de um ser humano, ele pintou os olhos, os lábios... e o sexo. Depois ele pintou o nome de cada pessoa... para que o dono jamais o esquecesse. Se Deus aprovou sua criação... Ele trouxe à vida o modelo de barro pintado... assinando seu próprio nome (Greenaway, 1996).

Essa mensagem de aniversário Nagiko a repetirá por toda a vida. Entretanto, essa repetição se dará sempre de modo diferenciado, já que Nagiko sempre solicitará que alguém, de preferência do sexo masculino, escreva tal mensagem em seu corpo.

Todas essas lembranças da infância de Nagiko são mostradas no início do filme, ao mesmo tempo em que Greenaway introduz uma janela do tempo na qual vemos Nagiko em Hong Kong já adulta.

Esse salto qualitativo que Greenaway faz, já no início do filme, se repetirá por quase todo o filme, mas essa repetição se diferenciará ao longo do filme. Vemos todas as séries de passado coexistindo e se atualizando nas pontas do presente que Greenaway abre nas janelas do tempo.[98] Todavia, é preciso considerar que *The Pillow Book* nos apresenta uma voz em *off*, da própria protagonista Nagiko, que narra todo o filme. É precisamente essa voz em *off* que nos possibilita compreender que todo o filme trata das janelas do passado e que ele só se atualiza ou se torna presente na última cena do filme.

Nesta cena, Nagiko está com 28 anos e o *Livro de cabeceira* de Sei Shonagon está completando 1.000 anos.[99] Nesse momento a personagem

---

98 A propósito das "Pontas de presente e lençóis de passado". Cf. DELEUZE. *Cinéma II: L'image-temps*, pp. 129-154.

99 Mais uma vez vemos uma remissão de Greenaway ao número 100. Provavelmente Greenaway escolheu o número mil, pois esse número é um múltiplo de 100.

Nagiko afirma: "agora, já posso fazer minha própria *lista de coisas elegantes*" (Greenaway, 1996).[100] Esta cena é de extrema importância na medida em que é ela que nos possibilita a percepção de que, em todo o filme, só há janelas coexistentes de passado. Esta cena se apresenta ainda como uma janela de presente que determina todas as janelas de passado, é ela quem difere das outras janelas por natureza, sendo a janela que apresenta o passado mais longínquo, o grau mais baixo do presente.

Para falar em termos bergsonianos, a última cena de *The Pillow Book* apresenta-se, pois, como uma série ou tendência que difere das outras séries por natureza e as outras séries são graus de passado que se diferenciam dela. A primeira imagem do filme (Nagiko ainda criança recebendo sua primeira mensagem de aniversário do pai) é, portanto, o grau mais baixo da última série (Nagiko com 28 anos).

É precisamente essa última cena do filme que é a tendência dominante. Essa tendência dominante se diferencia, por natureza, das outras tendências, que correspondem às janelas de passado de Nagiko. Essa tendência dominante não se opõe à diversidade de graus compreendidos nela, mas deles se diferencia por natureza. Essa diferenciação é que possibilita a coexistência dos graus, e não sua oposição, por meio da virtualidade que os compreende.

Em *The Pillow Book*, toda a história é contada através das janelas do tempo e qualquer uma dessas janelas pode tomar a cena inteira e, a partir disso, a história pode ser contada através de qualquer janela que se abre.

O estilo de Greenaway de preencher a tela com diversos tipos de imagem nos parece ser uma tentativa do próprio autor de fazer outro tipo de cinema que não seja de modo algum narrativo, pois, segundo ele, em mais de 100 anos de cinema não vimos ainda nenhum cinema, mas somente textos ilustrados. Para Greenaway, em quase todos os filmes que vimos só pudemos assistir o diretor seguindo o texto. Primeiro ilustrando as palavras, criando as imagens e muitas vezes nem criando as imagens, mas somente segurando a câmera enquanto ela executa sua *mimese* ou imitação, como afirma o autor:

---

100 Em algumas janelas de passado, a tia de Nagiko aparece lendo o *Livro de cabeceira* de Sei Shonagon - e é nele que Greenaway se inspira para fazer seu próprio *The pillow book* - no qual há uma *lista de coisas elegantes* e também uma *lista de coisas que fazem o coração bater mais forte* – grifo nosso.

> *The Pillow Book* foi um filme feito em 1996 para lançar mais uma pedra no poço de minha desconfortável sensação de que, até hoje, não se viu nenhum cinema. O que vimos foram só 105 anos de texto ilustrado. Em praticamente todo filme a que assistimos pudemos ver o diretor seguindo o texto. Ilustrando primeiro as palavras, criando as imagens depois, e, ai!, muitas vezes nem criando imagens, mas apenas segurando a câmera enquanto ela executa sua mais reles mimese (Greenaway, 2004, p. 11).

Greenaway considera que Griffith foi o responsável por direcionar o cinema nessa via da narrativa, quando escravizou o cinema ao romance do século 19.[101] E toda a tentativa de Greenaway parece ser a de voltar atrás e *corrigir o erro* para poder seguir em frente. Talvez seja por isso que seu cinema seja marcado por essa proliferação de imagens coexistentes. Justamente como uma tentativa de escapar do cinema de narrativa e atingir somente a imagem, para além da narrativa.

Quando, em *The Pillow Book*, Greenaway apresenta diálogos escritos e falados em 25 línguas e também apresenta texto caligráfico escrito sobre diversos tipos de material, como papel, madeira, carne, superfícies curvas e planas, por exemplo, ele pretende fazer uma provocação ao cinema, pois se o cinema quer texto e tem a pretensão de prescindir do texto, então o autor coloca os textos no filme para zombar da impressão presunçosa de que o cinema é feito de imagens, como afirma ele: "Vocês querem texto? O cinema quer texto? O cinema tem a pretensão de prescindir do texto? Então tomem texto para zombar daquela impressão presunçosa de que o cinema é feito de imagens" (Greenaway, 2004, p. 15).

Para o autor, não há lugar melhor do que o cinema para acoplar imagem e texto. Segundo ele, são os japoneses que têm o melhor modelo para reinventar o cinema. As histórias da pintura, da caligrafia e da literatura japonesas parecem datar da mesma época, ou seja, o que se vê como imagem se lê como texto. O que se lê como texto, percebe-se como imagem. Este foi, segundo ele, seu principal objetivo em *The Pillow Book*. Indivisibilidade ou indiscernibilidade entre texto e imagem. Eisenstein já

101 A esse respeito cf. GREENAWAY. "Cinema: 105 anos de texto ilustrado" em: *O cinema enciclopédico de Peter Greenaway*, pp. 11-16 passim.

vira essa possibilidade nos anos de 1920. Suas teorias de montagem assimilavam o duplo papel imagem-texto do ideograma oriental. Nada de intermediários. Imagem e texto vêm juntos de mãos dadas.[102]

Eisenstein considera que o procedimento da escrita ideográfica oriental é o mesmo que o da *montagem intelectual*. Para ele, o que temos em ambos é uma combinação de signos tomados separadamente de modo a corresponder a determinado objeto ou fato que, quando inseridos em conjunto, produzem um conceito. Em *The Pillow Book* algumas sequências correspondem, precisamente, ao mesmo princípio de montagem de que fala Eisenstein a propósito dos ideogramas:

> Do amálgama de hieróglifos isolados saiu o ideograma. A combinação de dois elementos suscetíveis de serem "pintados" permite a representação de algo que não pode ser graficamente retratado. Por exemplo: o desenho da água e o desenho de um olho significam "chorar"; o desenho de uma orelha perto do desenho de uma porta = "ouvir". Um cão + uma boca = "latir"; uma boca + uma criança = "gritar" (...) Mas, isso é... montagem! Sim, é exatamente isso que fazemos no cinema, combinando tomadas que *pintam*, de significado e conteúdo neutro, para formar contextos e séries *intelectuais* (Eisenstein, 2000, p. 151).

Em *The Pillow Book*, as imagens das páginas do livro de Sei Shonagon são constantemente sobrepostas às imagens do próprio filme e segundo a perspectiva de Fechine: "como uma espécie de *filtro* produzido pelos *softwares* gráficos" (Fechine, 2004, pp. 128-129). Os corpos cobertos de ideogramas dos amantes de Nagiko ou são enquadrados como verdadeiras pinturas, ou são enquadrados como páginas autênticas de um livro.

The Tulse Luper Suitcases inclui três longas-metragens, vários livros, CD-ROMs, DVDs, *sites* e uma série para a televisão.[103] O *site* de *The Tulse Luper Suitcases* se modifica a cada visita, constatando a variação infinita,

102 A propósito da relação de Greenaway e Eisenstein, cf. FECHINE. "Eisenstein como livro de cabeceira" em: *O cinema enciclopédico de Peter Greenaway*, pp. 127-138.

103 A esse respeito cf. a Introdução de MACIEL ao já citado *O cinema enciclopédico de Peter Greenaway*, pp. 5-9.

própria à tipologia das imagens. *The Tulse Luper Suitcases* se encaixa perfeitamente na tipologia das imagens, na medida em que, nesse filme, toda a tela é preenchida com uma variedade de imagens. Nele é possível vislumbrar intensamente a tipologia de Greenaway: são utilizados recursos das novas tecnologias propiciando a coexistência não só de imagens mas também de diversos tipos de escrita que se apresentam na tela, com cores e modelos variados. O autor não se intimida em dispor de todo tipo de recursos audiovisuais para ocupar a tela e fazer todos esses recursos coexistirem virtualmente. Uma verdadeira proliferação de imagens.

Encontramos, em *The Tulse Luper Suitcases*, elementos de outros filmes seus. A lista dos livros que aparecem em *The Pillow Book*, por exemplo, também aparecerá em *The Tulse Luper Suitcases*, com a diferença de que ali a lista é de malas e não de livros. Em *The Pillow Book*, Nagiko escreve 13 livros com temas variados e em *The Tulse Luper Suitcases* diversas malas surgem na tela, tais como: malas de perfume, de roupas, de livros, por exemplo.

Outra semelhança entre *The Pillow Book* e *The Tulse Luper Suitcases* é a predominância da escrita na tela. Nesses filmes apresentam-se textos caligráficos escritos sobre diversos materiais, como antes dissemos: madeira, carne, superfícies curvas e planas, verticais e horizontais, por exemplo. Em *The Tulse Luper Suitcases* grande parte das imagens aparece com escritas diferentes, o quadro está absolutamente saturado com diversos tipos de imagem e escrita.

Evidentemente, essa nova disposição do quadro em *The Tulse Luper Suitcases* se serve de um emprego inusitado das novas tecnologias. Cada imagem é uma composição de inúmeras camadas que se apresentam simultaneamente. Tudo ao mesmo tempo em superposição, planos gerais e detalhes de uma mesma cena, janelas que se abrem para comentar a cena ou introduzir outra. Uma proliferação de séries que transcorre simultaneamente.

REINVENTAR O CINEMA

Embora tenhamos afirmado que a montagem de Greenaway se diferencia da montagem dialética, consideramos, entretanto, que seu cinema é tributário de muitas das ideias de Einsenstein. Ao incorporar as novas tecnologias, o cinema de Greenaway atualiza a antiga aspiração de Eisenstein: o cinema ser a materialização do pensamento em movimento.[104] O cinema como modo de expressão está sendo fortemente influenciado pelas novas ferramentas de produção que surgiram em função do avanço tecnológico. O uso de novas tecnologias na produção audiovisual afeta tanto a maneira pela qual ela é realizada, quanto o modo segundo o qual ela é percebida.

Desse modo, o predomínio da percepção visual dá lugar a uma percepção alargada, cujo objeto é a profusão de partículas sensoriais e signos que coexistem e se fundem. A história do cinema nos mostra que cada avanço técnico libera a criação de outros tipos de imagem. São vários os momentos importantes nessa história: desde a passagem do sem som para o sonoro, bem como do preto e branco para o colorido, assim como o uso do cinemascope até sua mais recente intercessão com o vídeo, a televisão e a computação. Todos esses recursos são fontes inesgotáveis de criação. A utilização em conjunto de várias técnicas como o cinema, o vídeo e a foto, tendo por pano de fundo as novas tecnologias, possibilita um novo modo de fazer cinema ou como afirma Greenaway: "um novo modo de reinventar o cinema" (Greenaway, 2004, p. 187).

Para Greenaway, as novas tecnologias começaram a mudar as formas de arte nos últimos dez anos, de modo que todas as novas tecnologias aplicadas ao cinema promoverão experimentações inéditas. Na medida em que a arte se renova a cada avanço tecnológico, estimamos que toda a mutação tecnológica contemporânea possibilitará ao cinema infinitos modos de experimentação e de criação de imagens. Tudo parece sugerir que o cinema de Greenaway e sua ideia principal, a *multiplicidade de telas*, venham a realizar-se com a utilização de novas imagens.

A exploração da multiplicidade, a superposição de várias imagens em um mesmo plano ou em planos distintos, permite enquadrar imagens esquartejadas em proporções diferentes e exprimir sua simultaneidade. Em *The Pillow Book*, a partir das novas tecnologias, foram utilizadas noções de multiplicidade de telas e a ideia de uma "não cronologia temporal", como afirma Greenaway:

---

104 A esse respeito cf. FECHINE. "Eisenstein como livro de cabeceira" em: *O cinema enciclopédico de Peter Greenaway*, pp. 127-138 passim.

> Em um filme que finalizamos recentemente, chamado *The Pillow Book* (O livro de cabeceira), as noções de multiplicidade de telas e de uma não cronologia temporal foram possíveis de ser implementadas com a ajuda das novas tecnologias (Greenaway, 2004, p. 182).

O cinema, para Greenaway, permanece ainda profundamente conservador, pois se limita em, seu conjunto, a ilustrar o romance do século 19, raros autores atingiram a literatura do século 20. Nesse sentido, o cinema permanece pré-joyciano, pré-cubista. Trata-se, para Greenaway, de explorar as regiões pós-narrativas, pós-cubistas e de elaborar os novos artifícios visuais que definem a prática cinematográfica das imagens. O fascínio que as novas tecnologias exercem sobre ele advém da possibilidade de ampliar as fronteiras, isto é, de romper a barreira de Joyce e os limites cubistas. Nesse sentido, a experiência da multiplicidade de telas constitui uma direção efetiva para a ruptura dessas limitações do cinema:

> "Multiplicidade de telas nós já sugerimos. Nós tentamos e estes são só experimentos, é somente o começo, uma gota de água em um grande oceano de possibilidades." (...). "Eu não quero que essas experiências sejam marginais ou periféricas. A noção de multiplicidade de telas deveria estar no centro de nosso interesse cinematográfico." E mais adiante: "Assim, o conceito de multiplicidade de telas e a ideia de compartilhar esse espaço serão os dois mais importantes contrastes relativos às novas formas de uso dessas tecnologias" (Greenaway, 2004, pp. 183-184).

A multiplicidade de telas encontra-se no centro do interesse cinematográfico de Greenaway. Essa noção possibilita a seu cinema transpor para a tela as diversas *janelas de tempo* em sua coexistência virtual. Parece-nos que a ideia de multiplicidade de telas pode ser também designada por *tipologia das imagens*. Tal tipologia desemboca necessariamente no tempo, que constitui um dos problemas fundamentais do cinema.

Ao pensar a tipologia de Greenaway somos levados a considerar um plano imanente de imagens superpostas que escapam às hierarquias e que exprimem por sua diferença o tempo, a coexistência virtual.

REFERÊNCIAS BIBLIOGRÁFICAS / WEBGRAFIA:

BERGSON, Henri. *Oeuvres*. Textes annotés par André Robinet. Édition du Centenaire. Paris: PUF. 5ª édition: 1991.

BLANCHOT, Maurice. *L'entretien Infini*. Paris: Gallimard, 1969.

DELEUZE, Gilles. *Le Bergsonisme*. Paris: PUF, 1968.

_____. *Cinéma 1 L'image-mouvement*. Paris: Les Éditions de Minuit, 1983.

_____. *Cinéma 1 L'image-temps*. Paris: Les Éditions de Minuit, 1985.

_____. *Theorie des Multiplicités Chez Bergson*. Disponível em: www.webdeleuze.fr. Acesso em: ago. 2000.

_____. *L'île Deserte et Autres Textes: Textes et Entretiens 1953-1974*. Édition préparée par David Lapoujade Paris: Les Éditions de Minuit, 2002.

DELEUZE, Gilles; GUATTARI, Félix. *Mille Plateaux: Capitalisme et* Schizophrénie II. Paris: Les Éditions de Minuit, 1980.

EISENSTEIN, Sierguéi. "O princípio cinematográfico e o ideograma" em: *Ideograma: lógica, poesia, linguagem*. CAMPOS, Haroldo de (org.). Tradução de Heloysa de Lima Dantas. São Paulo: EDUSP, 2000. pp. 149-166.

GREENAWAY, Peter. *100 objetos: filmes, exposição, ópera, palestra*. Rio de Janeiro/São Paulo: [s.n.], 1998. 100 p. Catálogo da exposição, (edição bilíngue) 10 jul / 20 set 1998, Centro Cultural Banco do Brasil, 15 jul / 17 ago 1998, Sesc Vila Mariana.

HEGEL, G. W. F. *La Phénoménologie de L'esprit*. Traduit par Jean Hyppolite. Paris: Aubier, 1941.

L'AVANT-SCÉNE CINÉMA. *Peter Greenaway: fête et Défaite du Corps*. Par Agnès Berthin-Scaillet. n. 417/418. Paris: Décembre 1992/Janvier 1993.

MACIEL, Maria Esther (org.) *O cinema enciclopédico de Peter Greenaway*. São Paulo: Unimarco, 2004.

MARTIN, Jean-Clet. *Variations: La Philosophie de Gilles Deleuze*. Paris: Éditons Payot & Rivages, 1993.

RODOWICK, D. N. *Gilles Deleuze's Time Machine*. Durham: Duke University Press, 1997.

FILMOGRAFIA:

Drowning by Numbers - 118 min., Inglaterra/Holanda, 1988.
The Pillow Book - 123 min., Inglaterra, França e Holanda, 1996;
The Tulse Luper Suitcases, part 1 - The Moab Story - Alemanha, Espanha, Holanda, Itália, Luxemburgo, Inglaterra 127 min., 2003.

Sinopse do filme *Dias de Nietzsche em Turim*

Título: *Dias de Nietzsche em Turim*
Direção: Júlio Bressane
Elenco: Fernando Eiras, Paulo José, Tina Novelli, Mariana Ximenes, Leandra Leal Paschoal Villaboin, Isabel Themudo

O filme focaliza o fértil período de Frederich Nietzsche - entre abril de 1888 e janeiro de 1889, ocorrido na cidade italiana de Turim. Mostra o apreço que o filósofo tinha por essa cidade, por suas ruas, seu calçamento, seus cafés, seus monumentos, seus teatros e ainda trata da catástrofe de Nietzsche em Turim, o momento em que perde a consciência abraçado a um cavalo.

A cidade de Turim é deslocada e recriada nos espaços do Rio de Janeiro. Apresentando, assim, Frederico Nietzsche em português.

Dias de Nietzsche em Turim

Rosa Dias[105]

Tudo tem um começo, um recomeço, um vir a ser a partir de uma configuração de forças. Foi assim com o filme *Dias de Nietzsche em Turim*. Estávamos em 1995. Júlio Bressane foi convidado para apresentar no Festival de Turim dois de seus filmes da década de 1960, *O anjo nasceu* e *Matou a família e foi ao cinema*. Eu estava ansiosa por conhecer a cidade que Nietzsche tanto elogiara e onde ocorrera o seu colapso nervoso. Levei a câmera de vídeo para que Júlio pudesse filmar para mim os lugares onde Nietzsche estivera e que eu já conhecia pelas referências que o próprio filósofo fizera dessa cidade em seus livros e cartas.

Já em frente de nosso hotel estava a estação de trem Porta Nuova. Lembrei-me imediatamente das primeiras dificuldades de Nietzsche até chegar a essa cidade em 5 de abril de 1888. Enquanto sua mala mantinha firme a intenção originária de seguir para Turim, ele e sua bagagem de mão voltavam para Sampierdarena, porque, distraído, ou melhor, com dificuldade de enxergar, entrara no mesmo trem de onde havia descido. Fomos ao número 6 da Praça Carlo Alberto. Que janela filmar? Filmamos todas elas na esperança, quem sabe, de o espírito de Nietzsche ter ficado gravado em uma delas. Conjecturamos muito sobre as janelas. Todas iguais, mas Nietzsche ausente. Ele dizia que dali podia ver os Alpes, que embaixo de sua janela se encontrava aquela galeria elegante, a Subalpina, de onde chegavam aos seus ouvidos os acordes musicais da magnífica e bela orquestra municipal de Turim. Entramos no Palácio Carignano e saímos diante do teatro Carignano. Mais alguns passos e estávamos no Palácio Madama, cuja parte medieval lembrava a Nietzsche uma trompa. Descendo a Via Po avistamos a Mole Antonelliana, batizada por Nietzsche de Ecce Homo. Mais uns passos e estávamos na ponte intitulada por ele de Além do bem e do mal - de um lado se encontrava a belíssima praça Vittorio Veneto, abrindo-se para o rio Pó, do outro, a igreja da Gran Madre de Dio. E assim, seguíamos os passos de Nietzsche nos mármores dos calçamentos, nas folhas de outono, nos trilhos de bonde. Filmávamos tudo com a mesma alegria.

105 Rosa Dias é professora do Departamento de Filosofia da Universidade do Estado do Rio de Janeiro.

Um livro caiu-me nas mãos, *La Catastrofe di Nietzsche a Torino* de Anacleto Verrecchia. Li por algum tempo esse texto, interessei-me principalmente pelo roteiro musical que apresenta. Como testemunha o próprio Nietzsche, por morar acima da Galeria Subalpina, onde habitualmente tocavam várias orquestras, ele ouvia as músicas ali apresentadas. No período em que se dá a loucura do filósofo, mais precisamente janeiro de 1889, no programa musical da galeria, como mostra Verrecchia, fazia parte a ópera *Cleópatra* de Mancinelli. Sorte nossa de ter encontrado essa música magistral que acentua o colorido outonal do Parque del Valentino, lugar dos passeios matinais de Nietzsche.

Voltamos a Turim mais três vezes: 1997, 1999 e 2000. Em todas elas filmamos algum aspecto da cidade: a fachada do teatro Alfieri, o Café Fiorio, as estátuas equestres... Em uma delas, filmamos o interior do teatro Carignano - suas belas cariátides douradas e seu teto com os desenhos que relatavam o triunfo de Dioniso e sua ciranda de ninfas. Foi ali que Nietzsche ouviu, em Turim, pela vigésima vez, *Carmen* de Bizet. Enquanto filmávamos, eu pensava: será que apesar de sua forte miopia teria Nietzsche visto esse teto que tão bem descrevia o que ele havia escrito em *O nascimento da tragédia*?

Quando voltamos, em 2000, já havíamos decidido fazer um longa-metragem sobre a passagem de Nietzsche por Turim. Daí, então, revisitamos todos os lugares e os nossos olhos criaram ângulos, pontos de vista para um Nietzsche ítalo-brasileiro. Mais uma vez estavam lá as janelas, só que agora já tínhamos uma ideia por qual delas Nietzsche olhara para os Alpes e escutara os sons vindos da galeria Subalpina. Estava bem ali acima no último andar, terceiro piso, segunda sacada à direita.

Se conto tudo isso é para descrever afetos, paixões e humores que precedem o filme, mas ele mesmo é fruto de outro registro, de uma vontade criadora, que domina os afetos, para criar, a partir deles, algo de novo. Júlio teve como desafio a difícil tarefa de traduzir em imagens o pensamento do filósofo. Em outros filmes, ele já havia também recriado em imagens o estilo de autores como Padre Antônio Vieira, Machado de Assis e Haroldo de Campos, mas foi em *Dias de Nietzsche em Turim* que, pela primeira vez, pôs sua câmera a serviço do pensamento de um filósofo, para criar outros ângulos, outras perspectivas, traduzindo assim, em imagens, o perspectivismo, conceito tão caro ao filósofo que ele retrata. Repito, tarefa não fácil, já que requer mestria. Toda a sequência da câmera, invertendo as perspectivas, desabotoando a camisa do ator, girando através de seu corpo, desestruturando-o, ao som do adágio da *Nona Sinfonia* de Beethoven é uma maneira magistral de traduzir o pensamento que Nietzsche expressa nas suas anotações da época de *O nascimento da tragédia:* "o som é *o meio* mais importante para se desfazer da individualidade".[106]

O desmembramento de nosso herói, tão bem representado pelo ator Fernando Eiras, projetado de vários pontos de vista por uma câmera circular que dilacera e esquarteja o seu corpo, faz irromper Dioniso. Ouvimos então a voz de Fernando-Nietzsche para Frau Cosima Wagner:

> "À princesa Ariana, minha amada.
> Que eu seja um homem é uma desvantagem. Mas eu já vivi entre os homens e conheço tudo aquilo que os homens podem provar, das coisas mais baixas às mais altas. Fui Buda entre os indianos e Dioniso na Grécia - Alexandre e César são minhas encarnações, como lorde Bacon, o poeta de Shakespeare. Por último, fui ainda Voltaire e Napoleão, talvez Richard Wagner... Mas desta vez venho como o vitorioso Dioniso, que fará da terra um dia de festa... Não terei muito tempo... Os céus se alegram que eu esteja aqui... Fui também colocado na cruz..."[107]

Alterando a temporalidade da imagem, construindo um ângulo inusitado, a câmera faz ver que não estamos mais no âmbito do eu individual, exercendo faculdades da razão e da vontade, mas no universo dos ciclos do eterno retorno. O movimento do círculo é, ele mesmo, vicioso porque destrói as identidades. Ao retornar ao ponto em que começa, a câmera faz o eu mudar, dissolver-se, tornar-se outro e permeável a outras individualidades, susceptível de recapitular a totalidade da existência passada, presente e futura. A mudança das perspectivas traduz assim também o pensamento mais caro do nosso filósofo: o eterno retorno em sua conexão com a lucidez e a loucura.

---

106 NIETZSCHE, F. Fragmentos póstumos, inverno de 1869-1870 - primavera 70, 3[21]. KSA 1.
107 Nietzsche, F. Carta a Cosima Wagner à Bayreuth, 3 de janeiro de 1889, in *Briefe von Nietzsche*, Band 8,1241, pp. 572-573.

Para terminar toda essa parte do filme, que nada mais é do que a filosofia de Nietzsche posta em imagem, encenamos ainda a carta da loucura escrita pelo filósofo a Jacob Burckhardt. Fernando Eiras aparece ali transtornado e dionisiacamente iluminado pelos filtros mágicos do excelente fotógrafo José Tadeu Ribeiro, declarando: "Cada nome na História sou eu".[108]

Ora, até certo ponto influenciada pela interpretação que Pierre Klossowski faz da filosofia de Nietzsche, tal como aparece em seu livro *Nietzsche e o círculo vicioso*, procurei focalizar, no roteiro, as cartas da loucura de Nietzsche, muitas vezes desprezadas pelos autores que o estudam. A solidão extrema do filósofo, a incomunicabilidade de sua doutrina, conduzem-no à loucura, que para Klossowski nada mais é do que transfiguração da loucura de Hölderlin, ela própria uma versão moderna da descida de Empédocles no Etna.

Textos reveladores, sobre esse aspecto, encontram-se na carta de Turim de 3 de janeiro de 1889 que Nietzsche escreve para Cosima Wagner, já citada, e ainda na carta dirigida a Jacob Burkhardt, em 6 de janeiro de 1889, na qual ele se multiplica para representar diversos papéis na História e encarnar criminosos trazidos em evidência pelos jornais franceses, que folheava nos cafés turinenses:

> "Caro Senhor Professor,
>
> Ao final eu preferiria ser professor basileense a ser Deus; mas não ousei levar tão longe o meu egoísmo pessoal, a ponto de deixar, por isso, a criação do mundo. Veja, é preciso fazer sacrifícios (...) Todavia, foi-me reservado um pequeno quarto de estudante, que se encontra em frente ao Palazzo Carignano (no qual nasci com Vittorio Emanuele) e que, além disso, permite-me ouvir da minha própria mesa de trabalho a magnífica música na Galleria Subalpina. Pago 25 francos com serviço, preparo meu chá e faço todas as compras sozinho, sofro com os sapatos que estão gastos e agradeço a cada momento do céu pelo mundo *antigo*. (...)

108 Nietzsche, F. Carta a Jacob Burkhardt de 6 de janeiro de 1889, in *Briefe von Nietzsche*, Band 8, 1256.

> Não leve muito a sério o caso Prado. Eu sou Prado, sou também o pai de Prado, ouso dizer que sou também Lesseps... Queria dizer aos meus parisienses, a quem amo, uma nova noção, a de um criminoso honesto. Sou também Chambidge, também ele é um criminoso honesto. (...)
> O que é desagradável e constrange a minha modéstia é que, no fundo, eu sou cada nome da História... Por duas vezes nesse outono me vi vestido o menos possível no meu funeral, primeiro como *conde* de Robilant, - não, este é meu filho, enquanto eu sou Carlo Alberto (...) mas Antonelli era eu próprio. (...) Nós artistas somos incorrigíveis. - Hoje ouvi minha opereta (...).
> Amanhã vem meu filho Umberto com a graciosa Marguerita, que receberei aqui somente em mangas de camisa. *O resto* para a senhora Cosima... Ariana... (...)
> Vou a qualquer lugar vestido de estudante, aqui e ali bato nas costas de alguém e digo: *você está contente? Sou Deus, fiz esta caricatura.* (...)
> No ano passado fui crucificado de maneira muito penosa pelos médicos alemães. Destruído Guilherme, Bismark e todos os antissemitas."[109]

Seguindo a interpretação de Klossowski, deixei transparecer que os últimos momentos de lucidez de Nietzsche foram a realização de um projeto existencial: a abdicação da identidade do sujeito, a aceitação de uma pluralidade nova, de um politeísmo. A identificação com Dioniso teria, então, o sentido de um retorno ao antigo deus do politeísmo: figura que reúne todos os deuses mortos e ressuscitados.

Dias de Nietzsche em Turim apresenta, assim, a loucura de Nietzsche como um elemento de sua filosofia; como consequência da dissolução do eu e da identificação com os ciclos do retorno, com a memória da História. Faz ver que Nietzsche tinha duas saídas: ou bem enlouquecia, ou bem

109 Nietzsche, F. Carta a Jacob Burkhardt de 6 de janeiro de 1889, *in Briefe von Nietzsche*, Band 8, 1256.

criava algo equivalente à loucura, e esta é a tragédia nietzschiana. Ele preferiu tornar-se louco a encontrar um equivalente para a loucura. O delírio, como perda de identidade, e a loucura, como esmaecimento da razão, não marcam o desmascaramento de Nietzsche, mas sua realização suprema.

Compreende-se o porquê de *Dias de Nietzsche Turim* terminar com uma emocionante evocação dos últimos dias de lucidez do filósofo, de o fragmento final do filme não dever ser compreendido como o colapso de Nietzsche, mas como a sua "euforia de Turim".[110]

Vimos as cartas e os últimos bilhetes de Nietzsche do final de 1888 e início de 1889 como o momento em que o filósofo está sob a confluência da lei do eterno retorno, que exige o despedaçamento dionisíaco de sua identidade e a abertura de sua alma para a série intensiva de outras individualidades possíveis. Entregue ao movimento circular e desmembrado, tal como Dioniso Zagreu, que foi dilacerado pelos Titãs, Nietzsche se dissolve, percorre a série das flutuações intensivas que o atravessam e o constituem como Nietzsche-César, Nietzsche-Prado e finalmente Cristo e Dioniso. Assim, o percurso de Nietzsche ao longo da vida de vários indivíduos deixa de ter uma determinação patológica para se tornar positivo. Deve ser visto como uma experimentação do lado obscuro do pensamento - do impensado - quando este adquire o tom de delírio.

Mas como já foi observado, é próprio do eterno retorno voltar ao seu ponto inicial, à sua identidade primeira, daí as várias singularidades intensivas de Nietzsche se reintegrarem e reaparecerem como Nietzsche--Dioniso, como corpo-escritura, livro quase tornado gente, que faz as vezes de um "complô" extemporâneo.

Assim, no filme *Dias de Nietzsche em Turim*, Nietzsche oswaldiano, antropofágico, entregue ao movimento circular e, desmembrado pelos Titãs, dá sua última gargalhada (no filme a gargalhada é do próprio Oswald de Andrade, autor do *Manifesto antropofágico*) e dissolve-se, percorre a série das flutuações intensivas que o atravessam e constituem como Nietzsche-César, Nietzsche-Príncipe Taurinorum, Nietzsche-Prado e então Dioniso e Cristo para, finalmente, tornar-se Nietzsche, pelas mãos hábeis de Gerald Khoeler, que dá movimento às fotos do filósofo, doente, em Weimar, para trazê-lo de novo, até nós, vivo, muito vivo.

110 Klossowski, Pierre. *Nietzsche et le Circle Vicieux*, p. 301.

REFERÊNCIAS BIBLIOGRÁFICAS:

NIETZSCHE, F. KSB *Sämtliche Briefe. Kritische Studienausgabe*, ed. G. Colli, e M. Montinari, 8 vols., Berlim- Nova Iorque/ München: W. de Gruyter, 1986.

KSA *Sämtliche Werke. Kritische Studienausgabe*, ed. G. Colli e M. Montinari, 15 vols., Berlim-Nova Iorque/ München: Walter de Gruyter, 1988.

P. Klossowski, *Nietzsche et le CircleVicieux*: Paris: Mercure de France, 1969.

VERRECHIA, A. *La catastrofe di Nietzsche a Torino*. Turim: Einaudi, 1978.

FILMOGRAFIA:

Dias de Nietzsche em Turim, direção de Júlio Bressane.
Brasil: Europa Filmes, DVD 2004.

Sinopse do filme *Lola Montès*

Título: *Lola Montès* - 1955
Direção: Max Ophlüls
Baseado na novela "A vida extraordinária de Lola Montès" de Cecil Saint-laurent
Adaptado para o cinema por Annette Wademant e Max Ophlüs
Elenco: Lola Montès : Martine Carol; Mestre de cerimônia do circo: Peter Ustimov; Compositor Liszt: Will Quadflieg; Ludwig I, Rei da Baviera: Anton Walbrook; Cocheiro: Henri Guigol; Camareira: Paulette Dubost; Estudante: Oskar Werner; Trupe do circo Kröne

Lola Montès, filme de 1955, dirigido por Max Ophlüs, foi adaptado para o cinema por Annette Wademant e Max Ophlüs, da novela *A vida extraordinária de Lola Montès*, de Cecil Saint Laurent, baseada na vida de Elisa Rosanna Gilbert (1821-1861), irlandesa, Condessa de Landsfeld por casamento, atriz e dançarina, especializada em dança espanhola, daí seu pseudônimo Lola Montès. Foi cortesã e amante de importantes personalidades da Europa de seu tempo, como Liszt e o Rei Ludwig I da Baviera, que, sob sua influência, implementou reformas liberais. Com o início da revolução de 1848 foi forçada a deixar a Baviera, emigrando para os Estados Unidos, onde passou a viver de apresentações e conferências.

A extraordinária obra de Max Ophlüs leva para o picadeiro de um circo a vida de Lola Montès, apresentando, por meio de superposições de camadas de tempo narrativos que a linguagem cinematográfica permite os diferentes momentos de sua vida, ora como a realidade ficcional mesma do circo, ora como a lembrança narrada pelo mestre de cerimônias, ora como o momento atual da vida de Lola Montès, com sues conflitos e mal-estar enquanto se apresenta no circo, ou ainda contando cinematograficamente momentos de seu passado. É um filme riquíssimo de alusões sobre a memória, a construção e a constituição do tempo da vida e suas lembranças, e, mais que tudo, faz uso da técnica do cinema para evidenciá-lo como a arte do tempo. Este é o grande mérito do filme de Ophlüs.

Em 23 de dezembro de 1955, quando o filme foi lançado, provocou escândalo sem precedentes e foi um enorme fracasso de público e não teve o retorno comercial esperado. Em 1956, contra a vontade de Ophlüs, os produtores reeditam o filme cronologicamente, traduzem algumas cenas que eram em alemão para o francês e remixam o som. O filme ficou completamente alterado para adaptá-lo ao gosto "popular". Em 1968, Pierre Braumberger compra os direitos do filme e faz uma versão mais próxima do original. Em 2008, a cinemateca francesa, graças às novas tecnologias digitais, consegue restaurar o filme e criar uma versão que recupera a original.

Lola Montès tornou-se um ícone do cinema porque Ophlüs consegue traduzir de maneira precisa e grandiosa o cinema como a arte do tempo. Liberta o cinema das referências das outras manifestações artísticas, conseguindo atribuir a ele expressão singular, que o afasta da literatura, do teatro e da tradição das artes plásticas. Indica-nos que a matéria com a qual o cinema trabalha é o tempo. Por isso nossa análise partirá das questões de Deleuze, que é o filósofo, que trouxe o cinema para a filosofia, e de Bérgson, que trabalha com a questão do tempo.

Vertigem espiralada do tempo sempre presente

Márcio Doctors[111]

De onde nasce a potência do cinema? Nasce do fato de que nele tudo é passado. O que quero dizer com isso? Quero dizer que quando assistimos a um filme, o que estamos presenciando é algo que já ocorreu e que se torna presente para nós naquele momento. O fato de que é possível, por intermédio do cinema, reter o passado no presente, que demole a ideia de passado como uma instância contida em si. O passado ultrapassa a si mesmo e se faz presente por meio da arte. Em outras palavras, o que um dia teve atualidade no passado, quando conservado, não mantém mais a potência de passado, mas faz perdurar a potência do sempre atual. Se o que foi um dia ainda é, não deixa de ser atual. Essa é a potência da arte e o que a caracteriza como atividade e pensamento. A arte não se permite conservar o passado enclausurado no passado. É isso que garante sua resistência ao tempo. Nela o passado não tem função de passado, como na apreensão linear do tempo cronológico, mas permanece no tempo porque resiste à sua passagem ao se transbordar para o atual, constituindo-se em devir. Por meio dela percebemos que o passado atual é sempre instante presente. Esse paradoxo fica ainda mais exacerbado quando estamos diante de uma imagem, que além de imagem, é movimento; uma imagem que se dá no fluxo do tempo, como a imagem cinematográfica, na qual cada imagem constituída apaga a precedente e produz em nós a consciência da simultaneidade das imagens que passam, ficando.

O cinema nos dá a possibilidade de evidenciar o esquema bergsoniano de como é processada a percepção e a constituição das imagens-lembranças, que gostaria de usar como modelo possível para pensarmos aquilo que no cinema se apresenta a um só tempo como real/atual e real/virtual, como movimentos simultâneos ou mútuos. Nas palavras de Pierre Montebello, o esquema de Bergson é perfeitamente sintético: "As imagens- lembranças e os órgãos dos sentidos são as mediações pelas quais o objeto real e o objeto virtual entram em contato, e dessa coalescência

111 Marcio Doctors é doutorando em Filosofia da Universidade do Estado do Rio de Janeiro.

nasce a percepção completa: objeto / real (órgãos do sentido) - percepção completa - objeto / virtual (imagem / lembrança)".[112]

O que Bergson nos indica é que a imagem-lembrança não é posterior à percepção, mas lhe é simultânea. Em outras palavras, no mesmo momento que nossos órgãos dos sentidos percebem o objeto real, produzimos a percepção e simultaneamente produzimos a imagem-lembrança. Tudo ocorre num só golpe e a percepção completa seria esse composto de atualidade e virtualidade, portanto, como nos mostra mais tarde Deleuze, o real é um composto de atual e virtual; o atual é tão real quanto o virtual e o virtual é tão real quanto o atual. E será a troca perpétua que se estabelece entre essas duas instâncias simultâneas (o atual e o virtual) que definirá o que Deleuze chama de Cristal.

"Os dois aspectos do tempo, imagem atual do presente que passa e a imagem virtual do passado que se conserva, distinguem-se na atualização, tendo, ao mesmo tempo, um limite inassinalável, mas se permutam na cristalização, até se tornarem indiscerníveis, cada um tomando emprestado o papel do outro."[113] Ou ainda, "O que constitui a imagem-cristal é a operação mais fundamental do tempo: já que o passado não se constitui depois do presente que ele foi, mas ao mesmo tempo, é preciso que o tempo se desdobre a cada instante em presente e passado, que por natureza diferem um do outro, ou o que dá no mesmo, desdobre o presente em duas direções heterogêneas, uma se lançando em direção ao futuro e outra caindo no passado". (...) "O tempo consiste nesta cisão e é ela, é ele que se vê no cristal."[114]

Esse jogo de simultaneidades assinalado por Deleuze tem uma correspondência possível com a ideia de imagens mútuas, formulada por Gastón Bachelard, que, diferentemente de Bérgson, não está propriamente interessado na memória em si, mas na imaginação e em sua força produtiva. Porém, como Bérgson, ele também percebe na imagem uma dupla realidade, física e psíquica, que denomina de imagem mútua, que poderá nos ajudar na apreensão da imagem cinematográfica. Para Bachelard, a imaginação é a força capaz de "formar imagens verdadeiramente

112 MONTEBELLO, Pierre. *Deleuze, Philosophie et Cinema*. Paris: Librairie philosophique, J. Vrin, 2008, p. 114.

113 DELEUZE, Gilles e PARNET, Claire. O atual e o virtual em *Diálogos*. Tradução de Eloisa Araujo Ribeiro. São Paulo: Escuta, 1998, p. 179.

114 DELEUZE, Gilles. A imagem do tempo. Cinema 2. Tradução de Eloisa Araujo Ribeiro. São Paulo: Editora Brasiliense, 1990, p. 102.

mútuas, nas quais se intercambiam os valores imaginários da terra e do céu, as luzes do diamante e da estrela, aí está realmente como anunciamos um procedimento inverso ao caminho da conceitualização. O conceito caminha passo a passo, unindo formas prudentemente vizinhas. A imaginação transpõe extraordinárias diferenças, unindo a pedra preciosa à estrela, ela prepara as "correspondências" daquilo que tocamos e daquilo que vemos, e assim o sonhador leva as mãos aos magotes de estrela para acariciar-lhes as pedrarias".[115]

Ao explicitar a constituição das imagens mútuas por diferenciação da formulação do conceito, indicando que ela transpõe diferenças, unindo o que está distante entre si, podemos surpreender, nesse movimento do pensamento bachelardiano, a tentativa de dar conta da arte como uma manifestação capaz de criar sentido sem haver coerência causal direta. Explico: para a arte, mais importante do que criar sentido é criar estruturas de coerência interna que ultrapassem as barreiras das diferenças. O sentido que buscamos surpreender na arte não é outra coisa senão a percepção de uma coerência desencadeada pelos processos da não subjetivação psicológica. Sabemos que a proposição de Bachelard nasce do imaginário na poesia, mas ela se adapta a duas questões fundamentais do cinema: uma técnica, que é a edição de imagens; outra conceitual, que é o tempo gerado fora da estrutura cronológica, tal como estamos buscando indicar: "Curiosos devaneios em que uma matéria cristalina é simultaneamente um instante e uma eternidade".[116]

A edição da imagem cinematográfica cria coerência interna a partir da própria obra (assim como em toda obra de arte) e não a partir de uma subjetividade psicológica e ou criadora. Por isso o tempo no cinema não é um tempo interiorizado, ao contrário, como nos mostram Kant, Bergson e Deleuze, o tempo não é nosso interior, nós é que estamos no interior dele. Esse deslocamento de ponto de vista é fundamental para entendermos o que se passa hoje na arte e mais especificamente no cinema, por isso que o cinema tem tido importância crescente para as artes visuais. "Deleuze evocará o tempo como 'forma de interioridade' tal como Kant, querendo dizer que isto não quer dizer que o tempo esteja dentro de nosso espírito." Ao contrário, nosso espírito está dentro do tempo, rachado por ele, cindido

115 BACHELARD, Gastón. *A terra e os devaneios da vontade.* Tradução de Maria Ermantina Galvão. São Paulo: Martins Fontes ed. ltda., 2001, p. 230.
116 *Op. cit.*, p. 239.

a cada instante por sua maneira de ser afetado pelo tempo (o eu passivo e mutante dentro do tempo). Com a duração, Bergson descobre por sua vez o tempo como forma de interioridade. Diferentemente de Kant, é uma interioridade cósmica, criatividade da abertura. Relação que envolve tudo. O "somos nós que somos interiores ao tempo" significa, então, que as coisas não pertencem ao tempo sem que o tempo seja a forma mesma de sua interioridade, contrariamente ao espaço e ao tempo matematizado que não são senão sua forma de exterioridade. O bergsonismo de Deleuze é inteiro. Ele não cessará de pensar o tempo como duração, relação, abertura que se cria e faz surgir o novo, e de ver nas coisas diferentes ritmos da duração que se comunica; durações comunicantes. Esta análise o conduz a associar, a propósito do tempo, a fórmula kantiana sobre a interioridade e a frase mais decisiva da evolução criadora:

> "O tempo não é o interior em nós, é justamente o contrário, é a interioridade na qual estamos, nos movemos, vivemos e mudamos." [117]

Quando o cinema foi inventado, ele permitiu que víssemos cristalinamente o tempo como instância fora de nós e passamos a poder perceber que o tempo não é uma projeção interna do homem. Ao contrário, ele é maior do que nós e somos nós que estamos no seu interior. O cinema libertou o tempo e nos permitiu perceber que o atual e o virtual conservam em si a mesma densidade de real e passamos a entender que a vida é uma espécie de cinema sem filme em que o instante de cada um é como se fosse o vértice de um cone de cabeça para baixo que vai se abrindo em uma espiral infinita e tomando as mais diferentes formas. O tempo é um plano de superfícies, ao qual temos acesso pelo plano de imanência deleuziano, que se forma acolhendo o cone espiralado ascendente de cada um de nós e que, se pudéssemos vê-lo de fora, veríamos que o movimento desse cone é de uma espiral descendente; por isso somos no seu interior. Ao mesmo tempo, nessa superfície adensada, o instante presente é absorvido como aquilo que já foi para ceder lugar para aquilo que será. É nesse trânsito de planos intercambiante que o cinema, assim como a vida, acontece.

117 MONTEBELLO, Pierre. *Deleuze, Philosophie et Cinema*. Paris: Librairie philosophique J. Vrin, 2008, p. 120.

A importância do filme Lola Montès de Max Ophlüs está exatamente na maneira como ele se utiliza da técnica cinematográfica para falar das relações temporais que buscamos demonstrar até aqui. O filme nos apresenta a história da vida de Eliza Rossana Gilbert, irlandesa, Condessa de Landsfeld, por casamento, que se tornou conhecida como dançarina de dança espanhola, daí seu nome artístico Lola Montès. Foi uma grande aventureira e amante de vários homens importantes da Europa, tornando-se concubina do Rei Ludwig, da Baviera, quando usou sua influência para implementar reformas liberais. Com o início da Revolução de 1948 a ira do povo se voltou contra ela e ela foi forçada a deixar a Baviera, imigrando para os Estados Unidos, onde retoma seu trabalho artístico, como apresentadora, narrando a história de sua própria vida. O filme de Ophlüs é uma adaptação da novela "A vida extraordinária de Lola Montès" de Cecil Saint-Laurent, e tem a qualidade de criar uma narrativa não linear e a ousadia de apresentar um filme feito em três versões: alemão, francês e inglês. Quando foi lançado, em dezembro de 1955, provocou escândalo sem precedentes, foi rechaçado pela crítica e foi um fracasso de bilheteria. Contra a vontade de Ophlüs, em 1956, os produtores retalharam a versão original, diminuindo seu tamanho, remontando o filme cronologicamente e traduzindo as partes em alemão e inglês para o francês e fizeram uma única versão do filme em francês. Foi relançado e também não obteve sucesso. Ophlüs falece em 1957 e, em 1968, Pierre Braunberger compra os direitos do filme e cria uma versão próxima da original. Em 2008 a cinemateca francesa restaura a obra e recria uma versão mais próxima da original.

O filme de Max Ophlüs é sobre o tempo; de como ele se desdobra. A vida de Lola Montès é contada no picadeiro de um circo: círculo do tempo, para onde convergem todos os presentes de sua vida, que vão em direção ao futuro que é o picadeiro do circo: a imagem cristal, em que podemos ser surpreendidos e surpreender todos os tempos em uma vida na totalidade do tempo, sem a divisão sucessiva em passado, presente e futuro. O picadeiro no filme é o lugar onde o presente não cessa de se desdobrar em passado e futuro. Não se trata de memória, de lembranças, mas de fazer emergir na imagem - o sempre atual - e quebrar com a linearidade cronológica do tempo. É importante observar que não são *flashbacks*. Não são lembranças ou memórias revividas como nas narrativas hollywoodianas; é um mergulho no tempo, no sentido de que passado e futuro não lhes são posteriores, mas coextensivos a ele. Em outras palavras, não são fases de um processo que visa o futuro, mas simultaneidades de coexistências, o passado coexiste com o presente que ele foi e o futuro coexiste com o presente que ele será. Essa é a tese bergsoniana do tempo que Ophlüs, graças ao cinema, que é a escultura do tempo como nos ensinou Tarkosfski, consegue nos apresentar pela vida de Lola Montès.

O filme trata da vertigem do tempo não cronológico. Tanto é que a personagem central passa mal durante todo o filme e o médico, que é chamado para assisti-la, quer que seja proibido o salto final porque ela não está em condições de fazê-lo. Mas mesmo assim ela decide saltar sem a rede de proteção. O filme tem sua culminância nessa cena quase-final, que antecede a cena em que ela fica enjaulada, junto com os bichos do circo, em exposição pública, como objeto de desejo dos homens, deslocando o humano do centro do mundo. Mas o que quero ressaltar é que o salto de Lola Montès é o salto no escuro, no vazio do tempo; na roda do tempo: o picadeiro. Não há as amarras no presente do passado e do futuro para protegê-la. Há um plano de tempo que é superfície densa que a engole e na qual está inserida, que é maior do que sua subjetividade. O mergulho de Lola Montès é o mergulho na superfície densa do tempo, do qual somos o interior. Por isso a vertigem, o incômodo do estar frente a frente com a massa do tempo sem as muletas do passado e do futuro; entregue ao puro atual, que é crivado de virtualidades passadas e futuras. No momento do salto, Lola Montès localiza-se no centro da imagem cristal que é estar frente a frente com a potência do tempo. De onde se pode vislumbrar o tempo no seu nascimento; em sua ancestralidade e na sua trajetória de desdobramentos incessantes. Este é o estado da arte. É o plano de imanência que ela cria, em que o atual palpita em sua radicalidade de pura virtualidade, abrindo-se simultaneamente para o passado, o virtual que foi, e para o futuro, o virtual que ainda será. O cinema traz em si o poder do tempo porque ele é luz e imagem em movimento, assim como o próprio tempo. E Ophlüs tem plena consciência disso quando apresenta a vida de uma grande amante para além de sua subjetividade, mas como uma potência capaz de se fazer atual no tempo. Seus encontros, desencontros, escolhas e recusas são todos guiados pela liberdade de se deixar conduzir pela força da vida, que não é outra coisa senão a força do tempo. Lola Montès confirma a tese de Deleuze que a única subjetividade possível é o tempo mesmo.

A estética de Deleuze está associada aos conceitos de tempo e de superação da subjetividade. De acordo com Montebello, um de seus comentadores: "O tempo subjetivo e a vida subjetiva devem ser superados. Não é a nossa subjetividade que importa, mas o fato de que ela se comunica com outros tempos, com uma memória cósmica, o tempo das coisas e o tempo das outras vidas. Quando Deleuze diz que a imagem-cristal nos faz participar da fundação do tempo, refere-se a um tempo não subjetivo e a uma vida não orgânica que constitui o mundo".[118] E a arte é esta pulsão capaz de absorver essa percepção do mundo. O filme de Ophlüs cria um tempo circular que se abre sobre si mesmo, desencadeando imagens mútuas, num jogo inercambiante entre o atual e as potências do virtual. Podemos dizer que Lola Montès é uma espécie de ponto de observação privilegiado do plano de imanência, em que a totalidade do tempo está viva e exposta de modo que possamos perceber o processo constitutivo da realidade mediante uma metafísica imanente. Por meio do cinema o mundo se faz um cinema sem filme, em que a película da realidade não suporta o peso da subjetividade. O salto de Lola Montès é o desafio da liberdade na profundidade do tempo, no qual vivemos sempre no pleno risco. O salto é Lola Montès. O salto é o interior singular do tempo que é cada um de nós.

REFERÊNCIAS BIBLIOGRÁFICAS:

MONTEBELLO, Pierre. *Deleuze, Philosophie et Cinema*. Paris: Librairie philosophique J. Vrin, 2008, p. 114.

DELEUZE, Gilles e PARNET, Claire. O atual e o virtual em *Diálogos*. Tradução de Eloisa Araujo Ribeiro. São Paulo: Escuta, 1998, p. 179.

DELEUZE, Gilles. *A imagem do tempo.* Cinema 2. Tradução de Eloisa Araujo Ribeiro. São Paulo: Editora Brasiliense, 1990, p. 102.

BACHELARD, Gastón. *A terra e os devaneios da vontade*. Tradução de Maria Ermantina Galvão. São Paulo: Martins Fontes ed. ltda., 2001, p. 230.

MONTEBELLO, Pierre. *Deleuze, Philosophie et Cinema*. Paris: Librairie philosophique J. Vrin, 2008, p. 120.

118 *Op. cit.*, p. 119.

Sinopse dos filmes *ERASERHEAD* e *PREVRASHCHENIYE* Превращение

ERASERHEAD
Direção: David Lynch
Elenco: Jack Nance, Charlotte Stewart, Jeanne Bates, Allen Joseph, Judith Anna Roberts.
Estados Unidos, 1977, 100'

Em um centro industrial decadente, Henry Spencer é um reservado operário em férias que reencontra sua antiga namorada, Mary, e descobre que ela esteve grávida dele. Pressionado pela família da jovem, o operário assume a paternidade do "bebê", e logo mãe e filho mudam-se para o pequeno apartamento no qual forma-se a inesperada família: a mãe, que ainda hesitante procura cuidar do estranho filho, cujo corpo é todo enrolado em faixas e mantido imóvel, e o pai, absorto na imagem familiar. No entanto, o "bebê" chora durante longo período e Mary não mais suporta a situação: abandona-os durante a noite, deixando o filho sob os cuidados do pai que, atordoado com o choro ininterrupto e os cuidados necessários com o recém-nascido, passa a sofrer alucinações com vermes e sua própria cabeça sendo utilizada para fazer lápis-borracha. Os delírios envolvem ainda o curioso filho, uma mulher que canta dentro de seu radiador e a vizinha do apartamento em frente. Em desespero, Henry sucumbe e comete um ato extremado contra o "bebê".

PREVRASHCHENIYE - *Превращение*
Elenco: Natalya Shvets, Avangard Leontyev, Tatyana Lavrova, Igor Kvasha, Yevgeni Mironov.
Rússia, 2002, 90'

Após uma noite de sonhos intranquilos, Gregor Samsa despertou bastante atrasado para o horário do trem que o levaria à sua jornada como caixeiro-viajante. Seus pais e irmã, por demais interrogativos a respeito de sua presença em casa a tal hora da manhã, o apressam de todas as maneiras, ainda mais quando seu chefe vem lhe cobrar explicações pela irresponsabilidade do atraso. Mas nesse momento Gregor já travava uma verdadeira luta na tentativa de se locomover e sair do quarto: encontrava--se metamorfoseado num inseto. Ele, tão benquisto quando cumpridor fiel de suas obrigações, torna-se então o grande parasita da família, menosprezado e banido da convivência humana, relegado à clausura de seu quarto, cujo território tornou-se campo de exploração das finas perninhas do inseto rejeitado. Sua família, ainda que aos tropeços, experimenta novos artifícios para garantir o próprio sustento, que antes provinha do filho primogênito, mas somente se sentirá aliviada quando o estorvo, no qual Gregor tornou-se, vir a desaparecer. Inspirado na novela animalista de Franz Kafka, o longa apresenta uma releitura bastante teatral da obra *A metamorfose* do autor tcheco.

O ser à espreita do real - sobre devir-animal

Suellen da Rocha[119]

Estar em constante vigilância, eis aqui uma característica de todo animal: manter-se à espreita, a espiar, a vigiar. "Observe as orelhas de um animal, ele não faz nada sem estar à espreita, nunca está tranquilo. Ele come, deve vigiar se não há alguém atrás dele, se acontece algo atrás dele, a seu lado (...)", comentou Deleuze em entrevista à Claire Parnet. E com seu faro apurado, audição precisa, visão minuciosa e outros sentidos, assim o animal põe-se em alerta permanente.

À iminência do perigo de depararmo-nos com explicações que menosprezem filosofia ou cinema, manteremo-nos à espreita, atentando à movimentação das duas áreas, espreitando conceitos filosóficos, e ainda, experimentando a imagética.

A tentativa que empreendemos neste ensaio é potencializar a experiência estética do cinema utilizando-se como procedimento investigativo a própria filosofia, como também potencializar a experiência filosófica com as imagens das grandes telas de projeção; ou seja, não será de forma paralela que distinguiremos conceitos em sequências fílmicas. Esse modo seria em primeira instância aviltante para a discussão aqui empreendida. Ao contrário, procuraremos percorrer linhas transversais que possam constantemente encontrar-se e transpassar-se, experimentando filosofia e cinema. Devemos, portanto, precaver nosso leitor de que exploraremos movimentos oscilatórios e excluiremos antecipadamente apresentações lineares dos filmes. Estamos no caráter de exploradores, sedentos por experiências.

Nossa abordagem filosófica pauta-se em Gilles Deleuze e Félix Guattari, nos quais procuraremos extrair esclarecimentos sobre devir-animal e metamorfose. Este empreendimento busca encontros com dois longas cinematográficos: *Prevrashcheniye*, de Valeri Fokin, produção russa de 2002 que remonta de maneira bastante detalhada (e teatral) a novela animalista *A metamorfose*, de Franz Kafka, imprimindo interpretações fortemente gestuais; e *Eraserhead*, primeiro longa-metragem de David Lynch,

119 Suellen da Rocha é mestranda em Filosofia da Universidade do Estado do Rio de Janeiro.

produção estadunidense de 1977 e indicado ao *National Film Registry*, em 2004, para preservação na Biblioteca do Congresso dos EUA.

Citamos antes encontros com os filmes. Assim o fizemos porque Deleuze expõe que não se tem encontros com pessoas, porém há de se encontrar com um quadro, uma música, um filme. E caso o leitor ainda não os tenha assistido, este texto não tem por fim compreender ou interpretar as obras, mas indicar um aporte de experimentação. Então, que tenhamos encontros, e que experimentemos o devir.

Propomos de início que a compreensão sobre devir passe por uma abordagem de "não definição", pois o procedimento não se configura em chegar a um ponto de esclarecimento, e sim percorrer linhas para compreendê-lo. O devir não conduz a "ser", "parecer", "equivaler", "produzir" determinada característica, coisa, corpo ou essência. Nele não se encontra imitação, metáfora, identificação, analogia, muito menos assimilação, semelhança, regressão, correspondência. Ele não é processo ou método para obtenção de algo. Ele é o verbo tendo toda a sua consistência.

Mas involuções não são menosprezantes. Deleuze & Guattari assim chamam as formas de "evolução" que possibilitam outras naturezas sob o arranjo de termos heterogêneos, como devir-animal do homem, devir-homem do animal, devir-mulher do escritor e outros.

Neste ensaio teremos sob a luz da câmera o devir dos personagens Gregor Samsa, do longa de Fokin e o "bebê",[120] de Lynch. Seus devires põem em cena entradas, saídas, fugas dos territórios comuns, ou seja, desterritorializações.

Em seu *Abecedário*, Deleuze comenta a criação do conceito filosófico de desterritorialização. Antes, devemos designar território como o domínio do ter, o domínio das propriedades, pois assim o relacionaremos ao movimento de saída das demarcações e configurações territoriais sob o conceito de desterritorialização.

Gregor, em *Prevrashcheniye*, experimenta profundamente o território familiar na noite anterior à metamorfose. Disseminado pelos materiais sobre a escrivaninha, nos quadros e retratos nas paredes, pelas lentes de seus óculos, todo o território é experimentado de maneira minuciosa,

120 Usaremos aspas por não tratar-se de um bebê de configurações óbvias. Somente a cabeça é descoberta das faixas que circundam todo o corpo, revelando os olhos posicionados nas laterais da face, os orifícios para as narinas e uma grande boca, assemelhando-se ao focinho de um animal. E uma curiosidade: Lynch nunca informou como o bebê foi feito.

assim como o afago da mãe no triângulo edipiano à mesa de jantar e o desempenho da irmã Grete, ao violino. Cada elemento que constitui a territorialização é saboreado em seu mais alto grau. E não só no interior da residência dos Samsa: a chuva que incide sobre a cidade de Praga, ecoando tão próxima a nós, espectadores, as vielas estreitas percorridas por Gregor, a nostalgia da estação de trem com a belíssima imagem da locomotiva a vapor desembarcando seus passageiros...

Da esfera territorializante na qual está envolvido ao adormecer, Gregor acordará sem qualquer referência. Os movimentos trêmulos e involuntários das perninhas, o grito abafado pelo susto do próprio personagem na irreconhecível língua e a dificuldade para retirar-se da cama são indícios da desterritorialização em seu corpo, em suas ações, em sua língua. É a saída que se delineia para fugir do território humano configurado pelas obrigações como filho e provedor da família, pelas imposições como funcionário, pelo relógio que dita o tempo da vida.

A linha de fuga que Gregor traça em seu devir não corre para a liberdade.[121] Sua direção não é afastar-se da realidade, libertar-se dela. O devir-animal, a desterritorialização, não é parte do projeto de um sujeito em libertar-se das amarras que o prendem. É dentro de um quarto, longe de um pai, uma mãe, uma irmã que se delineia a viagem imóvel do devir, a linha de fuga criativa: a saída da constante reterritorialização se encontra quando se devém animal.

As primeiras palavras pronunciadas por Gregor, ainda sobre a cama, tentando explicar-se aos pais sobre seu atraso na manhã incomum, saem difusas. O corpo metamorfoseado em inseto agencia a desterritorialização linguística que irá fazer uma "*utilização intensiva a-significante da língua*", possibilitando "*abrir a palavra às intensidades interiores inéditas*".[122]

Ao irromper o silêncio do quarto, o animal se despoja da língua maior, a língua oficial, a língua do Estado e o som que se apresenta é o

---

121 Opondo-se à interpretação de Gaston Bachelard em *Lautréamont* (Lisboa: Litoral ed., 1989), cuja essência dinâmica animal é liberdade e agressão, como nos ataques de Maldoror, Deleuze & Guattari não observam no devir-inseto de Gregor, de *A metamorfose*, um "querer morrer" ou uma lentidão excessiva, pois "por mais lento que seja e quanto mais lento for, [o devir-animal] não deixa de constituir uma desterritorialização absoluta do homem" (Deleuze & Guatarri, *Kafka – Para uma literatura menor*, p. 68).

122 Deleuze, G. & Guattari, F. *Kafka - Para uma literatura menor*, p. 48.

zumbir do inseto, "*um piar aflitivo que arrasta a voz e baralha a ressonância das palavras*".[123] É a língua que se desterritorializa do código comum.

No entanto, a expressão linguística de Gregor não é uma língua considerada menor, inferior, sem importância; ao contrário, sua construção é grandiosa. O zumbido do inseto deixa de fazer referências ou representações e passa a enveredar-se para os extremos e limites. A língua desterritorializada é perfeita à metamorfose, pois não faz referências a simbolismos, nela:

> *Já não há designação de alguma coisa segundo um sentido próprio, nem consignação de metáforas segundo um sentido figurado. Mas a coisa* ***como*** *as imagens formam exclusivamente uma sequência de estados intensivos, num circuito de intensidades puras que se pode percorrer num sentido ou noutro, de cima para baixo ou de baixo para cima. A imagem é o próprio percurso, tornou-se devir.*[124]

A metamorfose é o contrário da metáfora. O devir-animal nada tem de metafórico. Semelhanças e simbolismos são superados, não existe homem ou animal propriamente dito, pois os dois estão desterritorializados - um no outro - e o que há é conjunção de fluxos, num *continuum* reversível.

É esse devir mútuo que está em cena em *Prevrashcheniye*. Ao tentar responder à mãe, Gregor não articula mais as palavras da linguagem humana. Na literatura base do longa, *A metamorfose*, o gerente, ao ouvir o som de Gregor, questiona: "*Entenderam uma única palavra? Será que ele não nos está fazendo de bobos?*", e logo depois complementa: "*Era uma voz de animal*".[125] Esta referência à literatura vem relacionar-se com a observação de Deleuze & Guattari ao apontar que o interesse de Kafka:

> *... é uma pura matéria sonora intensa, continuamente em relação com* ***a sua própria abolição****, som musical desterritorializado, grito que escapa à significação, à composição, ao canto, à palavra, sonoridade*

123 Deleuze, G. & Guattari, F. *Kafka - Para uma literatura menor*, p. 34.
124 Deleuze, G. & Guattari, F. *Kafka - Para uma literatura menor*, p. 47.
125 Kafka, F. *A metamorfose*, p. 21.

em ruptura a fim de escapar a uma sujeição ainda demasiado significante.[126]

Em *Eraserhead*, o "bebê" chora intensamente. Tanto que sua mãe, Mary X, deixa-o no meio da noite sob os cuidados de Henry Spencer, o suposto pai. O choro ininterrupto que invade o pequeno apartamento tortura de tal modo a Mary que ao se preparar para deixar o local diz: "*Eu não aguento mais. Estou indo para casa. (...) Eu não consigo nem dormir. Estou enlouquecendo!*".

O choro é intenso, incansável e sua sonoridade esmagadora faz Mary suplicar: "Cale a boca! Cale a boca!". Mas a todos será insuportável esse "bebê" e seu devir.

Retomando *Prevrashcheniye*, a própria narrativa do longa nos conduz à fuga da previsibilidade. No filme, o foco narrativo não é onisciente. De modo inicial, a narração impessoal apenas constata a metamorfose (aquilo que "é", que lá "está", tão distante do "era uma vez") e somente reaparece nas cenas finais relatando o alívio da família após a morte do inseto. As narrações instalam-se dentro das cenas e não apresentam artifícios que nos sejam possíveis antecipar ação ou pensamento de qualquer personagem.

Desse modo, ao longo do filme, nós, espectadores, acompanhamos tão surpresos quanto todos os integrantes do núcleo dos Samsa a metamorfose de Gregor. O próprio centro de orientação da narrativa está preso à perspectiva deste personagem: os acontecimentos se sucedem quase sempre tendo como horizonte o quarto onde o inseto se encontra ou a relação deste com as outras figuras em cena. E é esse desconhecimento de planos dos personagens que nos possibilita outra experiência, além da desterritorialização - o perigo de nossa aproximação ao inseto e suas desventuras. Seu devir não nos é indiferente, é arrebatador.

Em *Eraserhead*, desde a abertura - com a cabeça flutuante de Henry, o pó do lápis-borracha, um homem-ferreiro e um planeta desconhecido com poças d'água - as cenas são enigmáticas. Os sonhos de Henry também não se apresentam como explicações inteligíveis ao espectador: são vermes expelidos do aquecedor, uma mulher com bochechas sobressalentes que canta dentro do seu radiador, sonhos eróticos com a vizinha

126 Deleuze, G. & Guattari, F. *Kafka - Para uma literatura menor*, p. 23.

do apartamento à frente. Cenas intrigantes de um filme caracterizado como surreal que Lynch chamou de um sonho de coisas escuras e perturbadoras.

Pensemos agora em como o devir não se projeta em equivalências a algo já existente ou alterações que irrompem da natureza como mutações. O devir está contido no plano da atualidade dos corpos. Queremos com isso dizer que devires são inegavelmente atuais, sem serem, para tanto, materialmente reais.

A atualidade aqui suscitada põe-se brilhantemente manifesta na atuação de Yevgeni Mironov (Gregor) em *Prevrashcheniye*, inteiramente entregue ao "corpo-inseto". Utilizamos a expressão "corpo-inseto" porque a performance corpórea que Mironov confere ao personagem-homem, posto na condição do personagem-inseto, é de efeito impactante ao espectador, sem que para isso haja a necessidade de indumentárias ou efeitos especiais. É sob a preparação e precisão física e interpretativa que o inseto salta da tela aos nossos olhos. O devir Gregor-inseto é perfeitamente atual com as pernas que se agitam incessantemente, a dificuldade extrema para retirar-se da cama, o movimento exploratório pelas paredes do quarto...

Os devires-animais são perfeitamente reais, não são imaginários, sonhos ou fantasmas. São reais na medida em que o devir animal não consiste em imitar ou fazer-se de animal: não é preciso que o homem torne-se "realmente" animal ou que o animal tenha de tornar-se "realmente" outra coisa para se constituir uma linha de devir, posto que ele próprio é aquilo produzido. O devir-animal não prescinde sua realidade em correspondências de relações, ele pode e deve ser qualificado como devir-animal sem ter outro termo ou corpo para representar o animal que se tornou.

A extração de algo comum do animal é mais do que qualquer semelhança, utilização ou imitação e promove indiscernibilidade entre a condição anterior e o devir atual. Não é preciso um marco de separação, um ponto divisório, uma fronteira para se aproximar e afastar. A linha de devir não liga pontos que estariam compondo-a. Ela passa *entre* os pontos, sem origem nem destino, e cresce pelo meio, indiscernível. O devir está sempre no meio e "o meio não é uma média, é um acelerado, é a velocidade absoluta do movimento".[127]

127 Deleuze, G. & Guattari, F. *Mil platôs - capitalismo e esquizofrenia*. Vol. 3, p. 91.

Assim, a atualidade do devir é uma antimemória, anti-lembrança. Não há de ligar-se a algo anterior, do passado, anterior ao atual já dado, e pouco há de remeter-se ao futuro. Afinal, devires não são história; eles são geografia, orientações e direções.

A tomada repentina de devir em *Prevrashcheniye* está claramente posta quando Gregor, atrasadíssimo para pegar o trem, enfim desperta após a noite de sonhos perturbadores. Repentinamente porque aquilo que precipita um devir pode ser qualquer coisa, ainda que insignificante. E sem explicações minimamente plausíveis ao espectador, o personagem acorda metamorfoseado e seu devir-animal não se reduz a um processo inteligível. A inexistência de um ponto fixo que delimita a passagem do homem ao inseto durante a noite perturbadora do caixeiro-viajante garante-nos somente a experimentação do acontecimento. Sua atualidade lá está e o devir-inseto põe-se em cena.

Sobre a atualidade e realidade do devir já insistimos implicitamente desde nosso título, quando nos referimos ao ser à espreita do real. O ser em devir, neste ensaio (e também nos filmes), encontra-se a vigiar o perigo da realidade: ele ronda, observa, espia o real, mas antes ele já é atual. E ainda propomos outra referência, ao nos inclinarmos a pensar o cinema como imagética e liberdade criativa, podemos dispô-lo também como à espreita do real, pois suas atualidades e virtualidades se congregam nas telas de projeção ainda que distantes da realidade.

Mas retornemos ao "bebê" de Henry e Mary. O devir do personagem não contempla categorias convencionais de divisão da espécie, muito menos segue uma trajetória de evolução ou regressão, tendo em vista um marco considerável (o plano humano). E revendo as cenas finais do longa-metragem temos a experiência de outro ponto importante sobre a atualidade dos corpos: identificamos o *Corpo sem órgãos* (CsO).[128]

O CsO de modo algum significa a perda ou o esvaziamento dos órgãos em sentido real. Ele é contrário à disposição dos órgãos denominada organismo, ou seja, à organização, às significâncias e subjetivações que implicam esse conjunto.

Quando Henry, profundamente transtornado, pega em sua cômoda a tesoura e corta as faixas do "bebê", em *Eraserhead*, mostra-se ao

128 Deleuze & Guattari utilizam a expressão de Antonin Artaud (dramaturgo francês do século 20). Artaud empreende verdadeira guerra contra os órgãos, para a compreensão de um corpo refeito e reorganizado, para a liberdade da expressão e da vida.

espectador o interior do corpo em devir, já que as faixas parecem acomodar os órgãos. Ali não temos um corpo destituído de órgãos, mas destituído de significâncias, correspondências, interpretações e fantasmas, pois "*onde a psicanálise diz: Pare, reencontre o seu eu, seria preciso dizer: vamos mais longe, não encontramos ainda nosso CsO, não desfizemos ainda suficientemente nosso eu*".[129]

Os substratos espumantes que saltam do corpo ao exterior com o ataque de Henry são percorridos de intensidade. No CsO as intensidades passam e circulam. Ele as produz e distribui:

> *... num* ***spatium*** *ele mesmo intensivo, não extenso. Ele (CsO) não é espaço e nem está no espaço, é matéria que ocupará o espaço (...) é a matéria intensa e não formada, não estratificada, a matriz intensiva, a intensidade = o, mas nada há de negativo neste zero, não existem intensidades negativas nem contrárias.*[130]

A Gregor também é custosa a adaptação e satisfação do novo corpo. O apetite pouco contenta-se com o leite oferecido pela irmã. Ao novo agenciamento do corpo, o paladar de animal aceita aquilo que é rejeitado pela família. Os fluxos intensos agora percorrem os sentidos no corpo do inseto.

Conjunto de práticas cuja matéria é energia, ao CsO será sempre empreendida uma jornada para seu alcance, pois nunca se acaba de chegar a ele - ele não para de se fazer. Encontrá-lo é uma questão de vida ou de morte, de alegria ou de tristeza, é chegar ao limite, "*arrastando-se como um verme, tateando como um cego ou correndo como um louco, viajante do deserto e nômade da estepe*".[131]

Assim, do "bebê" de Lynch não se espera uma evolução ou progressão: longe de evoluir ao estágio de destituir-se de órgãos, o corpo é tomado por um devirinvolutivo. A involução não se constitui um processo, pois involuir é "*formar um bloco que corre seguindo sua própria linha, 'entre' os termos postos em jogo, e sob as relações assinaláveis*".[132]

---

129 Deleuze, G. & Guattari, F. *Mil platôs – capitalismo e esquizofrenia*. Vol. 3, p. 10.
130 Deleuze, G. & Guattari, F. *Mil platôs – capitalismo e esquizofrenia*. Vol. 3, p. 12.
131 Deleuze, G. & Guattari, F. *Mil platôs – capitalismo e esquizofrenia*. Vol. 3, p. 8.
132 Deleuze, G. & Guattari, F. *Mil platôs – capitalismo e esquizofrenia*. Vol. 4, p. 19.

A involução criadora faz-se como núpcias antinatureza, na qual não existe mais corpo anteriormente programado. A relevância recai sobre fazer constantemente o movimento, traçando linhas de fuga em total positividade. Como salientam Deleuze & Guattari, o devir-animal, em sua involução, lança-se às intensidades puras, para destruição de significações, significantes e significados, mas tendo sob busca incessante a matéria não formada, de fluxos desterritorializados, de signos a-significantes.

É sob essa destruição de significações que o devir-inseto de Gregor, um asqueroso bicho, não se enquadra em uma transformação agradável à família e pouco apresenta características que sejam favoráveis à aproximação aos núcleos humanos. São evidentes sua distância da vida ordinária e a repugnância provocada em seus familiares que, levadas ao extremo, enclausuram Gregor no quarto.

Esse inseto monstruoso de *Prevrashcheniye* está contido no original da novela *A metamorfose* sob a expressão alemã *ungeheueres Ungeziefer*. Essa expressão é salientada por Modesto Carone - um dos maiores tradutores de Kafka no Brasil - como um dado significativo da linguagem literária do autor tcheco, encerrando o caráter não familiar, inadequado, diferente e parasita que o animal engendra na obra literária. Para o tradutor a expressão não está colocada no texto original por acaso e Kafka, como etimologista amador, seria conhecedor de seus segredos conceituais. Carone esclarece-nos que:

> *O adjetivo* ***ungeheuer*** *(que significa monstruoso e como substantivo - das* ***ungeheuer*** *- significa "monstro") quer dizer, etimologicamente, "aquilo que não é mais familiar, aquilo que está fora da família,* ***injamiliaris****", e se põe a* ***geheuer****, isto é, aquilo que é manso, amistoso, conhecido, familiar. Por sua vez, o substantivo* ***ungeziefer*** *(inseto), ao qual* ***ungeheuer*** *se liga, tem o sentido original pagão de "animal inadequado ou que não se presta ao sacrifício", mas o conceito foi se estreitando e passou a designar animais nocivos, principalmente insetos, em oposição a animais domésticos como cabras, carneiros, etc. (****Geziefer****).*[133]

133 Carone, M. *Lição de Kafka*, pp. 24-25.

Esse é o inseto do longa russo, o tipo ou espécie de animal do devir: mais demoníaco, das matilhas e afectos, que faz multiplicidade, população, conto.

Animais de devir mantêm inegavelmente sua característica fundamental, a multiplicidade, e, portanto, "*cardumes, bandos, manadas, populações não são formas sociais inferiores, são afectos e potências, involuções, que tomam todo animal num devir não menos potente que o do homem com o animal*".[134] E nesses animais recebem atenção menor as características secundárias, o invejável é o modo de expansão, de ocupação e propagação deles.

Entretanto, a distinção de Deleuze e Guattari entre os tipos de animal se faz sob outros dois grupos, os quais não interessam na perspectiva do devir. Uma espécie é aquela dos animais individuados, familiares ou familiais, carregados de representação sentimental. Também chamados de edipianos, esses animais estão sempre a convidar para a regressão, arrastando-nos para uma contemplação narcísica, sob a luz da psicanálise, na tentativa de compreendê-los mediante a representação de figuras familiares. Aqui temos o "meu gato", "meu cachorrinho", e por trás deles a imagem do pai, da mãe ou de um irmãozinho.

Outra espécie é aquela que mantém características ou atributos de classificação ou de Estado: os animais de gênero. Eles são utilizados como modo de atribuição estatal ou de construção serial religiosa. Esses animais são tomados tal como os grandes mitos divinos os tratam, para retirar deles séries ou estruturas, modelos e arquétipos que auxiliem na constituição de suas práticas.

Logo, percebemos que existe uma finalidade escondida por trás dessas duas últimas espécies. Esses animais são concebidos ou para viabilizar uma interpretação ou para auxiliar a constituição de uma máquina, o que os levam a significações exteriores à sua animalidade fundamental.

Entretanto, devemos considerar que nada impede um animal de ser tratado ao modo da matilha e da proliferação. Deleuze & Guattari supõem que existam graus de vocação variável, que tornam mais ou menos fácil a descoberta da multiplicidade, e que contenham atualmente ou virtualmente a possibilidade do animal de devir. E caso consideremos a possibilidade contrária - animais de bando, matilha, população sendo tratados como animais familiares - poderemos também

134 Deleuze, G. & Guattari, F. *Mil platôs – capitalismo e esquizofrenia*. Vol. 4, p. 22.

validá-la. Lobos, elefantes, leopardos, piolhos podem ser tratados por bichinhos cordiais, apesar disso ser pouco comum.

Agora vejamos como se dá o devir-animal no homem. A proliferação dos bandos e matilhas de animais ocorre mediante contágios ou epidemias, com campos de batalhas e catástrofes. Diversamente à reprodução sexual, o contágio e a epidemia são embates cujos termos heterogêneos participam da multiplicidade. No terceiro volume de *Mil platôs*, Deleuze & Guattari exemplificam esses embates contra a natureza, a saber: contágio entre homem, animal e bactéria, ou entre vírus, molécula e micro-organismo, ou entre árvore, mosca e porco.

Reiteramos a inexistência da reprodução filial, hereditária, ou da semelhança e imitação. Em *Eraserhead*, ainda que o "bebê" seja fruto da suposta relação sexual (não admitida por Henry), ele não concentra características hereditárias. Ao ser questionado pela mãe de Mary, Henry esquiva-se e ainda exclama "*Isso não é possível!*" quando surpreendido pela notícia. Ao que Mary, em prantos, ressalta: "*Ainda é incerto se é um bebê...*"

Não são combinações genéticas ou estruturais que proporcionam devir, mas multiplicidades de termos heterogêneos, de cofuncionamento de contágio, que entram em certos *agenciamentos*, como salienta Deleuze nos *Diálogos*. São termos de diferentes naturezas que se encontram e algo acontece entre os dois, mas que segue sua própria direção.

Nesses bandos, matilhas e manadas, ou seja, em toda multiplicidade, existe também um fenômeno muito peculiar que é chamado de anômalo. Ele se destaca por impor-se como a "ponta de desterritorialização", ocupando uma posição ou um conjunto de posições em relação à sua multiplicidade.

Deleuze & Guattari rememoram o adjetivo *anômalo* e sua aplicação no quarto volume de *Mil platôs*, assim como *a-nomalia* (substantivo grego que perdeu seu adjetivo cuja indicação era o desigual, o rugoso, a aspereza). Em contraposição tem-se o *a-normal*, adjetivo latino sem substantivo, que qualifica aquilo que não tem regra ou o que contradiz a regra.

Sendo um fenômeno no bando, o anômalo é dito por Deleuze & Guattari como fenômeno de borda, pois linhas e dimensões comportam a multiplicidade em *intensão*, e suas bordas são linhas para o extremo de outras naturezas. Assim, a posição periférica do anômalo, nas bordas que circundam a multiplicidade, não torna discernível se ele ainda está no bando, se já está fora, ou na fronteira móvel desse bando.

O animal anômalo revela a contradição entre a matilha e o animal solitário, entre a multiplicidade e o indivíduo excepcional, no entanto isso não é problema para o devir. Esse elemento preferencial da matilha não é um ponto conservador de características ou uma espécie que carrega sentimentos familiares e subjetivos. Ele é portador de afectos. Ele é aliança entre homem e animal para devir.

Está, portanto, sempre em via de transpor o limite da borda e percorrer outras naturezas, assim é que o anômalo possibilita ao homem ultrapassar sua natureza comum. Por meio dele o contágio se efetua e enfim o homem opera o devir-animal.

Contudo, ao homem é possível desencadear vários outros devires, exceto um devir-homem. Deleuze & Guattari esclarecem-nos que "*o homem é majoritário por excelência, enquanto que os devires são minoritários*".[135] Todo devir é *minoritário*, em relação ao seu processo e contrariamente não se relaciona a uma *minoria* como conjunto ou estado. Poderíamos dizer que devir é minoritário pelo aspecto qualitativo, diferentemente de minoria, correlacionada ao quantitativo.

Ainda que exista a minoria, não necessariamente existirá seu devir, pois "*reterritorializamo-nos, ou nos deixamos reterritorializar numa minoria como estado; mas desterritorializamo-nos num devir*".[136] Ainda que judeus, ciganos, negros, mulheres componham uma minoria, têm eles de passar pelo devir-judeu, o devir-cigano, o devir-negro, o devir-mulher para constituírem-se como minoritários.

É nesse sentido que mulher, animal, vegetal e outros são minoritários diante da determinação do padrão, ou seja, da maioria. E talvez possamos ainda, ao lado de Deleuze & Guattari, postular uma direção pela qual se sucederiam os devires e tão imprecisa que mais nos conduz a pensar no fim de todo devir do que propriamente em uma ordem lógica por eles adotada.

Nessa postulação em nenhum devir haveria importância exclusiva, mas todos tenderiam ao devir-imperceptível. Devir-mulher, devir--criança, devir-animal, devires-elementares e celulares até o imperceptível. Aquilo que está além do orgânico, do significante e do pessoal. Para devir-imperceptível é imprescindível a involução criadora, ele é movimento do indiscernível, é o irreconhecível, é "*eliminar o percebido-demais,*

135 Deleuze, G. & Guattari, F. *Mil platôs – capitalismo e esquizofrenia*. Vol. 4, p. 87.
136 Deleuze, G. & Guattari, F. *Mil platôs – capitalismo e esquizofrenia*. Vol. 4, p. 88.

o excessivo-para-perceber".[137] O devir-imperceptível irá desterritorializar-se do *todo mundo*, para devir-todo-mundo, deixar a maioria para tender aos componentes moleculares, às partículas.

Mas realizando o movimento de retorno ao devir-animal, sua desterritorialização pode não conter toda a intensidade e culminar em tentativas de reterritorialização.

Em *Eraserhead*, o "bebê" agoniza ao ficar doente. Constatando a febre, Henry passa a prostrar-se diante do "filho" e sempre que procura retirar-se, ouve o choro se elevar. O adoecimento lança-nos a ideia de reterritorialização.

Quando Gregor, em *Prevrashcheniye*, emocionado ao ouvir Grete tocar música durante a refeição dos inquilinos, empreende aproximar-se da sala de jantar, podemos experimentar sua tentativa de reterritorialização. Parece-nos que o devir-animal, por uma pequena fresta, esgueirou-se procurando se aproximar do mundo humano.

Outro dado relevante para esse movimento de reterritorialização relaciona-se ao desfecho dos longas. As cenas aqui citadas enunciam a morte dos personagens. No longa de Lynch, depois do adoecimento e dos cuidados dispensados ao "bebê", Henry passa a ser atormentado por sonhos confusos até, por fim, à embaraçosa criatura com tesouradas. E mesmo após atacar o "bebê", alucinações tomam Henry até as últimas cenas.

No longa de Fokin, Gregor - muito debilitado pelos ferimentos das maçãs arremessadas pelo velho Samsa - consome-se no quarto entulhado de objetos descartados pela família (ele mesmo já fora descartado). O derradeiro golpe se dá nas duras palavras de Grete: "*Isso não pode continuar assim. Ele vai matar todos nós! Você não é o Gregor! Se fosse ele compreenderia que não podemos viver com esse monstro! E iria embora! Para o inferno! Vá embora!*"

Definhando sozinho, o inseto é encontrado pela empregada que exclama: "*Está morto! Ouviram... Ele está morto!*". O que se segue são cenas da reconstrução familiar, sem o estorvo que Gregor tornara-se, em um belo passeio ao ar livre, envolvido pela luz cálida do sol com a linda imagem das pontes sobre o rio Vltava, na cidade de Praga.

Essas mortes englobam a não continuidade dos devires-animais, para onde eles não mais ousaram promover a desterritorialização. Deixamos aqui nossa experimentação: a morte compreendendo a insustentabilidade

137 Deleuze, G. & Guattari, F. *Mil platôs - capitalismo e esquizofrenia.* Vol. 4, p. 73.

do devir-animal no território de configurações humanas. Apesar da fuga delineada, da saída construída, da metamorfose completa, o devir-animal não foi suficiente para suportar o movimento contrário, de reterritorialização.

REFERÊNCIAS BIBLIOGRÁFICAS / WEBGRAFIA:

CARONE, Modesto. *Lição de Kafka*. São Paulo: Companhia das Letras, 2009.

DELEUZE, Gilles. *O abecedário* (transcrição integral da entrevista em vídeo *L'abécédaire*, concedida à Claire Parnet em 1988-1989). Disponível em ‹‹www.ufrgs.br/corpoarteclinica/obra/abc.prn.pdf››.

DELEUZE, Gilles & GUATTARI, Félix. *Kafka - Para uma literatura menor*. Tradução e prefácio de Rafael Godinho. Lisboa: Assírio & Alvim, 2003.

_____. *O que é a filosofia?* Tradução de Bento Prado Jr. e Alberto Alonso Muñoz. Rio de Janeiro: Ed. 34, 1992.

_____. "28 de novembro de 1947 - Como criar para si um corpo sem órgãos"; em *Mil platôs - capitalismo e esquizofrenia*. Vol. 3. Tradução de Aurélio Guerra Neto *et alii*. Rio de Janeiro: Ed. 34, 1996.

_____. "1730 - devir-intenso, devir-animal, devir-imperceptível." In *Mil platôs - capitalismo e esquizofrenia*. Vol. 4. Tradução de Suely Rolnik. Rio de Janeiro: Ed. 34, 1997.

DELEUZE, Gilles & PARNET, Claire. Diálogos. Tradução de Eloisa Araújo Ribeiro. São Paulo: Escuta, 1998.

KAFKA, Franz. *A metamorfose*. Tradução de Modesto Carone. São Paulo: Companhia das Letras, 1997.

Sinopse do filme *Irreversível*

Título: *Irreversível* (*Irréversible*)
Direção e roteiro: Gaspar Noé
Elenco: Monica Bellucci, Vincent Cassel, Albert Dupontel, Philippe Nahon
Gênero: drama, 2002 (França); 99 min.

O filme conta, em ordem cronológica inversa, dois sujeitos perseguindo uma pessoa pelas ruas de Paris (sem o *glamour* e a beleza que em geral acompanham os filmes que têm a cidade como cenário) até o início daquela noite trágica. Conforme o filme avança, e, portanto, volta no tempo, vamos entendendo o motivo da perseguição, e o tipo de envolvimento desses dois sujeitos com a bela Bertoluci Alex, e o que aconteceu com ela, em um recorte de duas horas de suas vidas. Cada cena é filmada em plano-sequência, ou seja, sem cortes; o diretor também trabalha com ângulos nas imagens e faz alguns movimentos giratórios que, junto com os efeitos sonoros, causam desconforto ao espectador. Conforme o filme avança, retrocedendo, portanto, no tempo, vamos entendendo, encadeando cada cena e assim montando a história que compõe o filme. Uma história em que *o tempo destrói tudo*.

O tempo destrói tudo: *Irreversível* e Gaston Bachelard

Raissa Vasques de Santa Brígida[138]

Pode-se pensar filosoficamente o filme *Irreversível* (França, 2002, Gaspar Noé) por vários aspectos: a questão ética da violência e da vingança, além da questão do estupro; a questão existencial e psicológica do ponto de vista da vítima, somente pra citar alguns aspectos. Neste ensaio faremos uma aproximação entre o modo de narrativa escolhida pelo diretor e a noção de tempo enquanto *instante* para o filósofo Gaston Bachelard.

Antes de partir para a tessitura de nossa análise, falaremos do diretor do filme, o argentino radicado na França Gaspar Noé. Sua filmografia, como diretor e roteirista, inclui poucos filmes, (Direção: Enter the Void -2009; *Destricted* - 2006; *Irreversível* - 2002; *Sozinho contra todos* - 1998, *Carne* - 1991. Roteiro: Enter the Void - 2009; *Irreversível* - 2002; *Sozinho contra todos* - 1998; *Carne* - 1991), porém não são películas "fáceis". São filmes intensos, violentos tanto nas histórias que contam, quanto nas imagens que mostram.

Destacamos o curta-metragem *Carne,*[139] que tem o mesmo mote de *Irreversível*: a busca de vingança de um crime sexual. Algumas cenas do filme *Carne*, por exemplo, um parto do ponto de vista do bebê, evocam a questão da materialidade, sobre a qual Bachelard também trata em seu pensamento sobre a arte. Porém, vamos tratar da filosofia bachelardiana e do filme *Irreverssível* por outro prisma.

O próprio filme sugere a aproximação que farei no texto: a primeira cena termina com a seguinte frase: "Le temps détruit tout", "o tempo destrói tudo", que também encerra o filme.

Meu texto é uma análise filosófica sobre o tempo, a partir de princípios bachelardianos do *instante* e da *duração* aplicados à temporalidade fílmica (a ordem cronológica inversa). Infelizmente, para essa abordagem do filme, terei de contar partes da trama e determinadas cenas, sendo assim, não pude me esquivar de apresentar *spoilers* em meu texto.

---

138 Raissa de Santa Brígida é doutoranda em Filosofia da Universidade do Estado do Rio de Janeiro.

139 Disponível no *Youtube*.

Bachelard escreve sobre o tempo em duas obras: *L'intuition de l'instant*, publicado em 1930, e em *La Dialectique de la Durée*, de 1936. Apesar de tratar do tempo em duas obras distintas, encontramos uma coerência forte dentro das argumentações bachelardianas uma vez que elas se complementam. A questão do tempo é importante para o pensador francês, fazendo-se presente também nas obras sobre o imaginário poético dos elementos, assim como na epistemologia.

Para o filósofo francês "O tempo só tem uma realidade, a do instante. Em outras palavras, o tempo é uma realidade encerrada no instante e suspensa entre dois nadas":[140] o passado e o futuro. Nós vivemos na realidade do instante, que é o elemento primordial do tempo.[141]

Irreversível é contado em ordem cronológica inversa, portanto, conforme o filme avança, vamos voltando no tempo. Outra característica é que cada cena, cada instante da história, é filmado em plano-sequência, ou seja, sem cortes. O diretor também trabalha com ângulos nas imagens e faz alguns movimentos giratórios que, junto com os efeitos sonoros, causam desconforto ao espectador. Mas o desconforto visual gerado pelo filme nem de perto se assemelha ao desconforto moral que sentimos em três momentos da história: o assassinato, o estupro e o instante final do filme, em que todas as cenas se encaixam. Tal desconforto é latente nas diversas críticas que descrevem *Irreversível* como "inassistível", ou mesmo nos diversos relatos de abandono em massa das salas de projeção em vários lugares, inclusive no Festival de Cannes de 2002, em que o filme foi indicado à Palma de Ouro.

Conforme o filme avança, retrocedendo, portanto, no tempo, vamos entendendo, encadeando cada cena e assim montando a história que compõe o filme. Uma história na qual *o tempo destrói tudo.*

Bachelard, diferentemente de Bergson, defende a existência de lacunas na duração, lacunas essas que são preenchidas pelas vivências que temos do tempo. Para Bachelard, em decorrência da "multiplicidade de nossas experiências temporais",[142] é possível a percepção de instantes, que seriam impulsos verticais. Após a vivência de cada instante vertical, o sujeito constrói a duração, que seria o plano horizontal no qual, pela memória, elaboramos a trama de entendimento das diversas multiplicidades.

---

140 BACHELARD, Gaston. *A intuição do instante*, p. 17.
141 BACHELARD, Gaston. *A intuição do instante*, p. 20.
142 BACHELARD, Gaston. *A dialética da duração*, p. 87.

Assim, assistimos a cada cena de *Irreversível* como instantes isolados, ainda perdidos, ainda confusos com relação à trama que se desenvolve a cada minuto de filme. Somente com o avançar das cenas vamos compreendendo o contexto do instante anterior. Ou ainda, retomando a tese bachelardiana sobre o tempo, podemos concluir que somos nós quem construímos a *duração*, que é, portanto, um dado relativo e secundário.[143]

No filme, as revelações se desenrolam no decorrer de cada cena. Contudo, ao apreciá-las, somente as compreendemos ao assistir a cena seguinte.

O filme começa com dois homens, Marcus (Vincent Cassel) e Pierre (Albert Dupontel) entrando em uma boate *gay* à procura de alguém, cujo apelido já denota repulsa: Tênia[144] (Jo Prestia). Pelo diálogo que se estabelece entre eles percebemos que se trata de uma vingança: pretendem vingar Alex. Não fica claro o que aconteceu, nem a relação entre eles. Pelo fato de se tratar de uma boate *gay*, e do próprio nome *Alex*, poderíamos inferir que as personagens são homossexuais. Porém, no diálogo seguinte, fica claro que Alex é uma mulher: a estonteante Monica Bellucci. Assim, podemos concluir, juntamente com Bachelard, que a duração é construída *a posteriori* por meio da memória que encadeia os instantes, e é essa construção que aos poucos revela o que é a verdade. Aqui reside o nosso interesse de pensar o filme *Irreversível* e as análises bachelardianas sobre o tempo.

Para Bachelard, a duração é uma construção psíquica *a posteriori* na qual encaixamos os diversos instantes vividos por nós. E somente depois desse encaixe, dessa concatenação, podemos analisar qualquer relação de causa e efeito - teríamos aqui um Bachelard discípulo de Hume?

David Hume, filósofo do século 18, conhecido por seu ceticismo radical, questiona a relação de causalidade entre dois eventos sequenciais. Já que a duração é construída artificialmente pela consciência do sujeito, seria "necessário que se chegue a considerar o fenômeno causa e o fenômeno efeito como dois estados superados".[145]

É no diálogo com Henri Bergson que Bachelard pensa a questão do tempo. Bergson afirma que passado e futuro estão contidos na ação presente e que, no momento mesmo dessa ação, pode-se ter a percepção desse passado e desse futuro, pois tudo está contido nessa duração englobante. Para Bergson, tem-se uma experiência direta e íntima da

143 BACHELARD, Gaston. *A intuição do instante*, p. 25.
144 Com a pronúncia francesa "Teniá".
145 BACHELARD, Gaston. *A dialética da duração*, p. 54.

duração, que é uma unidade indestrutível, em que não se separa passado e futuro.[146]

Segundo Bachelard, a teoria de Bergson, na qual a duração contém todas as faces do tempo, "reserva uma solidariedade entre passado e futuro, uma viscosidade da duração, que fez que o passado continue a ser a substância do presente, ou, em outras palavras, que o instante presente nunca seja outra coisa que não o fenômeno do passado".[147] Dialeticamente, Bachelard nega Bergson argumentando que "a duração é apenas uma construção, desprovida de realidade absoluta. (...) Ela é feita pelo exterior, pela memória".[148] Assim, a duração é secundária pois não tem força direta: o tempo real só existe verdadeiramente pelo instante isolado, está inteiramente no atual, no ato, no presente.[149]

Assim, para Bachelard "a duração é relativa",[150] pois os fenômenos da duração são construídos por ritmos, que ele os define como sistemas de instantes: "as sensações [da duração] não estão ligadas: é nossa alma que as liga".[151] Por ser ligada/construída por nossa alma (creio aqui que não haja tanta diferença entre os termos alma, consciência, espírito, como vemos nas diferentes fases do pensamento bachelardiano) podemos ter a variação no resultado final da duração, uma vez que quem realizaria essa junção é a memória, que é falha.

Bachelard vai além com relação à construção da trama da duração: como há descontinuidades na duração psíquica, Bachelard acredita que concatenações psíquicas são hipóteses que podem variar, já que "(...) pluralidade de durações que não têm nem o mesmo ritmo, nem a mesma solidez de encadeamento, nem o mesmo poder de continuidade".[152]

Assim temos que para Bachelard "a duração é uma metáfora",[153] pois "o tempo tem várias dimensões; o tempo tem uma espessura. Só aparece como contínuo graças à superposição de muitos tempos independentes".[154] Para Bachelard, "é necessária a memória de muitos

146 BACHELARD, Gaston. *A intuição do instante*, p. 55.
147 BACHELARD, Gaston. *A dialética da duração*, p. 12.
148 BACHELARD, Gaston. *A intuição do instante*, p. 29.
149 BACHELARD, Gaston. *A intuição do instante*, p. 25.
150 BACHELARD, Gaston. *A dialética da duração*, p. 85.
151 BACHELARD, Gaston. *A dialética da duração*, p. 105.
152 BACHELARD, Gaston. *A dialética da duração*, p. 7.
153 BACHELARD, Gaston. *A dialética da duração*, p. 104.
154 BACHELARD, Gaston. *A dialética da duração*, p. 87.

instantes para fazer uma lembrança completa",[155] e "É escrevendo a história que o psicólogo, artificialmente, como todo historiador, coloca nela o vínculo da duração".[156]

Em uma analogia breve, é como se cada instante vivido fosse uma cena, editada pela memória do sujeito, encaixada no plano da duração conforme um *script*. Assim, por meio da edição, percebemos relações de causa e efeito, de simultaneidade, mas sempre de acordo com o olhar prévio do sujeito. Somos os diretores de edição da duração, da nossa memória, recontamos nossos instantes sempre de nosso modo de percepção, baseados em como queremos que o filme termine. Por isso, a duração se apresenta para Bachelard como um problema, e não como uma continuidade imediata, como um dado imediato ao qual o sujeito apenas assiste passivamente. A continuidade da duração imediata e profunda não se apresenta, para Gaston Bachelard, como um dado imediato, como ocorre para Heny Bergson, e sim como um problema.[157]

Após comparar nossa percepção psíquica do tempo com a edição cinematrográfica, voltamos a falar um pouco do filme. Ao adotar o modo reverso de contar a história, Gaspar Noé visava causar um desconforto em nossas consciências aparentemente lineares, como percebemos por suas escolhas com relação ao áudio e aos planos giratórios e inquietos de sua câmera. Isso ajuda a intensificar a repulsa que o enredo do filme, em si, causaria.

Caso não fosse a ordem cronológica inversa, *Irreversível* seria apenas mais um filme sobre vingança e estupro, conforme o próprio diretor afirma em entrevista também disponível no *Youtube*. O enredo é bastante simplório: depois de ver sua namorada espancada violentamente após ser estuprada, Marcus é tomado pelo ímpeto de vingança, tendo início uma busca pelo estuprador. Mas a opção por contar a história de trás para frente, em que o espectador encadeia a narrativa aos moldes da construção bachelardiana da duração, eleva-o à categoria dos filmes inesquecíveis para aqueles que o assistem.

Inegavelmente, é um filme de imagens impactantes. Muito fala-se sobre a cena do estupro, cujos 11 minutos de gritos agonizantes de Belluci no túnel vermelho nos faz querer desistir. De fato, esse é o momento que

155 BACHELARD, Gaston. *A intuição do instante*, p.19.
156 BACHELARD, Gaston. *A intuição do instante*, p. 23.
157 BACHELARD, Gaston. *A intuição do instante*, p. 37.

faz as pessoas saírem das salas de cinema, ou desligar a tevê. A câmera é posicionada no chão e coloca o "espectador do filme" na posição de "espectador do ato", causando ainda náusea ao "participar do evento". Nos extras que acompanham o DVD do filme, o diretor Noé revela essa intenção.

A cena do crime na boate também é de alta violência. Por meio dos movimentos giratórios da câmera, imagens com certo desfoque, iluminação parca e um som perturbador, acompanhamos Marcus entrando na boate, vasculhando as salas do local. Após a busca frenética, Marcus, impossibilitado de agredir o algoz de sua namorada, pois Tênia quebrou seu braço, apenas assiste Pierre (ex-namorado de Alex, que os acompanhava na festa em que estavam) atingir a cabeça do acompanhante de Tênia com um extintor de incêndio. Alguns críticos afirmam que se trata do crime mais impactante da história do cinema.

No decorrer da perseguição que antecede a entrada na boate, vemos Pierre tentar convencer Marcus da brutalidade das atitudes que ele já estava cometendo contra as várias pessoas que cruzavam seu caminho, ora ajudando, ora criando empecilhos ao processo de busca do criminoso. Nessa tentativa, Pierre pede que Marcus preste atenção no que ele estaria se transformando: "Você não é mais humano, você é um animal". Ironicamente, é o filósofo Pierre que perde a razão e, animalescamente, comete o assassinato. Relembramos que a ausência de razão de todos os envolvidos na trama não os permite perceber que estavam agredindo o homem errado: Tênia assiste ao esmagamento do crânio de seu "amigo" com um sorriso no rosto.

É relevante destacar na obra de Noé sua maneira de tratar o comportamento humano. Na medida em que ele mostra que um sujeito simples, romântico e carinhoso com sua namorada, e com fortes desejos de ser pai, transforma-se em um homem violento e vingativo ao ver sua namorada em estado de coma. Mas, quem pode julgá-lo ou criticá-lo? Creio que muitos de nós faríamos o mesmo.

Os sentimentos de quem assiste a violência dessas cenas variam entre ódio e nojo, mas a história possui um final que reverte esses sentimentos. Tais cenas são inegavelmente impactantes. Porém, a revelação de que Alex está grávida nos faz perder o chão.

Como uma possível conclusão, é interessante percebermos duas ironias com as quais o diretor nos presenteia. A primeira é uma brincadeira com o nome do filme. *Irreversível (aquilo que não pode ser revertido)*, como o próprio tempo, porém o próprio Noé usa retrocesso do tempo como elemento fílmico. Não se trata da irreversibilidade do tempo (que pode ser contado de trás para frente - graças ao cinema e à literatura). Na verdade, o que é irreversível são as atitudes, os atos cometidos e suas consequências irreversíveis.

A segunda decorre da primeira: a cada retrocesso no tempo, a história vai ficando mais leve, feliz, o que acaba impondo a ideia da impotência, e de tristeza, diante do destino dos personagens.[158] O filme, aparentemente, vai ficando mais leve, mais tranquilo, sem cenas violentas, sem a distorção do áudio, sem o frenesi da câmera. O cenário vai se tornando mais íntimo, saindo das ruas para, primeiramente, o metrô e depois para o apartamento e, por fim, o banheiro. Porém, essa leveza reveste algo irreversivelmente trágico. Na verdade, com a revelação de que Alex está grávida, temos a intensificação de algo que já era brutal, o estupro isoladamente. Senhoras e senhores, eis um inquietante soco no estômago capaz de derrubar o mais frio dos humanos.

Seja pela trama, pela história, pelo conteúdo de violência do filme, ou por sua estrutura narrativa, é impossível arrancar *Irreversível* da memória. Finalizando com uma citação sobre a irreversibilidade do tempo, que Bachelard recorta da obra *Siloë*, que serve de inspiração para *A intuição do instante*, “o instante que acaba de nos escapar é a mesma morte imensa a que pertencem os mundos abolidos e os firmamentos extintos”.[159]

REFERÊNCIAS BIBLIOGRÁFICAS / WEBGRAFIA:

BACHELARD, Gaston. *A intuição do instante*. Campinas, SP: Versus Editora, 2007.

BACHELARD, Gaston. *A dialética da duração*. São Paulo: Editora Ática, 1988.

www.omelete.com.br/cinema/iirreversiveli/

Vídeos de Gaspar Noé no *Youtube*

158 ASSIS, Érico. in (http://www.omelete.com.br/cinema/iirreversiveli/).

159 BACHELARD, Gaston. *A intuição do instante*.

Sinopse dos filmes *Medeia* de Pasoline e *Medeia* de von Trier

Título: *Medeia (Medea)*
Direção: Píer-Paulo Pasolini
Elenco: Maria Callas, Massimo Girotti, Laurent Terzieff
Idioma original: italiano
Itália, 1968, 106:02'

O cenário, em que as tomadas privilegiam a exuberância da natureza, resgata a Grécia arcaica do período mítico. Jasão, ainda menino, ouve de seu preceptor, Centauro, que não é filho deste, mas descendente do deus Éolo e que seu pai havia sido morto pelo próprio irmão Pélias, o qual usurpou seu reino. Quando Jasão se torna adulto é advertido por Centauro que deve reclamar o reino que é seu por direito, mas que para tal seu tio usurpador lhe atribuiria um desafio: a reconquista do velocino de ouro, símbolo de perenidade entre os reis. Para cumprir esta missão ele vai à distante terra de Cólquida onde Medeia, a sacerdotisa descendente do deus Sol, oficializa um ritual de sacrifício para fertilização da terra. Jasão surge para Medeia primeiramente em uma visão que depois vem a se tornar realidade, e quando o vê pela primeira vez se apaixona, ajuda-o a roubar o velocino e a fugir, matando e dilacerando seu irmão. Longe de sua terra e de suas tradições Medeia encontra no amor por Jasão uma nova referência. Mesmo sem se casarem os dois vivem juntos por dez anos na cidade de Corinto juntamente com seus dois filhos. Mas o destino do casal se transforma completamente quando o rei Creonte oferece a mão de sua filha Glaucia a Jasão. Jasão deve rejeitar Medeia, que é vista como a bárbara e a feiticeira estrangeira. Pasolini, focalizando o feminino primitivo, selvagem irascível, busca uma reconstrução do período mítico arcaico para fazer uma crítica da modernidade, sendo, aos seus olhos, a Grécia antiga as bases da poesia, política e sociedade atual.

Título: *Medeia (Medea)*
Direção: Lars von Trier
Elenco: Udo Kier, Kirsten Olesen e Henning Jensen
Dinamarca, 1987, 75'

Longe de sua terra natal, num ambiente inóspito e cercado por água, a estrangeira Medeia, dotada de uma sabedoria oracular, é desprezada e abandonada por seu amante Jason quando o rei Creonte oferece a mão de sua bela filha Glauce por reconhecer seu valor. No entanto, Glauce, temendo o ódio da estrangeira Medeia, obriga seu pai a exilá-la, juntamente com seus dois filhos. Medeia, concentrada em uma terrível trama de vingança, pede ao rei apenas mais um dia para se acostumar com a ideia e implora a Jason que deixe as crianças ficarem. Mas isso era só parte de seu cruel plano de destruir todos que a feriram. Inspirado no roteiro de Carl Theodor Dreyer, von Trier reconstrói a tragédia de Eurípides, explorando sempre o claro e o escuro para expressar a ambiguidade dos sentimentos humanos.

Leituras nietzschianas de *Medeia* de Píer-Paolo Pasolini (1966) e *Medeia* de Lars von Trier (1988)

Micael Rosa Silva[160]

160 Micael Rosa Silva é doutorando em Filosofia da Universidade do Estado do Rio de Janeiro.

INTRODUÇÃO

O objetivo deste trabalho é fazer uma livre reflexão de temas filosóficos - principalmente os que cercam o pensamento de Nietzsche - a partir das linguagens fílmicas presentes nas películas de Píer Paulo Pasolini e Lars von Trier, ambas adaptações, ou releituras da tragédia grega Medeia de Eurípides. Essas linguagens fílmicas não se resumem aos diálogos, fotografia, montagem, encenação, mas fundamentalmente pelos sentimentos evocados pelas imagens nas duas obras.

Quanto à produção italiana de 1966, destacaremos o prólogo, em que o diretor, deslocando-se da peça original de Eurípides, resgata o pensamento mítico grego arcaico, em um primeiro momento com o monólogo do Centauro preceptor de Jasão. E num segundo momento, ainda no prólogo, com um rito bárbaro no reino de Cólquida, onde Medeia é sacerdotisa e aparece em um close pela primeira vez. Com este recorte a intenção é dialogar com Nietzsche e sua crítica à linguagem lógica e à razão diante da linguagem mítica e corporal. Para isso, ainda destacaremos o profundo diálogo entre Jasão e Centauro, que lhe aparece com uma dupla forma em uma visão no palácio de Corinto.

Na segunda produção de 1987-1988, feita para a TV dinamarquesa pelo diretor Lars von Trier, apontaremos para a trajetória da protagonista, como uma personagem envolta em sentimentos profundos e contraditórios, assim como amor é ódio para Jasão, carinho e desprezo para os filhos, e os sentimentos que consumiram a si mesma, abandono e solidão. Discutiremos como as imagens deste filme ilustram, e também evocam, subjetivamente tais sentimentos, sempre sublinhando os quatro elementos: terra, ar, fogo e água. Acentuaremos, ainda, como as cenas finais deste *thriller* podem engendrar a ideia de *eterno retorno* nietzschiana, enquanto uma prisão no instante, e assim, um louvor à afirmação da existência.

1 - MEDEIA: O PENSAMENTO MÍTICO EM PASOLINI & NIETZSCHE

> *A vida dos gregos brilha somente onde cai o raio do mito; fora disso ela é sombria. E precisamente dos mitos os filósofos gregos se privam: não é como se quisessem deslocar-se da luz do sol para a penumbra, a escuridão?* (Nietzsche. Humano, demasiado humano, ξ 261.)

Ao olhar para a totalidade da obra do polêmico diretor italiano Píer-Paulo Pasolini, podemos destacar um período de produção cinematográfica em que se destaca a releitura do teatro grego clássico, este período é denominado como "*fase do mito*", na qual podemos destacar os filmes *Edipo Re* - 1967, *Medea* - 1970 além de *Appunti per una Orestiade Africana* - 1970. Com este resgate da poesia trágica grega, Pasolini contrasta a realidade arcaica, dionisíaca, sagrada e profana, bárbara, violenta, pré--moral e agrária com o mundo moderno, racional e materialista.

Esse contraste é expresso continuamente em *Medeia,* em que podemos notar, a partir de uma linguagem cinematográfica, referência de um tempo que não é linear e nem histórico (tempo cristão), mas para o tempo cíclico, um eterno retorno. Isso é ilustrado no início do filme, durante um primitivo ritual de fertilidade dionisíaco, no qual sacerdotes da *polis* arcaica Cólquida sacrificam violentamente um adolescente, dilacerando-o e oferecendo seu sangue e suas entranhas para serem absorvidos pela terra, simbolizando sua constante renovação e fertilidade, uma vez que o jovem em sua puberdade representa em si a vitalidade, o que é novo e fecundo. Os restos do corpo são queimados e suas cinzas são espalhadas pelo vento, produzido por uma roda girada pela sacerdotisa Medeia, que profere: *Dá vida à semente e renasce com a semente*, sendo figurado então, com imagem e palavra, o eterno ciclo das coisas.

Nesse momento em que Medeia surge e oficializa o rito, está com um olhar extremamente profundo, está segura de si, extasiada com sua religião e seu passado, ela é neta do deus Sol, e estas relações que a personagem estabelece com o mundo antigo são experiências concretas, inclusive são experiências corporais.

No que diz respeito a esse rito, Nietzsche também vai falar em sua obra *O nascimento da tragédia*, de um dionisíaco bárbaro: marcado por um frenesi sexual desenfreado, um retorno à bestialidade, uma crueldade exacerbada há em seus rituais, numa fusão entre homem e natureza. Nas celebrações desse dionisíaco asiático, não eram respeitados laços consanguíneos, e, até mesmo, relações hierárquicas são desconstituídas, todos eram tomados por uma "música" dionisíaca que, particularmente, excitava-os com um arrepio de terror.[161] O filme corteja esses aspectos que Nietzsche assinala do dionisíaco estrangeiro, quando percebemos a sonoridade primitiva que é a perturbadora música misturada aos gritos durante o ritual e também a dessacralização do poder quando o povo cospe nos representantes de Cólquida, surram Apsirtes, irmão de Medeia, e a própria sacerdotisa é colocada na trave onde o mancebo foi executado.

Mas no que diz respeito às experiências corporais, consequentemente, ao resgate da consciência mítica e seu contraste com a razão, outro momento é ainda mais ilustrativo do que as cenas do ritual já descrito, trata-se das cenas iniciais do filme, o prólogo. Inicia-se com Jasão ainda criança, com 5 anos e com o Centauro, seu preceptor, figura mítica e ambígua que admite em si as contradições entre: ser animal e homem, de ser instinto e razão, sagrado e profano, sentimento e linguagem.

O Centauro inaugura a película anunciando ao tenro Jasão sua genealogia, e que este é descendente do deus dos ventos Éolo, filho do filho de Artamante, e que seu pai havia sido morto pelo próprio irmão Pélias, o qual usurpou o reino. Mas dentre as histórias míticas de carneiros de ouro e genealogias de deuses narradas pelo Centauro, o que dá profundidade a essa personagem híbrida e enigmática é precisamente a anunciação de uma consciência mitológica da realidade:

> Tudo é santo, tudo é santo, tudo é santo. Não há nada natural na natureza, meu menino. Guarde isso. Quando a natureza te parecer natural, tudo terá acabado. E começará algo de novo. Adeus céu! Adeus mar! Que belo céu, próximo! Feliz! Diga, não parece mesmo nada natural cada pedacinho dele e que pertence a um deus? Assim como o mar, neste dia em que faz 13 anos e está pescando com o pé na água morna. Olhe atrás de você, e o que você vê?

161 NIETZSCHE. *O nascimento da tragédia*, p. 26.

> Talvez alguma coisa de natural? Não é uma miragem, como as nuvens que se espelham na água parada, pesada de três horas da tarde... Olhe lá longe, em cada ponto em que seu olho pousa está escondido um deus, e se por acaso não está aqui, deixou sinal de sua presença sagrada. Ou silêncio, ou cheiro de erva, ou frescor da água doce. Sim, tudo é santo. Mas a divindade é também uma maldição: deuses que amam e odeiam ao mesmo tempo.

No momento dessa fala de Centauro, Pasolini nos presenteia com um plano panorâmico enquadrando num momento Jasão ao fundo, em outro, o próprio Centauro, os dois pequenos diante da grandeza da natureza.

E nesse discurso é incitada uma possibilidade de compreensão puramente mítica da realidade, na qual o corpo é o único instrumento para percepção da realidade - o *pé na água morna*, as nuvens refletidas, o cheiro da erva, o frescor da água doce - o que é atestado na cena subsequente, na qual Jasão já aparece adulto e o Centauro assume uma forma humana e diz que *Para o homem antigo, o mito e os rituais eram uma experiência concreta que o compreendem até em seu existir corporal e cotidiano.*

Paradoxalmente a esse novo Centauro antropomórfico figura outra espécie de tentativa de compreensão da realidade e de linguagem, não mais a mítica e puramente corporal, mas agora a racional, ele contesta o mito e privilegia a razão e adverte Jasão que o que foi ensinado até então não lhe terá mais serventia.

Esse regresso à antiguidade das tragédias áticas, essa tentativa de resgatar o sentido dos mitos e colocá-los em dicotomia com a razão está presente em toda a primeira fase de Nietzsche e, de certo modo, acompanhará toda a trajetória de sua obra. O filósofo sempre vai primar a linguagem poética, musical, instintiva e corporal, ou seja, a mitológica diante da gramática, a lógica e fundamentalmente a razão.

Essa dicotomia já está presente em sua primeira grande obra, o *Nascimento da tragédia*, em que o autor investiga os enigmas e significados do momento de intensidade máxima dos poderes criativos da cultura grega, a saber, o surgimento da tragédia grega. Essa forma maior de expressão do pensamento mítico emergiu para os palcos quando houve uma efetiva união entre os instintos apolíneo e dionisíaco. Em outras palavras, quando por meio da medida e da serena forma de Apolo, o Dionisíaco bárbaro, já citado, é destituído de sua força destruidora e se torna impulso artístico, assim os universos da imagem e da música se unem - e da mesma maneira que a união dos sexos opostos gera uma nova vida - criam o momento superior da civilização grega.

Da mesma maneira que Nietzsche desvela o nascimento da tragédia, se vê obrigado a investigar os motivos de seu ocaso. O curioso é que o filósofo alemão aponta para Eurípides - o mesmo criador da tragédia que Píer-Paulo Pasolini transformou em filme - como um dos responsáveis pela decadência do mito trágico.

Eurípides, o dramaturgo grego de Medeia, é acusado por Nietzsche de inserir o prólogo no teatro, assim destruindo o seu efeito trágico, além de inserir o espectador no palco. Em nosso filme analisado, a função deste prólogo é feita pelo Centauro: "esse personagem, misto de racionalidade e irracionalidade da narrativa trágica euridipiana, simboliza a figura do narrador, artifício introduzido por Pasolini, cuja função é atuar como uma espécie de porta-voz entre o espectador e o espaço fílmico",[162] ele introduz o drama e o espectador no drama, de certa maneira prenunciando os acontecimentos futuros. Além da inserção do prólogo, Eurípides também deixa a tragédia corriqueira, insere o homem comum, diferente de Ésquilo e Sófocles, são as paixões de uma estrangeira traída que estão em jogo, não mais as forças titânicas da natureza.

Mas para Nietzsche quem desferiu o último golpe na tragédia foi Sócrates, que começaria algo totalmente novo na história do ocidente, o império da razão, a tragédia passa a ser inteligível. Com Sócrates é inaugurado uma nova forma de compreensão da realidade, ou, em outras palavras, de explicação da realidade. Tudo precisa ser justificado racionalmente, a nova lógica não admite mais a contradição, com a dialética o que é contraditório é erro. Diferente do pensamento mítico que o que é homem também pode ser animal, o que é deus também é mortal. A contradição também faz parte dos instintos, que ao mesmo tempo em que amam, também odeiam.

Pasolini nos ilustra essa contradição novamente no personagem Centauro, o qual aparece novamente em uma visão produzida por Jasão. Dessa vez o Centauro aparece em duas personas, uma na forma ambígua de cavalo-homem e a outra na forma humana. Um sagrado, conhecido por Jasão menino, outro profano quando se tornou adulto. O sagrado havia permanecido, mas na forma profana, o Centauro novo vem substituí-lo, não o fazendo desaparecer, mas tomando o lugar dele. O Centauro sagrado não podia se fazer compreender, pois sua lógica é diferente, por isso a necessidade deste novo personagem de forma humana. O primeiro inspira os sentimentos que estão além dos cálculos e interpretações racionais de Jasão. O segundo tem a função de exprimir esses sentimentos. Assim, mais uma vez, de forma oracular, é apresentado por Pasolini a antinomia entre o Centauro sagrado, que representa os instintos e sentimentos, e o profano, que é a linguagem, os novos signos sob o crivo da lógica.

162 JUSTINO FILHO, Jairo. "Do conceito de imagem-tempo no discurso fílmico de Pasolini: uma releitura de Medeia".

Em *Ecce Homo*, Nietzsche ressalta essa antinomia, escrevendo: "Sócrates pela primeira vez reconhecido como instrumento da dissolução grega, como típico *decadente*. Racionalidade contra instinto. A racionalidade a todo preço, como força perigosa, solapadora da vida!".[163] Aqui temos expressa a dualidade entre corpo e razão, consequentemente uma nova forma de linguagem, que para o filósofo é enganadora.

163 NIETZSCHE. *Ecce Homo*, p. 60.

2 - MEDEIA: ABANDONO, SOLIDÃO E INSTANTE EM LARS VON TRIER & NIETZSCHE

Ó, solidão! Pátria minha! Como a
tua voz me fala celestial e afetuosamente!
(NIETZSCHE, Assim falou Zaratustra)

Outra película, completamente dilacerante, baseada na obra de Eurípides, foi feita pelo polêmico diretor dinamarquês Lars von Trier (baseada no script do diretor Carl T. Dreyer), produzida para a TV do mesmo país em 1987-1988. Conta com efeitos de sobreposição das personagens em cenas desconexas, ora para ressaltar um sentimento, ora para compreensão de algum acontecimento de maior relevância para o entendimento do roteiro. Lars von Trier, diferentemente de Píer-Paulo Pasolini, não insere elementos míticos gregos em seu filme, além de algumas breves citações de um oráculo, mas, sobretudo, é destacada a evolução de sentimentos complexos e antagônicos na protagonista, pathos, capazes de consumi-la e até os personagens que a cercam, na medida em que estes se inserem em seu insaciável plano de vingança.

A primeira cena já anuncia a profundidade das imagens, assim como da interpretação dos atores. Nessa primeira cena encontramos Medeia deitada na areia aguardando a subida da maré que aos poucos vai submergindo-a. Os movimentos de câmera e principalmente as interpretações corporais da atriz nos evocam um terrível mal-estar, assim como suscitam uma solidão crepuscular.

As imagens dessa primeira locação são um prenúncio das habilidades de Medeia, ela está só, mas está em contato com a terra e a água. Ela é a estrangeira solitária, mas também é a feiticeira que sabe interpretar a natureza e o oráculo, o que causa arrepio em seus inimigos. Pode usar sua sabedoria para curar a esterilidade ou ferir, levar à loucura e à morte. Outro aspecto marcante nessas primeiras cenas, e que vão percorrer todo o filme, é a onipresença da água em um ambiente nebuloso e hostil. Sem dúvida essas características do cenário são alegorias do próprio interior de Medeia, que, mesmo tomada por sentimentos nebulosos, mesmo depois de abandonada, espancada sempre se mantém fria como a água, sempre meticulosa e calculista, como se conhecesse seu curso a seguir, destruindo e penetrando qualquer obstáculo como as marés.

Outro elemento que é bastante utilizado pelo diretor dinamarquês, presente em vários momentos do filme, é o fogo, este com certeza também faz referência aos sentimentos que consomem nossa trágica heroína. O fogo heraclíteo que transforma tudo em seu contrário, que transforma o amor em ódio, vida em morte. "Do oriente longínquo vem o fogo, que dá vida, que purifica, que coze, mas que também reduz a cinzas. E é sempre a vida que se almeja quando se vai."[164]

164 WEBER, José Fernandes. Formação *(bildung)*, educação e experimentação sobre as tipologias pedagógicas em Nietzsche, p. 37.

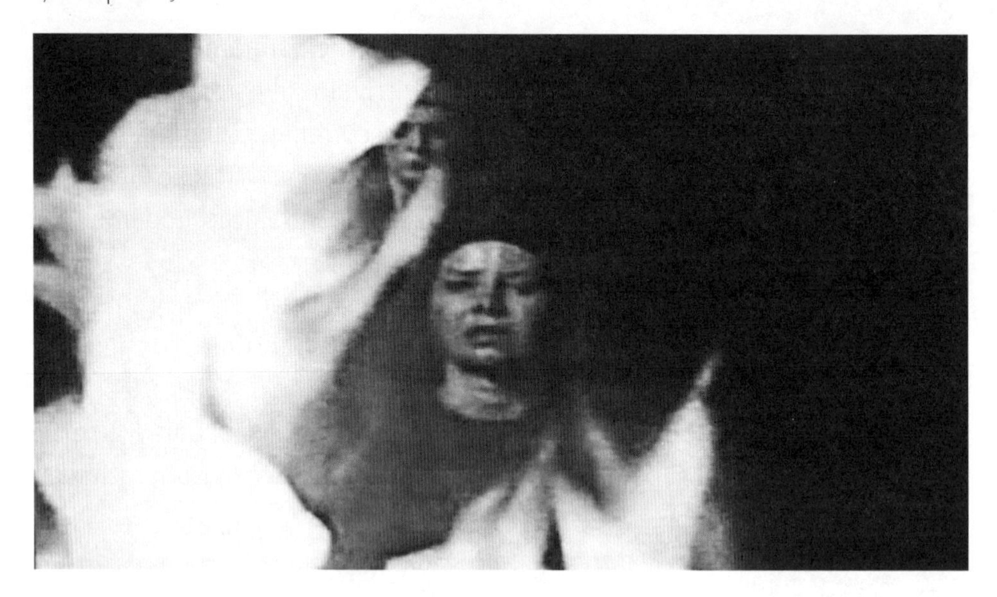

Empédocles é o filósofo que fala destes elementos (terra, fogo, água e ar), que são originários: tudo provém da mistura desses elementos, dada pelos ciclos do amor e ódio; quando prevalece o amor unem-se os elementos, quando sobressai o ódio separam-se. Medeia ante a chama ouve a voz do ódio, quer os filhos mortos para ferir Jasão, ouve a voz da solidão que a corrói dolorosamente, e mesmo assim opta pela solidão.

Mas não é precisamente essa a tragédia da Medeia dinamarquesa, a solidão? Ou confundir a solidão, não dar conta da solidão? Desde os primeiros movimentos dessa tragédia, observamos a personagem imergida nesse sentimento tão contraditório. Primeiramente, Medeia não suporta a solidão. Quando se descobre abandonada por seu amante Jasão, e também que será exilada, a solidão a consome de tal modo a ponto de exclamar à sua criada:

> *Queria estar morta! A morte traria paz. Minha vida é vazia como a cama - que costumávamos dividir (...) Já não tenho o homem ao qual servi. Eu fui apenas sua presa. Desejo voltar à minha terra natal, desejo ver minha mãe, irmãs, todos. Desejo vingança.*

No entanto, o engodo arquitetado por Medeia para inverter sua situação, paradoxalmente a insere em uma mais terrível solidão. Em outras palavras, o meticuloso plano de vingança, pendurar os filhos numa trave de expiação para os pecados do pai, deixam Medeia em um estado ainda maior de abandono e solipsismo. O que nos é nitidamente visível nas cenas subsequentes ao enforcamento.

A solidão também é um tema bastante recorrente na filosofia de Nietzsche, principalmente no tocante à sua obra enigmática *Assim falou Zaratustra*. Embora em nosso filósofo este tema seja de difícil interpretação, podemos observar que o problema da solidão não é de estar só, ficar só, mas de ser só, enquanto "condição ontológica fundamental que a sociabilidade apenas repara".[165] A solidão parece insuportável, não apenas porque se dá o encontro consigo próprio, mas porque nela se encontra a nulidade e a supressão do sujeito. É preciso ter pulmões fortes para suportar os ventos gélidos da solidão, pois é a partir desta nulidade que nos superamos, e superamos tudo que está abaixo de nós:

> *Quando chego em cima, sempre me encontro só. Ninguém me fala; o frio da solidão faz-me tiritar. Que é que quero, então, nas alturas? O meu desprezo e o meu desejo crescem a par; quanto mais me elevo mais desprezo o que se eleva? Como me envergonho da minha ascensão e das minhas quedas! Como me rio de tanto anelar! Como odeio o que voa! Como me sinto cansado nas alturas!*[166]

O solitário Zaratustra de Nietzsche, a cada movimento de retorno à sua caverna e à sua solidão, ao retornar à companhia de homens é cada vez menor, mas a cada descida torna-se cada vez mais forte: "Ó, solidão! Pátria minha! Como a tua voz me fala celestial e afetuosamente!"[167]

Mas então, qual o problema de nossa primeira personagem que parece se afogar em solidão? Ora, ainda em uma perspectiva nietzschiana de *Assim falou Zaratustra*, há uma distinção entre abandono e solidão:

> *Uma coisa é o abandono, e outra a solidão; eis o que aprendeste agora! Que entre os homens serás sempre selvagem e estranho mesmo que te amem; porque, primeiro que tudo querem que se lhes guarde consideração.*

---

165 WEBER, José Fernandes. Idem, p. 6.
166 NIETZSCHE. Assim falou Zaratustra. *Da árvore e da montanha*, p. 35.
167 Idem. O regresso, p. 177.

Sinopse do filme *Persona*

Título: *Persona*
Direção: Ingmar Bergman
Roteiro: Ingmar Bergman, baseado em história de sua autoria.
Produção: Ingmar Bergman
Elenco: Bibi Andersson, Liv Ullmann, Margaretha Krook, Gunnar Björnstrand, Jörgen Lindström
Suécia, 1966, 82'

Após um desempenho na peça "Electra", uma famosa atriz, Elisabeth Vogler (LIv Ullmann), para de falar. Seu mutismo em relação aos que a rodeiam é total. Sua psiquiatra, Lakaren (Margaretha Krook), a deixa sob os cuidados de Alma (Bibi Andersson), uma dedicada enfermeira. Como já faz três meses que Elisabeth não profere uma palavra, Lakaren decide que ela deve ser mandada para uma isolada casa de praia, com Alma.

Na casa Alma fala pelas duas, ou seja, ela fala compulsivamente e Elisabeth continua muda, comunicando-se apenas com pequenos gestos. Com o convívio Alma fica profundamente "siderada" pela atriz, fazendo uma forte relação transferencial com ela. Num dia conta para Elisabeth sobre uma excitante experiência sexual que teve numa praia, com desconhecidos, e a consequência desagradável disto. Elisabeth relata em carta à sua psiquiatra "confidências" que Alma havia feito a ela de suas experiências, inclusive as sexuais. Pela primeira vez um desacordo nascia. A casa de praia transforma-se em Campo de Agramante, num lugar de paredão existencial. Instalação do absurdo.

Pouco depois de fazer essa confidência ela lê uma carta que Elisabeth tinha escrito, na qual fica chocada ao descobrir que a atriz pensa nela como um divertido objeto de estudo. Alma fica encolerizada. Quem conhece a própria cólera? Diz Merleau-Ponty (1999, p. 250) ao tecer suas análises sobre o corpo em *Fenomenologia da percepção*: "Do interior, eu conheço muito mal a mímica da cólera".

Quando Alma sente sua confiança traída, na medida em que descobre o jogo psicológico de sua "paciente", ela volta-se contra Elisabeth e os papéis que representavam até o momento são invertidos. Tudo se mistura numa troca de olhares e é como se houvesse uma inflação do passado no presente e do presente no passado, ameaçando o futuro que a cada instante se imbrica com a temporalidade atual. Os olhares em alguns momentos parecem ser solapados de ilusões cataclísmicas entremeadas de angústia unindo polos compulsivos e depressivos. Por fim, as duas voltam da praia depois de cenas de silêncio, explosões de fala (por parte de Alma), risos e lágrimas. Em nenhum momento ouve-se a voz de Elisabeth, pois é como se Bergman a divorciasse do significante para instalá-la no lugar do real, da angústia de existir.

Observa-se que Elisabeth retoma seu trabalho de atriz ainda que não ouçamos a sua voz. Bergman nos instala, no caso de Elisabeth, como se no cinema mudo: vemos, mas não ouvimos. Ele nos faz ouvir Elisabeth com a alma e não com os ouvidos. Alma retoma por seu turno as suas funções de enfermeira. Entretanto, Alma e Elisabeth jamais serão as mesmas tal qual o rio heraclítico, pois ambas já haviam passado pela experiência do revirão, do avessamento que provoca e convoca ao comparecimento ao lugar da não resposta, do não dito e do interdito, ou seja, do entre nós... Atrás da máscara de Alma há Elisabeth, atrás da máscara de Elisabeth há Alma. Uma é a dimensão possível da outra: *persona*.

Ambas já haviam sido coaptadas pela dimensão do estranho; agora seria possível fazer o atravessamento de Electra, pois Elisabeth conhecera o silêncio que é gerador do "*logos* da experiência estética". Por sua vez, Alma percebera que cuidar de alguém é poder vivenciar a possibilidade de ao final da análise/tratamento, o analista/o enfermeiro tornar-se resto, objeto usado e agora sem valor. A experiência da casa de praia foi a experiência do *u-topos*, do não lugar, do lugar nenhum que possibilitou dali por diante a Alma e a Elisabeth estarem em toda e em nenhuma parte: de corpo inteiro. Um pouco de Electra, mas também um pouco de Édipo.

Rose Mary Costa Rosa Andrade Silva

Persona: a experiência do absurdo e a da evidência absoluta.

Rose Mary Costa Rosa Andrade Silva [168]

"Escrever é traçar linhas de fuga,
que não são imaginárias,
que se é forçado a seguir."
Deleuze

"O fim, a finalidade de escrever? Para
além ainda de um devir-mulher,
de um devir-negro, animal, etc., para
além de um devir-minoritário, há o
empreendimento final de devir-imperceptível.
Deleuze

1 - PRÓDROMOS DE UMA SUPOSTA ANÁLISE

Há no início do filme uma sequência de imagens que Bergman chamou de "poema visual", que tenta mostrar a situação na qual nasceu o filme, mas ao mesmo tempo nos dá indicativos acerca do filme e da situação sintomática de Elisabeth Vogler (LIv Ullmann) na medida em que mostra o silêncio diante da própria dor de existir. A vida para Vogler é absurda e evidente, daí o seu silêncio, daí a sua apatia (?):

> "A experiência do absurdo e a da evidência absoluta implicam-se uma à outra e são até mesmo indiscerníveis. O mundo só parece absurdo se uma exigência de consciência absoluta dissocia a cada momento as significações das quais ele formiga e, reciprocamente, essa exigência é motivada pelo conflito dessas significações." (Merleau-Ponty: 1999, p. 397).

168 Rose Mary Costa Rosa Andrade Silva é professora associada da Universidade Federal Fluminense e mestranda em Filosofia da Universidade do Estado do Rio de Janeiro.

Algo que nos chama a atenção é a cena do cordeiro imolado e tal qual a profecia do livro do profeta Isaías, ele (o cordeiro) não abre a sua boca diante de seu cruel destino, diante de seus tosquiadores:

> "Ele foi oprimido e afligido, mas não abriu a sua boca; como um cordeiro foi levado ao matadouro, e como a ovelha muda perante os seus tosquiadores, assim ele não abriu a sua boca." (Isaías 53.7).

Em seguida, temos mãos transfixadas em uma cena grotesca de crucificação que lembra a execução do próprio Cristo, que os evangelhos também fazem alusão ao seu silêncio nos momentos que antecederam a sua execução:

> "E, sendo acusado pelos príncipes dos sacerdotes e pelos anciãos, nada respondeu. Disse-lhe então Pilatos: Não ouves quanto testificam contra ti? E nem uma palavra lhe respondeu, de sorte que o presidente estava muito maravilhado." (Evangelho de Mateus 27.12-14).

Em certa medida podemos dizer que a sociedade e suas exigências podem ser a existência do tosquiador que exige a lã, que retira a lã, a natureza, aquilo que tenho de mais próprio, a minha identidade, as minhas proteções. A sociedade que "surta" Elisabeth Vogler seria a civilização do ódio apontada por Lacan? Parece que Elisabeth Vogler escolhe fazer a subversão do "caminho da corrida para a destruição", mas isso tem um preço a ser pago: é preciso silenciar, para não mais cair na malha fina do ódio que "se reveste no nosso discurso comum". Lacan nos "Escritos Técnicos de Freud, no Livro 1", fala algo genial que é:

> "... já somos muito suficientemente uma civilização do ódio. O caminho da corrida para a destruição não está verdadeiramente bem traçado entre nós? (é uma inquietante pergunta) O ódio se reveste no nosso discurso comum de muitos pretextos,

> encontra racionalizações extraordinariamente fáceis. Talvez seja este estado de floculação difusa do ódio que satura em nós o apelo à destruição do ser. Como se a objetivação do ser humano na nossa civilização correspondesse exatamente ao que, na estrutura do ego, é o polo do ódio" (Lacan: 2009, pp. 361).

Diante da existência Vogle cala-se e calar-se é diferente de estar "afônico". Vogle escolhe calar-se. Merleau-Ponty em *Fenomenologia da percepção* observa que:

> "Estar afônico não é calar-se: só nos calamos quando podemos falar. Sem dúvida, a afonia não é uma paralisia, e a prova disso é que, tratada por medicamentos psicológicos e deixada livre por sua família para rever aquele a quem ama, a moça recupera a fala" (Merleau-Ponty: 1999, p. 223).

2. A QUEDA DA IMAGO PATERNA

A revolta de Electra é também, em certa medida, descobrir que não se tem mais o pai. Se o pai lembra a lei, a interdição, o pai também lembra proteção. É preciso vingar a morte do pai. É preciso recuperar o pai por meio da morte da mãe. Não seria este o plano de Electra? Assumir a queda da máscara teatral de Vogler é assumir a ausência do pai. É assumir a presença da ausência. É o despertar da hiânsia originária. É estar diante da experiência do cais, do "revirão", do furo originário, do esburacamento, do buraco que recusa o tamponamento. Diante de tal hemorragia só resta o choque.

Elisabeth Vogler, quando começa a prescindir de sua "máscara", está dramatizando a peça "Electra" de Sófocles. Algo de extrema relevância encontramos em Sófocles: "O silêncio dá graça às mulheres". (Sófocles, Ájax, pp. 405-408).

Electra era serva no palácio do pai, Elisabeth Vogler era atriz, mas serva; famosa, porém estranha:

> Electra: (...) como qualquer estranha sem direitos sou serva no palácio de meu pai, vestida nessa roupa degradante de pé, em frente à mesa sem convivas (SÓFOCLES, 1965, pp. 175-178).

Electra é heroína trágica na medida em que na Grécia é usual a representação de heroínas fortes, que não aceitam o papel de "ser decorativo" e este é o ponto de Elisabeth Vogler. Aí está o ponto de disparo e desenvolvimento da dor de existir de Vogler. O silêncio de Vogler é a fala de Electra. O silêncio de Vogler e a fala de Electra formam a palavra que está além do discurso, seja ele dito ou não dito. O inquérito de Lacan nesse sentido não cessa de se inscrever: "... qual é a estrutura dessa palavra que está para além do discurso?" (Lacan: 2009, p. 348).

É preciso lembrar que a interdição da fala não é a interdição do pensamento, pois ele é sussurrante de falas que nos acompanham, que nos atravessam. Merleau-Ponty no capítulo da *Fenomenologia da percepção* em que discute a questão do corpo parece indicar algo que para nós ajuda a fazer o caminho desta reflexão ao dizer que:

> "Mas, na realidade, esse pretenso silêncio é sussurrante de falas, esta vida interior é uma linguagem interior. O pensamento 'puro' reduz-se a certo vazio da consciência, a uma promessa instantânea." (Merleau-Ponty: 1999, p. 249).

Bergman fala de Vogler e ressalta que:

> "A senhora Vogler tem amor à verdade. Procurou-a em tudo, na vida, e, às vezes, lhe pareceu encontrar algo que estava perto dela. Existente, duradouro. Mas, de repente, a vida a traía. A verdade então se desvanecia, desaparecia ou, no pior dos casos, se transformara numa mentira." (BERGMAN, Ingmar. Imagens. São Paulo: Martins Fontes, 1996, p. 59).

Vogler sentia que *a vida a traía* porque o homem é complexidade reflexiva, pois não pode desfazer-se do seu eu e da sua relação consigo mesmo. Viver é estar na perspectiva constante da tensão de contrários logicamente incompatíveis. Vive-se, portanto, a angústia e ela é fator que desencadeia ruptura qualitativa; é paradoxo da existência: derrisão e contradição do que é; do que será e do que já foi, mas que continua dentro e fora de nós.

Vogler, como cada ser humano, tinha uma ferida que trouxera ao mundo e dessa ferida falou o paciente do *Médico da Aldeia* ou *Médico Rural de Kafka* (1999) quando disse, num dramático diálogo ao médico: "*A única coisa que eu trouxe ao mundo foi uma bela ferida; foi esse o meu único legado*". Ele faz alusão aqui a uma ferida por assim dizer originária, que se identifica com o vazio originário, mas a ferida é chamada de bela porque é ela que nos faz sair da vida inautêntica e fazer uma ruptura viril com um olhar que Merleau-Ponty chamou de "sobrevoo".

Outro aspecto também pode ser abordado: as semelhanças são invertidas: Elisabeth é a mãe que não deseja o filho, enquanto Electra é a filha rejeitada pela mãe. Lacan tem uma fala que relembra Jung ao dizer que: "Tudo está aí, na sombra" (Lacan: 2009, p. 350), pois é possível interpretar o filho da atriz como sua "sombra", já que foi recusado por sua *persona.*

3 - O DETERMINISMO DA MÁSCARA: ESTAMOS CONDENADOS A SER... *PERSONA*

A intervenção da médica é muito relevante, pois ela concentra num diálogo/monólogo o complexo contexto, no qual se encontra Elisabeth Vogler:

> "... estar alerta em todos os momentos. A luta: o que você é com os outros o que você realmente é. Um sentimento de vertigem e a constante fome de finalmente ser exposta. Ser vista por dentro, cortada e até mesmo eliminada. Cada tom de voz, uma mentira. Cada gesto, falso. Cada sorriso, uma careta. Cometer suicídio? Nem pensar. Você não faz coisas

desse gênero, mas pode se recusar a se mover e ficar em silêncio. Então, pelo menos não está mentindo. Você pode se fechar, se fechar para o mundo. Então não tem que interpretar papéis... fazer caras, gestos falsos. Acreditaria que sim, mas a realidade é diabólica. Seu esconderijo não é a prova d'água. A vida engana em todos os aspectos. Você é forçada a reagir. Ninguém pergunta se é real ou não... se é sincera ou mentirosa... Isso só é importante no teatro, talvez nem nele. Entendo por que você não fala, por que não se movimenta. Sua apatia se tornou um papel fantástico. Entendo e admiro você. Acho que deveria representar este papel até o fim até que não seja mais interessante. Então pode esquecer como esquece seus papéis." Lakaren, a psiquiatra de Elisabeth Vogler (Margaretha Krook).

Lakaren mostra que a apatia de Vogler era o seu *devir* mais pleno, mais radical, na medida em que era a sua sobriedade, a sua simplicidade, seu deserto, seu povoado: "*Devir é tornar-se cada vez mais sóbrio, cada vez mais simples, tornar-se cada vez mais deserto e, assim, mais povoado*". (DELEUZE & PARNET: 1998, p. 24).

Lakaren, em certo sentido, mostra a Elisabeth Vogler que ela ao mesmo tempo em que sai da condição de *persona*, continua sendo *persona*, pois agora já vive outro papel. A diferença é que dessa vez ela é quem escolheu. Agora Elisabeth Vogler "pode se recusar a se mover e ficar em silêncio", como disse sua psiquiatra, e isso Alma não percebeu. Vogler escolheu também ser "analista" de Alma e o seu silêncio foi o "setting" fundamental para que Alma cedesse a esta "provocação". Como Electra, Vogle de vítima passa a ser uma vingadora. Estabelece-se nessa invertida relação enfermeira-paciente uma perspectiva sado-masoquista entre Vogler e Alma. Instaura-se aqui uma convocação para que saiamos de um lugar cômodo da trivialização da existência para comparecermos ao lugar da interrogação pelo sentido do ser. A razão habitual que utiliza o princípio de não contradição, não dialético, que separa tempo e eternidade perde aqui o seu eixo de gravidade. A convocação para o comparecimento ao lugar da ausência de fim, de *telos*, rói e nos lança no sentimento de absurdo.

Aqui gostaríamos de fazer uma modesta reflexão naquilo que Lacan considerou ao falar de masoquismo: "... uma relação que constitui a forma derradeira do que chamamos, na análise, de masoquismo, isto é, aquilo mediante o qual o sujeito apreende a dor de existir" (Lacan: 199, p. 266). Trata-se, pois, de considerar o masoquismo então como certo aprendizado na medida em que nele aprende-se a dor de existir.

É preciso lembrar que a relação médico-paciente, analista-analisando, enfermeiro-paciente é sempre intersubjetividade e como tal pressupõe risco e também passagem da coisa ao simbólico. Lacan nos ensina que:

> "A intersubjetividade é, de início, dada pelo manejo do símbolo, e isso desde a origem. Tudo parte da possibilidade de nomear, que é, ao mesmo tempo, destruição da coisa e passagem da coisa ao plano simbólico, graças ao que o registro propriamente humano se instala" (Lacan: 2009, p. 285).

4 - A CARTA: O ESTUDO DE CASO

Vogler foi objetivada e agora era a sua vez: ela objetiva Alma. Alma se transformou em um estudo de caso. Alma não é mais uma enfermeira. Alma é o caso de Vogle e a casa de praia da Dra. Lakaren o laboratório perfeito, ou melhor, o divã perfeito. É o retorno de Orestes, é o retorno do recalcado, de toda a dor que clamava por vingança pela morte do pai, pela morte de Agamênon. Alma se vê em desespero.

A senhora Vogler nutre-se literalmente do produto que o outro possui, pelo sangue que chupa do braço de Alma. A relação intersubjetiva é a possibilidade de "vampirização" do outro. Mas o desejo de vampirização é desejo pelo outro. É desejo de ter o outro. É também dizer: preciso de você. Sozinho não me basto. Desejo é demanda originária que não cessa de se inscrever. Lacan, no Livro 5, *as formações do inconsciente*, ao dissertar a partir das *máscaras do sintoma* esclarece que: "O desejo articula-se necessariamente na demanda, porque só podemos aproximar-nos dele por intermédio de alguma demanda" (Lacan: 199, p. 341). Trata-se, pois, de considerar a instância de hiância que subjaz na existência tanto de Vogler como na de Alma. Ambas estão diante da dramática da existência, pois ela é, em certa medida, abertura a um além de si mesma.

Em um trecho da carta Vogler diz:

> "... Alma cuida de mim, me mima de modo comovente. Acho que ela gosta daqui e tem grande estima por mim, talvez esteja apaixonada de uma maneira inocente e encantadora. De qualquer modo, é muito interessante **analisá-la.** Às vezes ela chora por pecados do passado. Uma orgia com um menino e um aborto subsequente. Ela diz que suas percepções não correspondem com as suas ações."

A partir daí Alma entra numa espécie de "reação terapêutica negativa" sem saber que era analisada. Lacan em *A fantasia para além do princípio do prazer* chega a dizer que quando ela ocorre "não ter nascido pode afigurar-se um destino melhor, por tudo o que acontece com o ser" (Lacan: 1999, p. 253). É exatamente aí que Alma começa uma descida ao mundo das "sombras" para não esquecer Jung; parece que ela entra num movimento de desintegração existencial, começa uma espécie de derrocada pelo fato de que ela havia atravessado um rio e havia destruído a ponte que poderia fazer o retorno atrás dela. Merleau-Ponty: 1999, p. 541, nos ensina que:

> "Assim, a linguagem pressupõe uma consciência da linguagem, um silêncio da consciência que envolve o mundo falante e em que em primeiro lugar as palavras recebem configuração e sentido."

5 - A DOR DA ALMA DE ALMA

A dor da alma de Alma era a de que não se sentia amada por Elisabeth Vogler e Vogler o sabia muito bem. Alma implorava tacitamente pelo reconhecimento, pela piedade de Vogler, pela sua "compaixão". O que queria Alma? Reconhecimento. Uma única palavra: reconhecimento do sujeito, algo que Vogler nunca lhe deu. Diz Lacan em *O desejo do gozo*:

> "O discurso inconsciente não é a última palavra do inconsciente, ele é sustentado pelo que é de fato a mola última do inconsciente, e que não pode ser articulado senão como desejo de reconhecimento." (Lacan: 1999, pp. 266-267).

Não seria, talvez, também essa a questão de Electra? Quanta humilhação Electra não passou até que chegasse Orestes? Do que se vinga Electra? Da morte do pai ou da morte da esperança do amor da mãe? Não seria a vingança da morte do pai em Electra um caso de má-fé sartreana? Como diz Lacan:

> "Nem que seja por meio de uma mentira, desde logo articulada no nível dos mecanismos que escapam à consciência. Desejo de reconhecimento que sustenta, nessa oportunidade, a própria mentira, e que pode apresentar-se, numa falsa perspectiva, como mentira do inconsciente." (Lacan: 1999, p. 267).

Alma lembra Schpenhauer ao falar de compaixão. Ela diz:

> "Achei que grandes artistas tinham compaixão, que criavam por meio da compaixão e da necessidade de ajudar. Que bobagem... Você me usou. Não sei para quê. Agora que você não precisa mais de mim, você me ignora."

Alma parece agora passar para o polo oposto da relação: o ódio. Só que não há amor sem ódio. No Seminário 20, 1972, encontramos a peremptória afirmação de Lacan: "(...) a análise nos incita a esse lembrete de que não se conhece nenhum amor sem ódio". Esse era o problema da alma de Alma: coexistia amor e ódio por Vogler. É por isso que Alma já não vê mais apenas seu rosto, mas uma fusão. O rosto hibridizado torna-se uma estética; estética do horror sim, mas também poesia na medida em que "o amor é a poesia" (Lacan: 2009, p. 314).

Alma agride Vogler, implora seu perdão, torna a agredi-la e fica num ciclo que roda sobre si mesma, sobre suas próprias culpas. Alma adoece porque o inconsciente é ético: "o estatuto do inconsciente, que eu lhes indico tão frágil no plano ôntico, é ético" (Lacan, 1979, 37). A dor de existir é também essa. Alma e Vogler estão entregues à dissipação dos sentidos. Há um gozo desencantado. Há um movimento de descida à instância da desmitologização. Parecia haver em Bergman (1996, p. 48) uma fome de mostrar isso a cada um de nós e ele mesmo nos diz que:

> A criação artística em mim manifesta-se sempre como um tipo de fome. Foi com grande satisfação que constatei essa minha necessidade, embora em toda minha vida nunca tenha perguntado como é que tal fome surgiu, nem exigi terminantemente satisfazê-la.

Alma desespera-se ao sentir-se "traída" por Vogler. Entra em crise nervosa e entra numa espécie de cegueira. É o momento da crise de perceber-se objeto/paciente/frágil. Merleau-Ponty lembra-nos que:

> "Quando a crise nervosa chega ao seu paroxismo, mesmo se o paciente a procurou como o meio de escapar de uma situação embaraçosa e afunda-se nela como em um abrigo, ele *quase* não ouve mais, *quase* não vê mais, ele *quase* se tornou esta existência espasmódica e ofegante que se debate em um leito." (Merleau-Ponty: 1999, p. 225).

Parece não haver mais como sustentar a queda daquela imago. É preciso voltar para dentro da caverna. É preciso fingir que não se conheceu a luz? A angústia aí é a experiência avassaladora e Lacan diz:

> "Em suma, a angústia é correlativa do momento em que o sujeito está suspenso entre um tempo em que ele não

> sabe mais onde está, em direção a um tempo em que ele será alguma coisa na qual jamais se poderá reencontrar. É isso aí, a angústia." (Lacan, 1956-1957/1995, p. 231).

A grande lição que nos deixa Bergman parece estar justamente no silêncio de Bergman na medida em que ele nos obriga a reencontrar sob o ruído das falas o silêncio primordial. Sob o ruído das falas de Alma, encontramos o silêncio primordial de Vogler:

> "Todavia, está muito claro que a fala constituída, tal como opera na vida cotidiana, supõe realizado o passo decisivo da expressão. Nossa visão sobre o homem continuará a ser superficial enquanto não remontarmos a essa origem, enquanto não reencontrarmos, sob o ruído das falas, o silêncio primordial, enquanto não descrevermos o gesto que rompe esse silêncio. A fala é um gesto, e sua significação um mundo." (Merleau-Ponty: 1999, p. 250).

6 - ALMA E VOGLER: O *LOGOS* DO MUNDO ESTÉTICO EM *PERSONA*

Na lógica formal e transcendental, Husserl já falava de um "logos do mundo estético" e Merleau-Ponty se apropria do termo para falar de uma região ou zona que diz respeito ao nível pré-reflexivo, que subjaz à reflexão. Uma instância pré-teorética, que é antejudicativa.

Alma e Vogler estão imbricadas numa relação corpo-mundo e esse corpo é corpo de significações imerso no mundo sensível. Por ser corpo de significações é possível a relação intersubjetiva. Nessa medida, corpo e mundo formam juntos um corpo de significações que definem o *logos* do mundo estético:

> "... a primeira fala não se estabeleceu num vazio de comunicação porque ela emergia das condutas que já eram comuns e se enraizava num mundo sensível que já havia cessado de ser mundo privado (...). Esse mundo

sensível é o logos do mundo estético." (Merleau-Ponty, 1969-2002, p. 65).

Talvez o ponto fulcral seja a descoberta de que pelo corpo posso chegar até ao irrefletido de mim mesma. Pelo corpo interrompe-se a fala. Pelo corpo dou vazão à minha verborragia e à quebra do *setting* profissional. Pelo corpo chego ao que Merleau-Ponty chamou de ser bruto ou ser selvagem de mim mesma. Pelo corpo reconheço e conheço *trieb*: pulsão. E elas podem ser de vida e de morte.

O logos do mundo estético é este lugar que é não lugar, que tira do conforto do conhecido para dele desfrutarmos a experiência (*erlebnis*) de gratuidade que só tem a ver consigo mesma, sendo uma presença a si que nos abre para uma significação, ou seja, para a sua habitação. Vogler e Alma souberam habitar a experiência que como o tecelão trabalha pelo avesso, pois ele já é o seu "direito". A urdidura do silêncio de Vogler exprimiu-se nas palavras de Alma. O silêncio de Vogler fez surgir uma nova linguagem: a muda linguagem das palavras. As vozes do silêncio. A fala de Alma escondia as palavras e o silêncio de Vogler denunciava o que as palavras escondiam. É disso que fala o logos do mundo estético: do pré-reflexivo, lá onde o sentido nasce e agoniza.

Com efeito, é preciso retomar a vida a cada instante para continuar existindo. Às vezes, para se continuar vivo, é preciso criar linhas de fuga. Deleuze nos dá um importante esclarecimento:

> "O grande erro, o único erro, seria acreditar que uma linha de fuga consiste em fugir da vida; a fuga para o imaginário ou para a arte. Fugir, porém, ao contrário, é produzir algo real, criar vida, encontrar uma arma." (DELEUZE & PARNET: 1998, p. 40).

Vogler e Alma: duas mulheres, duas vidas, mas que se encontraram no logos do mundo estético, pois o corpo em certa medida deve ser visto como obra de arte na medida em que é inacabado, não é algo fechado, axiomatizado, há nele sempre uma inconclusão. O pré-reflexivo é o "logos do mundo estético", e "o homem está no mundo, e é no mundo que ele se conhece" (MERLEAU-PONTY, 1999, p. 6).

Alma e Vogler colocam em cena a problemática da verdade existencial como irredutível à verdade objetiva. Nesse sentido, o silêncio do corpo que percebe é antes de tudo o silêncio que instala o limiar do sentido. Sentido este que é ao mesmo tempo responsável pelo ato. O sentido do gesto não está contido no gesto como fenômeno físico ou fisiológico. O sentido da palavra não está contido na palavra como som. É a definição do corpo humano de se apropriar dos núcleos significativos que ultrapassam e transfiguram seus poderes naturais numa série indefinida de atos descontínuos. Crê-se poder dizer que:

> "O corpo que percebe possui uma estrutura que é a do ser-no-mundo. Essa estrutura se revela como um processo complexo de estruturação, cujo nível primitivo é a articulação do sentir realizada na coexistência do corpo-próprio-mundo-outro." (SILVA: 2009, p. 47).

7 - À GUISA DE (IN)CONCLUSÃO

Alma diz para Vogler repetir: "Nada: é assim que deve ser". É a expressão de certo niilismo, mas por mais que se tente negar ou nadificar, já se fez o que Lacan chamou "a travessia do fantasma", "gozo" mediado pelo silêncio de Vogle, vivência do "real, simbólico e imaginário" na perspectiva analista-analisanda. Convém dizer a todos que procuram lógica nos ditos e interditos: no Seminário XVII é dito que "a interpretação analítica está (...) na contramão do sentido comum".

Tanto Vogler como Alma foram atravessadas por uma "vida insuperável" (DELEUZE & PARNET: 1998, p. 13). Elas se moviam a cada momento no fluxo geral da existência. Não era questão de mudança, mas de movimento. Deleuze teve essa impressão de Guattari e afirmou em *Diálogos*:

> Poucas pessoas me deram a impressão de se mover a cada momento, não de mudar, mas de se mover todo por meio de um gesto que ele fazia, de uma palavra que dizia, de um som de voz, como um caleidoscópio que a cada vez faz uma nova combinação.

Bergman (1996, p. 49), ao nos brindar com Vogler e Alma, parece nos legar uma língua que *"passava ao lado da palavra"*, *uma "linguagem que literalmente fala da alma para a alma" e que por isso escapa "ao controle do intelecto".*

REFERÊNCIAS BIBLIOGRÁFICAS:

BERGMAN, Ingmar. *Imagens*. São Paulo: Martins Fontes, 1996.

BÍBLIA SHEDD - Edições Vida Nova, 2001.

DELEUZE, G.; PARNET, C. *Diálogos*. Trad. de Eloísa Araújo Ribeiro. São Paulo: Escuta, 1998.

LACAN, J. *O seminário*, livro 20. Rio de Janeiro: Zahar Editores, 1982, p. 122.

_____. O seminário, livro I. Rio de Janeiro: Zahar Editores, 2009, p. 314.

_____. O seminário, livro V. Rio de Janeiro: Zahar Editores, 1999.

KAFKA, Franz. *Um médico rural*: pequenas narrativas. Tradução: Modesto Carone. São Paulo: Companhia das Letras, 1999.

Merleau-Ponty, M. *Fenomenologia da percepção.* 2ª ed. (Moura, C. A. R., trad.). São Paulo: Martins Fontes. (Texto original publicado em 1945), 1999.

SILVA, Rose Mary Costa Rosa Andrade Silva. O conceito de corpo em Merleau-Ponty como tentativa de superação do dualismo psicofísico. In: TEIXEIRA, Enéas Rangel (org.). Psicossomática no cuidado em saúde: Atitude transdisciplinar. São Paulo: São Caetano do Sul, 2009, pp. 31-67.

Sinopse do filme *GHOSTH DANCE* (1983)

Direção: Ken McMullen
Direção de fotografia: Peter Harvey
Elenco: Pascale Ogier, Leonie Mellinger, Jacques Derrida (ele mesmo), Stuart Brisley, Robbie Coltrane, Dominique Pinon (vendedor/ guia), Barbara Coles (voz da mulher), Archie Pool (voz dos mitos), Ken McMullen (voz do homem).
Duração: 100 minutos

Ghosth dance é uma produção cinematográfica independente dirigida pelo britânico Ken McMullen, trata de algumas crenças que giram em torno da existência dos fantasmas e sua relação com a natureza do cinema. Explorando as experiências de duas mulheres em Londres e Paris, é analisada no filme a complexidade de nossas relações com os fantasmas. *Ghosth dance* é, então, permeado por uma série de realidades fantasmais. O filme, que tem em seu elenco Leonie Mellinger, Pascale Ogier, Robbie Coltrane, Dominique Pinon e o pensador francês de origem argelina Jacques Derrida, enfoca as considerações deste último sobre a fantasmalidade, ou seja, para ele os fantasmas são a memória de algo que nunca está presente. Essa não presencialidade fantasmal será, então, explorada. O cinema é a arte, segundo Derrida, de fazer retornar os fantasmas, uma batalha de fantasmas, a arte de trazer os espectros.

Dirce Eleonora Nigro Solis

Espectros: Derrida e o cinema

Dirce Eleonora Nigro Solis[169]

Para alguns, surpreende que Jacques Derrida, o autor que trouxe para o âmbito filosófico o pensamento da desconstrução, os quase-conceitos, a escritura e a *différance*, tenha tido também algum interesse pela questão do cinema. Observa- se, no entanto, que por ocasião das entrevistas filmadas concedidas a Bernard Stiegler sobre os meios de comunicação de massa - as *Écographies: de la Télevision* (1996), Derrida irá apontar para uma maneira nova de conceber a imagem: *Spéctographies*, incluídas em *Écographies*, nos apresentam a concepção espectral como fundamental para a compreensão da imagem televisiva e cinematográfica. O filme de Safaa Fathy, *D'Ailleurs Derrida* (1999), uma espécie de documentário sobre Derrida, e o livro *Tourner les Mots* (2000) escrito em parceria com a autora do filme, de origem egípcia, proporcionará abordagem significativa sobre a experiência do cinema. O filme-documentário *Derrida* (2002) de Amy Kofman, uma ex-aluna sua e Kirby Dick, testemunha que não há como suprimir o dispositivo cinema na abordagem da imagem. O filme utiliza vários movimentos de câmera, o que faz pertinente a afirmação de Derrida: "O olhar não tem idade".

Porém, é no filme de Ken McMullen, *Ghosth Dance* (1993) que encontraremos uma importante apresentação da temática que interessa a Derrida, a respeito do cinema e que iremos tratar aqui, a questão dos espectros.

Em 1983 essa produção cinematográfica independente - *Ghosth dance* - dirigida pelo britânico Ken McMullen - trata de algumas crenças que giram em torno da existência dos fantasmas e sua relação com a natureza do cinema. O filme tem Derrida como seu protagonista eminente. Explorando as experiências de duas mulheres em Londres e Paris, é trabalhada no filme a complexidade de nossas relações com os fantasmas. *Ghosth Dance* é permeado por uma série de realidades fantasmais. Tendo em seu elenco Leonie Mellinger, Pascale Ogier, Robbie Coltrane, Dominique Pinon e Jacques Derrida, enfoca as considerações deste último sobre a fantasmalidade, ou seja, para ele os fantasmas são a memória de

169 Dirce Eleonora Nigro Solis é professora do Departamento de Filosofia da Universidade do Estado do Rio de Janeiro.

algo que nunca está presente. Essa não presencialidade fantasmal será, então, explorada.

Reproduzimos aqui, de maneira adaptada, uma passagem:

Pascale Ogier - O senhor acredita em fantasmas?

Derrida - Eu não sei. A questão é difícil. Perguntar a um fantasma se ele acredita em fantasma. Aqui o fantasma sou eu. Desde que fui convidado para encenar meu próprio papel em um filme que é mais ou menos improvisado, tenho a impressão de deixar falar um fantasma em meu lugar. Paradoxalmente, em vez de desempenhar o meu próprio papel, deixo um fantasma ser o meu ventríloquo,[170] quer dizer, falar em meu lugar. O que é ainda mais divertido.

Derrida - O cinema é a arte dos fantasmas, uma batalha de fantasmas. Creio que o cinema, se não nos aborrece, é isto. É a arte de permitir aos fantasmas voltarem, de deixar retornar os fantasmas. É isso que estamos fazendo aqui.

Derrida continua: assim, se eu sou um fantasma, mas é precisamente porque acredito que estou falando com a minha própria voz, é precisamente porque ela pode ser retomada como a voz de outro, não a voz de qualquer outro, mas a voz de meus próprios fantasmas. Então, os fantasmas existem... E são eles que vão lhe responder e talvez eles já lhe tenham respondido. Tudo isso a mim me parece ter a ver com uma troca entre a arte do cinema em sua mais original e inédita forma e um aspecto da psicanálise. Creio que cinema mais psicanálise é igual a ciências dos fantasmas. A senhora sabe, Freud, durante toda a sua vida, teve de lidar com fantasmas.

Nesse momento o telefone toca e Derrida, em via de atendê-lo, diz: "o telefone é um fantasma", e completaríamos: tal como o rádio, a televisão, o cinema, a internet nos trazem uma realidade fantasmal.

Continuando a cena,

Derrida - O que Kafka diz sobre a correspondência, sobre as cartas, sobre a comunicação epistolar, também se aplica à comunicação telefônica. E creio que hoje todos os desenvolvimentos da tecnologia

170 Ventríloco diz respeito, desde a Grécia antiga, àqueles que *pareciam* falar com o ventre (*ventris* + *loquis* = falar). Essa arte estava associada na Antiguidade às práticas divinatórias - *para parecer* que o espectro ou espírito do morto estava presente e que dava informações do que se passava na vida além- túmulo. Na Idade Média a palavra estava associada a feitiçaria.

moderna, e sobretudo da telecomunicação, em vez de restringir o espaço dos fantasmas - como acontece com qualquer pensamento científico ou técnico que parece estar deixando para trás a era dos fantasmas, como uma parte da época feudal, com sua tecnologia um tanto primitiva, enfim, uma época perinatal; creio, ao contrário, que os fantasmas são parte do futuro e que a moderna tecnologia da imagem, da cinematografia, da telecomunicação aumenta o poder dos fantasmas, o retorno dos fantasmas e sua capacidade de nos assombrar.

Derrida - É então para provocar (*tempter*) o fantasma. De fato, porque eu desejava provocar o aparecimento do fantasma é que aceitei aparecer nesse filme e que talvez nós dois e os outros tivéssemos a chance de deixar vir os fantasmas, o fantasma de Marx, o fantasma de Freud, o fantasma de Kafka, o fantasma deste americano (aquele que acabou de lhe telefonar), o seu mesmo...

Derrida - Mesmo a senhora que conheci esta manhã já foi atravessada para mim por toda a sorte de figuras fantasmáticas. Assim, se acredito ou não em fantasmas, eu digo: "vida longa aos fantasmas".

O filme de Ken McMullen, então, diz respeito a vários fantasmas (e Derrida cita Marx, Kafka, Freud), a questão da memória (o passado) e como eles funcionam no presente. Derrida atua no filme e fala dos fantasmas enquanto eles pertencem ao mundo do cinema e da representação. Cinema para Derrida "é a arte dos fantasmas" e ele olha para ele mesmo - tal como é retratado no filme - como ainda outro fantasma no qual ele "acredita". A tecnologia moderna, mais especificamente as telecomunicações, em vez de diluir os fantasmas, acaba por expandi-los, multiplicá-los. E, necessariamente, fantasmas não têm caráter negativo, ao contrário, eles vivem, estão sempre aí, eles retornam.

Mesmo Pascale Ogier encena "Pascale" que está questionando Derrida, eis outro fantasma.

Observamos aqui que, embora apontemos mais adiante uma diferença sutil entre "fantasma" e "espectro", muitas vezes estaremos utilizando, e com a mesma força, ora um termo, ora outro, nessa discussão.

Em duas entrevistas realizadas para os Cahiers du Cinéma (n. 556 - abril 2001, 75-85) Derrida diz que a "experiência cinematográfica pertence de ponta a ponta à espectralidade" e que ele a relaciona com a questão do espectro na psicanálise. Os laços entre espectralidade e cinema são bastante estreitos, já que este último tem a possibilidade de colocar frontalmente em cena a fantasmalidade, ver a tradição do cinema fantástico, os filmes de vampiro, de "aparições", algumas obras de Hitchcock, aponta Derrida. Lembra ainda, o filme de McMullen, que coloca em cena personagens obsediados (*hantis*) pela história das revoluções, por esses fantasmas que surgem da história e dos textos (as comunas, Marx, dentre outros). Mas ele chama a atenção para o fato de que não devemos confundir essa possibilidade com a estrutura espectral da imagem cinematográfica. Há uma espectralidade elementar que está ligada à técnica do cinema, diz Derrida nesta entrevista. E é isso que está em jogo ao falarmos da realidade fantasmal do cinema.

O espectador, por sua vez, continua Derrida, realiza uma tarefa do inconsciente que pode estar associada ao trabalho da obsessão (*hantise*) na perspectiva freudiana. É isso que Freud denominou de experiência do que é "estranhamente familiar" (*unheimlich*), a partir de seu escrito *Das Unheimlich* (Freud, 1976, v. 17, pp. 273-318).

Os fantasmas não aparecem, eles retornam - são os "retornantes" (*les revenants*). Desafiam a morte, memórias que são de um passado que não fica em torno de uma presença. É preciso interiorizar o morto, mas enquanto isso não se dá, acolher o morto é um trabalho de luto, até que ele possa partir sozinho.

A dimensão espectral não sendo do vivo nem do morto, nem da alucinação nem da percepção, implica uma fenomenologia que só foi possível, segundo Derrida, após a invenção do cinema, quando se permite, então, a experiência do fazer aparecer novos espectros, espectros de espectros, fazer aparecer na tela fantasmas que habitavam filmes já vistos, etc. (Derrida, 2001(b), pp. 75-85).

Os espectros, a questão da espectralidade, então, acompanham desde muito cedo o pensamento de Jacques Derrida.

Segundo o próprio autor, os ensaios que ele publicou há uns vinte anos, mesmo anteriormente a *Espectros de Marx*, já vinham tratando da lógica da espectralidade. Por exemplo, Derrida inicia o texto *De L'Esprit: Heidegger et la Question* (1987) [*Do espírito* (1990)]: "Falarei da aparição, da chama e das cinzas" (1990, 7).

E logo em seguida, referindo-se a Heidegger:

(...) Que é que ele poderia ter querido dizer quando se trata do "espírito" ou do "espiritual"?. Esclareço em seguida: não do espírito ou do espiritual, mas de *Geist*, *geistig*, *geistllich*, porque esta questão será, de ponta a ponta, a questão da língua. Essas palavras alemãs são traduzíveis? Dito de outra maneira: são evitáveis? (Derrida, 1990, 7).[171]

Há que ressaltar também as inúmeras referências aos espectros em *Politiques de L'amitié* 1994(b), inclusive trazendo William Blake: "Each Man is His Spectres power/Until the arrived of that hour/When his Humanity awake/ And Cast his own Spectre into the Lake" (Jerusalém *apud* Derrida, 2003(a), 84), lembrando Stirner e "as afinidades espectrais, amizade de aparecidos" em Espectros de Marx (Derrida, 2003(a), 84, nota 17). Ou então no capítulo 4, sobre "O amigo aparecido (em nome da "democracia"), citando Nietzsche de *Humano demasiado humano*: "Os amigos fantasmas (*Die freunde als gespenster*)". "Quando nos transformamos muito, os nossos amigos que não mudaram tornam-se fantasmas do nosso próprio passado: o som de suas vozes chega-nos de modo horrivelmente espectral (*schattenhaftschauerlich*) - como se ouvíssemos a nós mesmos, mas mais jovens, mais duros, menos maduros." (Derrida, 2003(a) 85); a referência em *Force de Loi*.

Mas é em *Espectros de Marx* (1993) que as noções de *fantasma*, *espectro*, *espírito* merecerão a atenção mais demorada de Derrida no panteão do que se costumou chamar de "aparições". É importante ressaltar que em Derrida, anteriormente a *Espectros*, não aparece nitidamente o termo em questão (espectros) e tampouco se o "aparecer" da aparição diz respeito a algo verdadeiro ou falso. Derrida é aí o pensador da desconstrução, para o qual a distinção hierárquica da metafísica tradicional, essência/aparência, já não cabe. O que importa é o que aparece e as condições em que se dá a aparição.

Ainda, a distinção *sutil*, reafirmo, *sutil*, entre espectros, fantasmas, espíritos, só aparece de maneira mais contundente em Derrida somente na obra *Espectros de Marx*.

De modo sucinto e geral: fantasmas (de *phantasma, phainesthai*) vem, em primeiro lugar, da *phantasia*, são imagens, portanto. Traduzem-se como manifestações da imaginação. Mas podem ser manifestações

171 Em Espectros de *Marx*, Derrida refere-se a esta questão na nota 1 (Derrida, 1994, p. 20).

da realidade fantasmática do inconsciente, por exemplo, formas ou ecos mentais do inconsciente.

Já os espectros são formados pela dispersão das ondas de um feixe irradiante de energia, para lembrar uma ideia presente na física.[172] Tal como acontece com o feixe de luz refratado no prisma cristal, espectros se espalham, se expandem (eles não refletem/ o espectro não espelha, não aparece no espelho, como diz a crença popular). O espectro é *refratado*, seria, então, a melhor expressão. A refração implica numa mudança de forma ou de direção de uma onda que, ao passar de forma oblíqua por uma interface que separa dois meios, tem em cada um deles, velocidades diferentes de propagação. Portanto, espectros remetem a desvios, desvios de forma ou de direção e esta será uma característica cara à desconstrução.

Espírito é tomado aqui como o princípio inteligível, a razão, a ideia, o Juízo com letra maiúscula.

Não queremos, no entanto, esclarecer distinções conceituais imutáveis ou imexíveis, apenas nos aproximamos do significado mais geral dessas noções para compreender o tratamento dado por Derrida aos espectros em *Espectros de Marx*.

Então deixemos falar o Derrida de *Espectros:*

Fazendo referência a Paul Valéry (1957, t. 1), Derrida diz:

"Desde que se deixa de distinguir o espírito do espectro, ele toma corpo, encarna-se, como espírito, no espectro. Ou antes, Marx mesmo o esclarece, chegaremos até aí, o espectro é uma incorporação paradoxal, o devir-corpo, certa forma fenomenal e carnal do espírito. Ele torna-se, de preferência, alguma "coisa" difícil de ser nomeada: nem alma nem corpo, e uma e outra. Pois a carne e a fenomenalidade, eis o que confere ao espírito sua aparição espectral, mas desaparece apenas na aparição, na vinda mesma da aparição ou no retorno do espectro. Há desaparecido na aparição como reaparição do desaparecido. O espírito, o espectro não são a mesma coisa, teremos de agudizar essa diferença, mas, quanto ao que eles têm em comum, não se sabe o que é, o que é presentemente. É alguma coisa, justamente, e não se sabe se precisamente isto é, se isso existe, se isso responde por um nome e corresponde a uma essência. Não se sabe:

172 O espectro é uma representação de amplitudes ou intensidades (traduzidas geralmente por energia) de componentes ondulatórios de um sistema e que se distinguem fisicamente por suas frequências (ou comprimento de onda).

não por ignorância, mas porque esse não objeto, esse presente não presente, esse estar aí de um ausente ou de um desaparecido não pertence mais ao saber. Não se sabe se está vivo ou morto. Eis aqui, ou eis ali, lá longe, uma coisa inominável ou quase: alguma coisa, esta coisa aqui, "this thing", esta coisa, entretanto, e não outra, esta coisa que nos olha vem desafiar tanto a semântica como a ontologia, tanto a psicanálise quanto a filosofia". (Derrida, 1994 (a), 21).

O espectro seria então um "devir-corpo" do espírito, uma incorporação. Ao mesmo tempo, não palpável, um objeto não identificado que aparece, ou melhor, um não objeto, já que não se pode tocá-lo ou senti-lo. Porém, pode-se sentir a sua presença. Ele está lá. Sabemos que ele está lá.

Pode-se pensar no fantasma, então, como uma das manifestações do espírito. O fantasma seria um conjunto de traços (*traits*), mas para os propósitos da desconstrução, podem ser ditos como rastros (*traces*) de uma origem (mas todo o cuidado com esta palavra origem) que se manifesta no "devir-corpo".

O *espectro* é para Derrida uma noção capaz de resistir às categorias filosóficas hierarquizadas e também perfeitamente em sintonia com a ambivalência e a dimensão aporética dos discursos e textos, tão caras à desconstrução. "O espectro é uma estrutura que resiste às oposições metafísicas. Não é sensível, nem inteligível, nem vivo e nem não vivo", diz Derrida (*apud* Mílan, 2004, 51). Em suma, tal como os *quase conceitos*[173] explorados pelo autor, o *espectro* é capaz de resistir às oposições conceituais hierarquizadas da filosofia.

Para mostrar, no entanto, que a noção de espectralidade não se refere apenas ao fantasma, ou aos fantasmas, Derrida irá se referir a uma "lógica espectral", "àquilo que em nossa experiência não é nem inteligível, nem sensível, nem visível, nem invisível e que tanto diz respeito à linguagem quanto à telecomunicação" (Derrida *apud* Mílan, 2004, 51).

173 A desconstrução não trabalha com conceitos, pois estes são apanágio da metafísica da presença ou da metafísica ocidental. Em vez deles, prefere trazer à discussão noções ou quase conceitos que funcionam como que seus operadores e que possuem características de ambivalência, possuem em grande parte dimensões aporéticas, indicam sempre um meio (milieu), nunca uma aproximação ao começo, a uma origem ou ao fim. Dentre eles, mas sem nos alongarmos, pois não é aqui o foco central de nossa discussão, *différance* (com a), escritura (*écriture*), hímen, *pharmakón*, rastro (*trace*).

Em *Espectros de Marx*, ao iniciar apresentando o que ele chama de o primeiro nome (palavra) do *Manifesto*, isto é, o fantasma, Derrida recorre ao texto shakespeariano, pois este é povoado de fantasmas, de espectros (o caso de *Hamlet, Macbeth*). Escolhe muito apropriadamente Hamlet, lembrando que Marx já fazia referências a alguns textos de Shakespeare em suas obras (por exemplo, *Timon de Atenas*, nos *Manuscritos econômico-filosóficos* e na *Ideologia alemã*; O *Mercador de Veneza* na *Ideologia alemã*).

Derrida recorre ao Hamlet de Shakespeare porque nele aparece a cena da espectralidade (*I am thy Fathers spirit*, diz o espectro a Hamlet, pedindo a ele que vingue o assassinato do rei). Esta cena irá desencadear uma série de implicações ou consequências da espectralidade, tais como o efeito de viseira,[174] a questão da herança, a questão do luto. A cena da espectralidade remete, ainda, à constatação, naquele momento feita pelo próprio Hamlet, de que o mundo está "fora dos eixos", está disjunto, desconjuntado (*the time is out of joint*, literalmente, o tempo está disjunto, fora das juntas)[175] e que cabe a ele, Hamlet, colocá-lo em ordem. Ora, a espectralidade como retorno, não *a* Marx, mas segundo Derrida, retorno *de* Marx, é o reflexo de um mundo desconjuntado, fora dos eixos.

Em seu pronunciamento por ocasião do simpósio sobre o marxismo, Derrida traz então à baila os espectros com relação a Marx e ao marxismo e exorta, à maneira derridiana, como lhe é peculiar, com os artifícios próprios à exortação, para que ninguém se esqueça dos espectros, nem os expulse e tampouco os exorcize. Exorta a aprender a viver com os espectros, a conviver com eles, o que resultaria numa dimensão ético-política da memória, da geração e da herança. Derrida chama a atenção para o fato de que, atualmente, cada vez mais constatamos a lógica espectral no

174 Efeito de viseira foi a expressão utilizada por Derrida para se referir ao fato de que o espectro aparece aos amigos de Hamlet e depois ao próprio Hamlet de armadura e elmo com viseira e que isso significa poder ver sem ser visto, pelo ponto de vista do fantasma e pelo nosso, ser olhado sem que possamos enxergar. E é isso que dimensiona uma situação espectral.

175 Hamlet: "And what a poore a man as Hamlet is, / Doe t'express his loue and friending to you, / God willing shall not lacke: Let us goe in together, / And still your fingers on your lippes I pray, / The time is out of ioynt: Oh cursed spight, / That ever I was borne to set it right. / Nay, come let's goe together" ("E tudo que puder fazer um homem pobre como Hamlet / Para mostrar-vos seu amor e sua fidelidade / Sendo vontade de Deus será feito. Entremos juntos, / E conservai, sempre, o dedo nos lábios, é o que vos peço / O mundo está fora dos eixos. Oh! Maldita sorte... / Porque nasci para colocá-lo em ordem! / Mas, vinde, entremos juntos"; trad. F. Carlos de Almeida Cunha Medeiros e Oscar Mendes).

presente, embora o espectro que retorna não seja apenas mais um como nós, como o pai de Hamlet, mas sim o deslocamento, por exemplo, para o ambiente midiático ou mesmo para o trabalho (mediante a virtualização do espaço privado/público, do telejornal, da telecomunicação, da internet). Então, não mais surpreende nem espanta falar e conviver com espectros.

O empreendimento derridiano a esse respeito vai aos poucos se delineando como uma possibilidade de releitura do texto marxiano, em que o constante referir aos espectros não entra como uma figura retórica, mas como uma demarcação do conteúdo do pensamento em relação a vários contextos. A hontologia (do verbo to *haunt*, de *hânter*) evocará então os espectros, os fantasmas, os espíritos que assediam a obra de Marx e que serão trabalhados como tais pelo alemão e poderia ser compreendida, ainda que impropriamente falando, como uma espécie de "ciência daquilo que retorna", ou melhor, daquilo que retorna sob a forma de herança.

O que Derrida já deixa claro é que o tema dos espectros, fantasmas, espírito, não é novo, mas que para ele o tratamento dado será a partir da estratégia da desconstrução, ou seja, na obra *Espectros de Marx, a espectralidade* será compreendida como estratégia da desconstrução. Então, *espectro* para Derrida é um indecidível (nem isso nem aquilo, nem vivo nem morto, nem corpo nem alma, nem dentro nem fora, nem passado nem presente, sempre *milieu*/meio), ponto de partida, entretanto, importante para toda e qualquer decisão.

Derrida inverte, assim, a perspectiva ontológica, e a favor de uma *hontologia* com h, uma obsidiologia (de *hânter* e de *to haunt*), essa lógica da obsessão que segundo o autor possui amplitude maior e é muito mais poderosa que uma ontologia. Não podemos ver de início o espectro. Como em Hamlet, é ele quem primeiro nos vê. Ele nos visita e pode ver-nos sem ser visto: foi o que em *Espectros de Marx* Derrida chamou de "efeito de viseira" - ver sem ser visto. O espectro é então uma aparição sensível/insensível, visível/não visível. Sentimos sua presença, sentimo-nos observados por ele, mas não o vemos.

O espectro, diz Derrida, "pertence *ao* acontecimento, ele nos vê por ocasião de uma *visita*" (1994(a), 138). "Este *visitare* é o frequentativo de *visere* (ver, examinar, contemplar), traduz bem a recorrência ou a reaparição, a frequência de uma visitação." (1994(a), 138).

O espectro como uma aparição recorrente, mas nem sempre generosa, segundo Derrida, por esse processo de repetição, retorna e retorna mais uma vez, ou quantas outras vezes, para ver que este retornante "está longe de ser uma visita amigável". E nesse sentido ele obsidia, assombra e aterroriza.

"A esse modo social da obsessão, seu estilo original", e considerando essa repetição, Derrida chama em *Espectros de Marx* de "frequentação" (*fréquentation*) (1994(a), 138-139). E Marx, mais do que qualquer outro, teria vivido na frequentação dos espectros; (1994(a), 139), dessa "determinada visibilidade invisível" (Skinner, 71).

O fato de o espectro reaparecer, retornar e sempre retornar mais uma vez, o fato de ele ser um retornante *(un revenant)* expressa o "fora dos eixos" do mundo, a desconjunção do tempo, expressos na fórmula shakespeariana *"the time is out of joint":* o tempo está disjunto; essa época está desonrada, deslocada, são algumas das traduções para esta proposição hamletiana, já tão familiar (Hamlet, ato I, cena V).

E considerando isso, Derrida observa que:

> Como em Hamlet, príncipe de um Estado apodrecido, tudo começa pelo aparecimento do espectro. Mais precisamente, pela espera desse aparecimento. A antecipação é ao mesmo tempo impaciente, ansiosa e fascinante: isso, a coisa (*this thing*) terminará por chegar. A aparição virá, ela não pode tardar. Como tarda. Com maior exatidão ainda, tudo se abre na iminência de uma reaparição, mas da reaparição do espectro como aparição pela primeira vez na peça. O espírito do pai vai retornar e em pouco tempo lhe dirá "*I am thy Father Spirit*" (Ato I, cena V), mas aí, no começo da peça, ele retorna, se assim se pode dizer, pela primeira vez. Trata-se de uma première, a primeira vez em cena (1994(a), 18).

Marx denuncia então, de modo contundente, mordaz, quase insuportável, na visão de alguns, a frequentação dos espectros na teoria stirneriana dos fantasmas, por exemplo. "O espectro de que falava então Marx estava ali sem estar ali. Ainda não estava presente. Não há Dasein do espectro: mas não há Dasein sem a inquietante estranheza, sem a estranha familiaridade (*Unheimlichkeit*) com algum espectro" (1994(a), 138).

Então Derrida se pergunta na sequência: Mas, "o que vem a ser um espectro? Qual é a sua história e qual é o seu tempo?" (1994(a), 138).

Ao que ele responde: "O espectro, como seu nome o indica, é a **frequência** (grifos meus) de certa visibilidade. Mas a visibilidade do invisível. E a visibilidade, por essência, não se vê, por isso é que ela continua *epekeina tes ousias*, para além do fenômeno ou do ente" (1994(a), 138).

E precisa a questão mais ainda: "O espectro é também, entre outras coisas, o que se imagina, o que se acredita ver e que é projetado: sobre uma tela imaginária, aí onde não há nada para ver" (1994(a), 138). Pois uma tela "tem no fundo, no fundo que ela é, uma estrutura de aparecimento-desaparecimento" (1994(a), 138).

A ESPECTRALIDADE EM *GHOSTH DANCE*

O filme de Ken McMullen foi dividido em sete episódios ou passagens: 1) rituais de raça ou rituais do desejo; 2) mito - vozes da destruição; vozes da libertação; 3) história - fantasmas dos devaneios; 4) tese - a voz que escapa ao texto; 5) testemunha - aquele que se torna aquilo que ele ouve; 6) processo - o poder na ausência; 7) voz do silêncio - ritual do retorno.

O filme como "cinema" não apresenta nenhuma novidade, tanto como concepção cinematográfica quanto em termos de técnica de configurar imagens ou roteiro. Mescla preto e branco e um colorido desmaiado sem muito apelo imagético. Porém, a temática traz desde as primeiras cenas a questão que preocupa Derrida - fantasmas ou espectros.

Esquematicamente, *Ghosth Dance* apresenta um mundo *out of joint* e é esse mundo fora dos eixos que é propício, como em Hamlet de Shakespeare, aos espectros.

"Bem antes da memória havia uma forma... e eles começaram a aparecer na escuridão da noite..." ou "Num passado sem forma, quando a memória começa a obliterá-los, eles aparecem entre as línguas, entre as letras, entre as palavras...", se ouve logo na introdução do filme.

A espectralidade antecede ao próprio mundo e a cada giro, movimento do mundo, ela volta, retorna. O espectro é um retornante (*un revenant*), já foi dito mais de uma vez. Está presente na contemporaneidade no telefone sem fio, no gravador, nas teclas do computador dos quais Pascale, personagem de Pascale Ogier, quer se livrar. Os fantasmas, poderia-se pensar, estariam esquecidos, apagados nesta era eletrônica, mas eles retornam através das ondas de rádio, dos aparelhos eletrônicos, dessas arapucas que aprisionam nossa voz, tal como o momento em que Pascale deixa gravada a sua mensagem na secretária eletrônica do telefone. Sua voz é fantasmática, não é ela quem está lá, mas seu espectro. E a velocidade com que essas bugigangas eletrônicas tornam-se obsoletas (Pascale não consegue vender aquelas das quais ela quer se livrar, são absolutamente descartáveis), em vez de deixar o fantasma para trás acaba por multiplicá-lo sob novas formas. Vivemos uma era espectral como nunca.

Pascale é estudante de Antropologia e deve escrever uma tese, desaparece das aulas e é interpelada por seu professor que teve contato com sua voz no gravador e no filme. Observa-se que em tempos muito próximos um professor poderá ser nada mais que uma imagem de vídeo, uma voz registrada numa máquina, como um fantasma.

O próprio encontro de Pascale com Jacques Derrida no Café-Le Select coloca a questão da fantasmalidade. Pascale não o conhecia pessoalmente, mas tinha a impressão de conhecê-lo, por meio de suas ideias. Pascale, personagem do filme, é um espectro na tela; Derrida, personagem, também. Ao ser interpelada por Derrida sobre qual era a ideia de sua ideia, Pascale responde: "A ideia de minha ideia é que eu não tenho ideia". Marcada a ambivalência, tão cara à desconstrução e que aparecerá em vários momentos do filme,[176] responde Derrida: "Ah!", e então marcam aquele encontro já relatado por mim, para falar sobre os fantasmas ("O senhor acredita em fantasmas?").

Para Derrida, como ele diz no filme, "ser assombrado por um fantasma é ter a memória de algo que nunca se viveu, ter a memória daquilo que jamais vivemos no presente, daquilo que no fundo é o passado que nunca tomou a forma do presente", a forma da presença.

Vale ressaltar ainda que está em discussão, também, a realidade fantasmática da psiqué: "je" (eu) e "moi" (eu como mim, me) se alternam e se tornam duas personagens distintas, papéis desempenhados por Pascale (Pascale Ogier) ou por Marianne (Leonie Mellinger), dois locais se alternam também, Paris e Londres, nesta performance das duas.

176 Por exemplo, no episódio do mito da cidade repleta de ratos: "Cair é falhar e ter sucesso ao mesmo tempo".

No episódio "mito-vozes da destruição, vozes dos devaneios", contado por uma mulher, Massuda, uma cidade vivia repleta de ratos que iriam destruí-la, comer os alimentos, os objetos, tudo, devorar as próprias pessoas, deixando-lhes cadáveres. A população acreditava que os ratos encarnavam os fantasmas de seus ancestrais - os fantasmas estavam lá, continuavam a vê-los, mesmo sem ser vistos, como num efeito de viseira. Até que um grande pássaro comeu os ratos e transformou-se em duas lindas mulheres, anunciando que uma nova era iria começar. E os homens da cidade, que haviam maltratado suas mulheres, levando-as para o mar, onde foram engolidas por uma grande onda, foram dominados pelo medo.

Uma alegórica batalha de ratos, encarnada pelas duas personagens (Pascale e Marianne) insinua a batalha entre "je" e "moi".

Importante observar que em todos esses episódios há uma repetição da temática da água, das ondas do mar, do ir e vir das ondas; o movimento das ondas, por exemplo, funciona como um retornante (*un revenant*), tal como os espectros são retornantes. A imagem da água volta constantemente como reflexo, espelho, algo que transparece, diferentemente do espectro que, como falamos, refrata. Mas tanto a imagem da água, como o movimento das ondas do mar, nos trazem a realidade fantasmática.

A imagem da balsa, onde deita a personagem que encarna a narradora do mito, a imagem do navio no porto, das cenas que se passam nessas embarcações, tudo isto nos remete à questão da fantasmalidade ou da espectralidade.

"Ela me disse que os mitos eram semelhantes às ondas do rádio. Quando eles surgem numa cidade, parecem surgir de lugar algum. Eis por que frequentemente se lhes atribuem uma origem sobrenatural", relata a personagem que escuta a história de Massuda. Os mitos são como espectros, portanto, e, como os espectros, nos dizem que as coisas não são sempre o que parecem, como se revelassem sua vida anterior e interior.

Em *História - fantasmas dos devaneios*, aparece a espectralidade da música (Londres, o baterista do navio), e das barricadas (França, as comunas de Paris, a visita ao Père Lachaise, colocando os turistas "americanos" diante do que foi a primeira revolução proletária), a espectralidade da cena em que Marianne dorme e praticamente vive no cemitério de Highgate em Londres e que abriga o túmulo de Karl Marx, com um enorme busto de bronze. Um guia explica que das barricadas, todos morreram com extrema coragem, cada simpatizante foi abatido, mas que a despeito desses "horrores", não tiveram sucesso em matar a ideia. A ideia é um retornante, "a ideia continua viva, ninguém pode matar uma ideia, as ideias têm asas, elas podem voar no espaço eterno". É espectral, por conseguinte.

Ainda nesse episódio, na cena em que Marianne se coloca diante dos pôsteres dos mortos nos caixões, atentar para os fantasmas, tal como desperta a atenção, Jacques Derrida: "Estávamos falando agora mesmo do fantasma de Freud... os fantasmas não chegam. Eles voltam. Como se diz na França, são os *revenants* (retornantes)... estou interessado em certa teorização que os amigos psicanalistas Nicolas Abraham, que agora está morto, e Maria Torok desenvolveram na sequência de Freud. A teoria dos fantasmas está baseada na teoria do luto". Há uma internalização , uma interiorização do morto, um acolhimento do morto. Uma internalização que é uma idealização, prossegue Derrida. E este é o trabalho de luto que se desenrola normalmente. Mas há, diz Derrida, um trabalho em que não há internalização verdadeira, como mostram Abraham e Torok no que eles chamam de "incorporação": o morto é tomado em nós, ocupa um lugar particular em nossos corpos, podendo assombrar, *espectrar* nosso corpo e *ventrilocar* nosso discurso.

Prossegue Derrida: "O fantasma que é fechado numa cripta, nós somos como um cemitério para os fantasmas, ele não é nosso inconsciente, mas o inconsciente de outro. É o inconsciente de outro que fala em nosso lugar".

Assim se justifica a posição do ventríloco na dimensão espectral. A fala como fala de outro. O fantasma que fala a Hamlet: "Sou o espectro de teu pai!" diz , não sou teu pai, sou outro, apenas o seu ventríloco.

Assim desfilam os fantasmas da comuna, Marx, Kafka, Freud, diante das duas figuras "je" e "moi", ora Marianne, ora Pascale.

No episódio "Tese - A voz que escapa ao texto", o que presenciamos é uma voz para além do texto. Há sempre uma voz em *off* que percorre muitas cenas do filme, ora masculina, ora feminina, dando sempre uma impressão do caráter espectral. Neste episódio, a voz em *off* se superpõe à voz dos pensamentos de Pascale. Ela, em sua máquina antiga de escrever (!), tentando descrever e interpretar o mito da serpente de uma civilização primitiva. E diz andar em círculos, pois não sabe o que escreve.

Georges, companheiro de Marianne, dança a dança da serpente. Todos dançam. É a *ghosth dance*, como se fosse a dança dos espectros ancestrais. E novamente uma das máquinas de produzir fantasmas, a copiadora, entra em cena.

Em "Testemunha - aquele que se torna aquilo que ouve", ou melhor, aquilo que ele significa, quinto episódio, Pascale fala da história de fantasmas - o seu trabalho de tese: sobre a origem da religião, o pensamento mágico, cultos e rituais. Conta a história de um ritual de morte, no qual um homem transforma-se em jaguar (e há um automóvel jaguar em cena que pertence a Georges) e quando ele baixa a guarda, uma das mulheres que ele seviciava irá matá-lo. História de ancestrais que retornam. Georges é como se fosse aquele que se torna aquilo que ele ouve, e, portanto, será morto por Marianne.

Em "Processo - o poder na ausência", volta a cena do mar e retorna a história do episódio conhecido em que Derrida foi preso em Praga por ocasião de um seminário com os filósofos checos dissidentes. O que Derrida trabalhava? Era "Diante da Lei" de *O processo de Kafka*. E enquanto ele visitava o túmulo de Kafka, "como se eu perseguisse o fantasma de Kafka que era de fato ele mesmo, mas de fato era ele quem me perseguia", a polícia invade o hotel em que ele estava e planta uma trouxinha de droga em sua mala. E no interrogatório, dizia Derrida, o fantasma de Kafka estava efetivamente lá, manipulando a cena, controlando a cena. Uma cena absurda, kafkiana! E para fechar esta cena espectral, o mar batendo e invadindo a calçada. Por sobre a murada, indo e voltando um retornante.

Voz em *off*: "mar de enguias elétricas, mar de momentos ignorados longe sob a superfície, mar de desejos primitivos, mar de triângulos sem fim, mar de ritual de assassinato, mar de história, mar de cobiça, mar de culpabilidade, mar de oito milhões de rostos falsos, mar de esperanças perdidas, mar de desespero, mar de razões ocasionais, mar sem tempo". Um mar de fantasmas...

Pascale se coloca diante de um muro onde uma pichação diz: "A ação forma o pensamento". E pensa que não tem muito mais tempo e que o desejo de passar o tempo é um desejo mortal. Marianne se aproxima e as duas *(je et moi, moi et je)* irão desencadear uma luta com sua *persona*. Nesse momento, Marianne afirma ver fantasmas num canto, ao que Pascale responde: "Não há fantasmas. Eu sei onde eles estão. Vem!".

E então a cena do ritual do retorno. "A voz do silêncio", último episódio. Um homem anda por um edifício alagado, arrasta-se, esfrega-se de frente e de costas na água suja, parada, enfia a cara n'água, faz esforço para levantar. A água escorre dos "furos" de sua roupa, de seus próprios orifícios; parece como de uma realidade atravessada pela espectralidade. A água espelha sua figura. Finalmente, ele consegue se levantar. Caminha para longe das duas (Marianne e Pascale), que só fizeram, em silêncio, observar a cena, e desaparece.

Persona: "para além da máscara do intelecto, para além do alcance da consciência um nada *(un néant)*, um não ser *(un non être)*, um não lugar *(un non lieu)*".

E as cenas finais: Marianne carrega os seus pôsteres pela água do mar, o busto de Marx. O retrato de Derrida, ela emoldura com barro, e também a imagem de Pascale e Georges. Coloca na areia molhada os pôsteres dos mortos que estavam na casa dela e espera a água vir. Puxa alguns para dentro d'água. As ondas os levam, mas os trazem de volta. As ondas cobrem tudo, os arrastam e os trazem de volta. E assim continuamente, o mar e os espectros.

REFERÊNCIAS BIBLIOGRÁFICAS

DERRIDA, Jacques. *Spectres de Marx - L'État de la Dette, le Travail du Deuil et la Nouvelle,* Internationale. Paris: Galilée, 1993. Trad. port. Anamaria Skinner. Rio de Janeiro: Relume Dumará, 1994(a).

_____. *La Dissémination.* Paris: Seuil, 1972 (a).

_____. *Marges de la Philosophie.* Paris: Minuit 1972 (b). Trad. Joaquim Costa e Antonio Magalhães. *Margens da Filosofia.* Porto: Ed. Rés [S.D.].

_____. *Positions.* Paris: Minuit, 1972 (c).

_____. *Glas.* Paris: Galilée, 1974. Trad. ingl. John P. Leavy Jr. e Richard Rand. *Glas.* Lincoln: Univ. of Nebraska Press, 1986(a).

_____. *De l'Esprit: Heidegger et la Question.* Paris: Galilée, 1987. Trad port. Constança Marcondes César. *Do Espírito.* Campinas: Papirus, 1990.

_____. *Points de Suspensions. Entretiens*. Paris: Galilée,1992. *Points... Interviews 1974-1994*. Ed. Elisabeth Weber, Trad. ingl. Peggy Kamuf et al. Standford. Standford: Univ. Press, 1995.

_____. *Politiques de L'Amitié*. Paris: Galilée, 1994 (b). Trad. port. Fernanda Bernardo. Políticas da amizade. Seguido de *O ouvido de Heidegger*. Porto: Campo das Letras, 2003(a).

_____. "Derrida caça os fantasmas de Marx." Entrevista a Betty Milán. Folha de São Paulo, 26/6/1994 (d).

_____. Spectrographies, in: *Écographies: de la Télévision*. Entretiens filmés. Avec Bernard Stiegler. Paris: Galilée, 1996. INA.

_____. *Tourner les Mots*. Paris: Galilée/Art Éditions, 2000.

_____. *De quoi demain... Dialogue* (avec Elisabeth Roudinesco). Paris: Arthème Fayard, 2001(a) .

_____. "Le cinema et ses fantômes. In *Cahiers du Cinéma*. N." 556, avril, 2001, pp. 75-85. Paris: Cahiers du Cinéma, 2001(b).

FATHY, Safaa. *D'Ailleurs Derrida* (1999). Filme.

FREUD, Sigmund. *O estranho*. Em Edição Standard das obras psicológicas completas de Freud. Rio de Janeiro: Imago, 1976, v. 17, pp. 273-318.

KOFMAN, Amy, DICK, Kirb. *Derrida*, 2002. Filme.

MARX, Karl. *Contribuição para a crítica da economia política*. Trad. port. Maria Helena Barreiro Alves. Lisboa: Ed. Estampa, 1971.

MARX, Karl e Engels, Friedrich. *Die Deutsche Ideologie, 1845-1846*. Marx & Engels Werke. Berlim: Dietz Verlag, 1958. Band 3. Trad. port. Rubens Enderle, Luciano Martorano, Nelio Schneider. *A ideologia alemã*. Edit. Boitempo, 2007.

MARX, K., ENGELS, F. *Manifesto do Partido Comunista*. Trad. Victor Hugo Klagsbrunn, em Carlos Nelson Coutinho *et ali*. O Manifesto Comunista 150 anos depois. Rio de Janeiro: Contraponto. São Paulo: Fundação Perseu Abramo, 1998.

McMULLEN, Ken. *Ghosth Dance*. Filme, 1983.

SHAKESPEARE, William. "Hamlet, Prince of Denmark", in *The Complete Works of William Shakespeare*. Edited with a Glossary by W. J. Craig, M. A.Trinity College, Dublin. Londres: Oxford University Press, 1959.

_____. Hamlet, Príncipe da Dinamarca. Em *William Shakespeare.* Trad. F. Carlos de Almeida Cunha Medeiros e Oscar Mendes. São Paulo: Abril Cultural, 1981.

SKINNER, Anamaria. "Espectros de Marx: Por que esse plural?" em NASCIMENTO, E. e GLENADEL, P. (org.). *Em torno de Jacques Derrida.* Rio de Janeiro: 7 Letras, 2000, pp. 76-77.

STIRNER, Max. *Der Einzige und sein Eigentun.* Stuttgart: Philip Reclam ed., 1972. Trad. port. João Barrento. O único e sua propriedade. São Paulo: Martins Fontes, 2009.

SOLIS, Dirce Eleonora Nigro. *Desconstrução e arquitetura:* uma abordagem a partir de Jacques Derrida. Rio de Janeiro: UAPÊ/SEAF, 2009.

SPRINKER, Michael (org.). *Ghosthly Demarcations. A Symposium on Jacques Derrida's Specter of Marx.* Londres-Nova York: Verso, 2008.

VALÉRY, Paul. *La Crise de l'Esprit.* Paris: Gallimard, 1957, t. 1.

Sinopse do filme *Batman – o cavaleiro das trevas*

Direção: Christopher Nolan (diretor de Amnésia e insônia).
Elenco: Christian Bale (Bruce Wayne), Heath Ledger (Coringa), Michael Caine (Alfred Pennyworth), Aaron Eckhart (Harvey Dent), Morgan Freeman (Lucius Fox), Gary Oldman (Jim Gordon), Maggie Gyllenhaal (Rachel Dawes).

Batman, o cavaleiro das trevas, é o segundo filme da "nova versão" cinematográfica do famoso herói da editora DC, iniciado com "begins". Inspirado em um quadrinho de mesmo nome, lançado pelo quadrinista Frank Miller em 1986, nessa nova história o homem-morcego (espécie de herói apocalíptico: nebuloso, anárquico e violento) se encontra com seu maior arqui-inimigo: o Coringa, a encarnação do próprio caos.

Produzido em 2005 e dirigido por Cristopher Nolan o longa-metragem é dono de um roteiro complexo e que, por isso mesmo, afasta-se dos "clássicos" da pancadaria hollywoodiana. Não há como reduzi-lo a corriqueira representação da eterna luta entre o bem e o mal, ele é, antes, uma análise sobre quais são os seus limites. **EUA - colorido, 2008, 144'.**

Francisco Veríssimo

Deleuze e o cavaleiro das trevas

Francisco Veríssimo[177]

1 - APRESENTAÇÃO

Em "O que é a filosofia?", Deleuze e Guatarri discorrem sobre o exercício do pensamento e seu enfrentamento do caos. Pensadores do Devir, desse movimento incessante, estabelecem a maneira de como os artistas e os filósofos[178] se portam ante o caos e o processo de criação. Para ambos, a função do artista é a de estabelecer a estrutura para o arregimento das sensações (afectos e perceptos), enquanto que para o filósofo cabe o papel de criar conceitos. Entretanto, segundo Deleuze e Guatarri, em alguns deles o plano de composição artística se interpõe sobre o plano de imanência da filosofia, gerando "pensadores *que* são filósofos 'pela metade' " (DELEUZE E GUATARRI, 2009, p. 89). Com isso, a representação artística se instaura em uma espécie de bifurcação, imersa no puro devir, na virtualidade criadora do caos, criando e recriando outros conceitos - o autor, então, abandona as vestes de mero produtor de sensações para transformar-se também em um enunciador de novos conhecimentos.

Deleuze e Guatarri não trabalham com a possibilidade de criação de outro pensamento, de algum tipo de conceito, na reprodução de um filme em "O que é a Filosofia". Seus argumentos, de certa maneira, parecem estar condicionados apenas às representações da literatura, entretanto é forçoso considerar a possibilidade de um processo criativo de pensamento nas demais instâncias da arte. Na pintura, por exemplo, e, mais especificamente, em "Isto não é um cachimbo", Renê Magrite não está apenas buscando afetar aquele que aprecia seu quadro - a discussão é também do limite que se apresenta na realidade. Uma discussão daquilo que é e que ao mesmo tempo não é. Ora, se o quadro não é um cachimbo, o que ele é? Apenas um quadro? Um não quadro que pretender se passar por cachimbo?

---

177 Francisco Veríssimo é doutorando em Filosofia da Universidade do Estado do Rio de Janeiro.

178 *Além da arte e da filosofia, Deleuze e Guatarri analisam também a função da ciência e a descrevem como sendo responsável pela criação dos functivos (Deleuze e Guatarri, 2009, p. 153).*

O que proponho, então, é uma espécie de "distorção" na lente microscópica da filosofia gauto-deleuziana, apresentada em "o que é a filosofia?", para as telas do cinema - não para estudar a questão da imagem-movimento, tampouco dos cristais do tempo - mas para buscar a identificação da "fala-ação"[179] que está sendo desenvolvida. O que me toca, nesse caso, é a identificação de um pensamento que só pode ser dito enquanto fala de cinema; de um enunciador desse pensamento (personagem-conceitual) que só pode ser isso enquanto personagem cinematográfico. Mais especificamente, que caos e ordem são estes enunciados pelo Coringa e pelo Batman, respectivamente, no filme *Batman, o cavaleiro das trevas.*

Dito isso, o que se busca nas linhas deste trabalho é estabelecer a relação entre a possibilidade de uma proposta filosófica no filme *Batman, o cavaleiro das trevas*, tendo por base a ótica da filosofia segundo Gilles Deleuze e Felix Guatarri. Para tanto, ainda que os autores não tenham identificado o cinema para a constituição de uma filosofia, buscaremos a assunção dos personagens conceituais (enunciadores da filosofia) e dos conceitos criados por eles, elementos fundamentais para a caracterização da filosofia, segundo esses autores.

2 - A ESTRUTURA FILOSÓFICA GAUTO-DELEUZIANA

Não há nessas linhas a presunção de analisar o filme como construção estética, o que se busca é a possibilidade de uma espécie de enunciação filosófica em suas cenas. Uma espécie de dizer que extrapola a simples interpretação do artista, tamanha a intensidade. Não me apetece aqui a interpretação dos atores, se o filme é considerado um clássico do cinema ou "filme pipoca", o que me importa é a capacidade de bifurcações que o pensamento apresentado no filme possui. A questão fundamental é o processo de criação, de novas maneiras de pensar, de novos conhecimentos e, por consequência, de novos conceitos. Para tanto, buscamos

179 A expressão "fala-ação" representa a dualidade oferecida pelo cinema no que diz respeito à narração e ao discurso proferido. Na leitura que é feita de um livro, a compreensão da fala, da narrativa, passa em demasia pela mente que lê, que se debruça sobre a história, entretanto, no cinema, aquilo que é apresentado só é grandioso, só é intenso, se o discurso é acompanhado de uma representação tão digna quanto a fala. "Toque outra Sam", por exemplo, não é imortalizada pela frase, por sinal pueril, mas pela situação e pela maneira como ela é dita.

um rompimento com a ideia tradicional de ser a filosofia uma espécie de ciência da reflexão/contemplação e a aproximação do que é compreendido por filosofia em "O que é a filosofia?", livro de Gilles Deleuze e Felix Guatarri: *a filosofia é a arte de formar, de inventar, de fabricar conceitos* (DELEUZE e GUATARRI, 1996, p. 13) e, de maneira mais rigorosa, *a filosofia é a disciplina que consiste em criar conceitos* (DELEUZE e GUATARRI, 1996, p. 13).

Enquanto a filosofia se instaura no caos com a necessidade da virtualidade, ou seja, para a construção de conceitos - de conhecimentos - que se criam e recriam a partir da relação com os conceitos em suas zonas de vizinhanças, com a arte o oposto acontece. O corte proposto no plano tem o intuito de cristalizar, de criar blocos de afecções e percepções, aliás, mais ainda: afectos e perceptos. Enquanto os afectos estão para além da força daqueles que atravessam por eles, os perceptos se apresentam como espécies de percepções independentes daqueles que as experimentam. Ao criar um texto, os grandes autores se debruçam sobre o plano de criação artística e ao procurar relatar com verossimilhança a sensação de estar no deserto, no mar ou nas montanhas, suas descrições ultrapassam os que ela viveram.

O fundamental não é estudar isoladamente o papel da arte e da filosofia. O objetivo central é o processo no qual os planos de existência dessas duas correntes do conhecimento humano se encontram. É o pronunciamento do caos e da ordem, desse pensamento artístico e também filosófico, que é passível de percepção no longa-metragem analisado. Não nos cabe a simples análise das figuras estéticas, da interpretação dos atores, especificação dos protagonistas e dos antagonistas, o que nos toca é a formação dos dois personagens-conceituais - Batman e Coringa - enunciadores da filosofia. E, mais especificamente, de como o *caos* e a *ordem* se pronunciam por meio de seus discursos, em uma espécie de devir--sensível, (...) ato de tornar-se devir-outro (continuando a ser o que é). [DELEUZE, 2009, p. 229.] Composição que, aliás, só é possível levando em consideração o pensamento da filosofia gauto-deleuziana a partir de sua concepção sobre o conceito.

Segundo Deleuze e Guatarri, é preciso reconhecer que o conceito não é a instituição de uma única ideia, pelo contrário, mas que em sua própria gênese há sempre a constituição de outros pensamentos. Na formação de um conceito "existem pedaços ou componentes vindos de outros conceitos" (DELEUZE e GUATARRI, 1996, p. 29). Como exemplo, tomemos o modelo de outrem, uma vez que "o outrem é necessariamente segundo em relação a um eu? Se ele o é, é na medida em que seu conceito é aquele de outro - sujeito que se apresenta como um objeto - especial com relação ao eu: são dois componentes" (DELEUZE e GUATARRI, 1996, p. 29).

Ao se estabelecer sobre a égide do conceito essa espécie de construção de conhecimento, estamos nos relacionando com outras áreas, visto que "os conceitos filosóficos são totalidades fragmentárias que não se ajustam umas às outras, já que suas bordas não coincidem" (DELEUZE e GUATARRI, 1996, p. 86). Assim, na identificação do conceito de ordem, ou do caos, é preciso analisar a "poesia" apresentada pela "fala-ação" dos personagens do filme, estabelecendo a relação entre os componentes do conceito, visto que a tessitura construída é necessariamente feita a regime do devir e, por isso, não é a mesma e nunca será. Sua significação é modificada, é alterada, na medida em que outros conceitos, em que outros pensamentos, atravessam sua gênese ao longo do tempo.

3 - E QUEM FAZ FILOSOFIA?

Segundo Deleuze, para a fomentação dos conceitos faz-se necessário a criação de uma espécie de personificação do filósofo. Ou seja, da representação de um personagem que se passa como enunciador do discurso filosófico: *assim, os personagens conceituais são verdadeiros agentes de enunciação. Quem é eu? É sempre uma terceira pessoa* (Deleuze e Guatarri, 2009, p. 81). No caso do filme, esta espécie de "eu da ordem" representado pela figura do morcego, do Batman, e o "eu do caos" anunciado pelo lunático Coringa.

No fundo, os personagens conceituais são única e exclusivamente pensadores e *seus traços personalísticos se juntam (...) aos traços intensivos dos conceitos.* Assim sendo, é a formação intelecto-psicológica do personagem conceitual que determinará a formação dos conceitos, como no caso do personagem-conceitual gago, no qual se desenvolve um pensamento que só é possível se expressar pela gagueira. No caso do Coringa ele é a própria representação do caos, do arquétipo da destruição, tanto em suas falas como em sua maneira de agir e falar. Já Batman, busca se construir como uma espécie de "ser humano" perfeito, isento de fraquezas.

Alfred: Saiba seus limites patrão Bruce.
Bruce Wayne: O Batman não tem limites.
Alfred: Mas, o senhor tem.
Bruce Wayne: Não me dou ao luxo de conhecê-los.
Alfred: E o que vai acontecer, no dia em que descobrir?
Bruce Wayne: Sabemos como você gosta de dizer eu te disse.
Alfred: Neste dia patrão Bruce nem eu vamos querer dizer.

3.1 - CORINGA COMO AGENTE DO CAOS

A figura estética do Coringa construída por Heath Ledger em "Batman, o cavaleiro das trevas" extrapola os "8mm" do filme. Não é a vestimenta, o andar desconcertado, nem os tiques ou a risada compulsiva, mas o conjunto - e sobretudo o olhar - que transforma este vilão dos quadrinhos na encarnação do caos. Repare que não há aqui nenhuma referência ao "caos" criador do grego (ainda que seja passível de comparação), mas especialmente a fomentação de um caos urbano instituído pelo medo, pela violência e pela anarquia. Segundo a fala do próprio personagem, em diálogo com Harvey Dant, "a chave do caos é o medo" e não há medo que não seja imposto pela violência.

Como representação do caos, sua origem não pode e nem deve ser conhecida. Em princípio, num breve diálogo, ele deixa entender que sua criação, que sua constituição é idealisticamente originada por uma causa própria: "eu acredito que o que não nos mata, nos torna mais estranhos". Indo nessa corrente ele procura explicar duas vezes a origem de suas cicatrizes: na primeira diz que foi causada por um pai bêbado e na segunda que ele mesmo teria feito para agradar a esposa. Indiferente às explicações, o fundamental é a desfiguração apresentada no próprio rosto - afinal é lá, na face anterior à face, não no pé ou nos braços, que se apresenta a singularidade humana - como marca inerente ao caos. Há neste caso certo rompimento histórico que ficará mais bem delineado quando o Coringa é preso:

Prefeito: Então, o que sabemos?
Gordon: Nada. Sem identificação digital, DNA ou dental. Roupas

sobre medida, sem marcas. Nada nos bolsos, só facas e fiapos. Nenhum documento - nem falso.

Não há uma ligação preestabelecida entre o caos e uma preexistência anterior. Não há um contínuo histórico que especifica sua formação. É a ação da máfia nas ruas de Gothan, é a corrupção na polícia e no judiciário. É o silêncio do povo, o aparecimento do Batman. São todas essas causas e nenhuma em específico. Sobre o pensamento caótico apresentado, sobre o personagem-conceitual Coringa, não há uma determinação histórica, mas geográfica - *Pensar se faz antes na relação entre o território e a terra.* (Deleuze e Guatarri, p. 113, 2010).

O que percebemos no conceito de caos apresentado pelo Coringa, já no início do filme, é a instituição de um conceito que possui suas áreas de vizinhança atreladas a outras três representações (como já enunciado). Como agente do caos, seu papel no filme é o de desestabilizar a "ordem" vigente em Gothan. Entretanto, esse seu agenciamento, essa fomentação caótica, não é feita por ele mesmo - não há caos pelo caos. Tal qual a ordem, o caos é um estado de coisas e que, em sua gênese, nesse caso específico, reside o medo, a violência e a anarquia.

Na primeira cena do filme, "o roubo aqueles que roubam", ele procura demonstrar que não está aliado a ninguém - sua ideia é a mensagem - como deixa claro no final. Não há uma ordem, nem mesmo nos aliados que se matam ainda enquanto roubam - apenas violência, anarquia e medo.

Além disso, outra possível interpretação para o caos, melhor dizendo, uma nova área de vizinhança para a composição do conceito de caos, é a compreensão de que o caos instituído pelo Coringa ao longo do filme assume um novo contexto com o desenrolar da trama. No final ele percebe que não basta colocar o medo nas ruas ou embotar a violência gratuita nos lares de Gothan (nos vídeos de tortura que ele envia aos canais de televisão), mas também da modificação da ordem social vigente quando ele resolve matar o comissário, a juíza e mais especificamente quando (ainda na conversa com Harvey Dent) diz:

> Ninguém se apavora quando o plano corre de acordo, mesmo que o plano seja horripilante. Se amanhã eu

> disser à imprensa que, por exemplo, um arruaceiro vai levar um tiro ou que um caminhão com soldados vai explodir ninguém entra em pânico, pois faz tudo parte do plano. Mas, quando eu digo que um prefeitinho qualquer vai morrer, todo mundo perde a cabeça.[180]

Ao exigir a morte de um personagem, em troca da não explosão de um hospital, Coringa não está apenas instituindo a desordem nas ruas, ele busca a desordem na estrutura social vigente. O caos não é imputado por ele diretamente, mas pela própria população (o violentado) que busca fazer o mal (violentar), em busca de um bem maior. Ou seja, matar um único indivíduo para que não seja necessária a morte de todo um hospital. Nesse caso o caos, a morte de um inocente, aparece como solução para a ordem, a não destruição do hospital.

De certa maneira, o Coringa é a antítese perfeita do Batman. Se o Morcego não é a figura clássica do herói, o Coringa não é a do vilão. Segundo ele, aliás, Gothan *merece uma classe melhor de criminosos*, de ladrões que não se importam apenas com o dinheiro (e por isso ele queima 68 milhões de dólares), mas que buscam a instituição da mensagem, do aviso, no caso dele, da loucura.

3.2 - A INSTAURAÇÃO DA ORDEM MASCARADA

Segundo o dicionário de filosofia de Nicola Abbagnano, ordem é *qualquer relação entre dois ou mais objetos que possa ser expressa por meio de uma regra.* Entretanto, a questão fundamental apresentada no filme *Batman, o cavaleiro das trevas* é a sedimentação de uma ordem que não é instituída por regra alguma. A justiça, o julgamento e, por vezes, a punição são feitos em todas as suas instâncias pelo próprio Batman, uma vez que a "justiça" jurídica de Gothan não é confiável. Com isso, o morcego torna-se, ao mesmo tempo, júri, juiz e executor. Com tal postura, ao mesmo tempo em que ele dá certa tranquilidade para as ruas, extrapola os limites legais da ação individual.

---

180 Em conversa (00:20:33) Havey Dent afirma que a existência do Batman é estabelecida em decorrência do silêncio da população e, sendo o Batman um dos causadores do Coringa, é possível estabelecer a mesma linha de pensamento para o surgimento do vilão lunático.

O conceito de caos enunciado pelo personagem-conceitual Coringa é o formado pela interposição da violência, do medo e mais tarde pela modificação social, tornando-se uma espécie de conceito trino. O conceito de ordem, enunciado pela "fala-ação" do Batman, é caracterizado também pela violência e pelo medo, uma vez que é com eles que o mesmo manifesta seu controle sobre a população criminosa de Gothan.

Enquanto Coringa usa o medo como um modo de estabelecer o caos na cidade, Batman é a representação do medo dos criminosos. Sua aparição espalha nas ruas de Gothan certa tranquilidade. Sua própria fantasia, sua maneira de falar e se portar, parecem ter sido milimetricamente medidas. Em uma terra sem justiça, o medo que os criminosos sentem é a única maneira de deixar tudo mais ou menos ordenado. É claro, quando o medo não dá certo, quando o medo por si só não é capaz de deixar tudo relativamente limpo, é preciso apelar para a violência e seu arsenal de armas e seu treinamento único resolvem.

Para o Coringa todo indivíduo é corruptível, segundo ele *loucura é como gravidade, só precisa de um empurrãozinho*. Aliás, todo plano para a desorganização social de Gothan passa por essa crença. Mas, para o Batman, o ser humano é essencialmente bom. Aliás, é somente por essa crença, por aceitação da bondade humana, que a ordem é possível de ser estabelecida. Logo, o conceito de ordem enunciado pelo "cavaleiro das trevas" é de uma ordem imputada pela violência, pelo medo, mas que precisa da boa-fé das pessoas para acontecer.

Não há como garantir uma paz perpétua na cidade. Gothan precisa de um herói não mascarado. Ou seja, Gothan precisa de alguém meramente humano, idôneo, capaz de estabelecer a ordem pela ordem. Com isso, a posição de Batman não é a de ser um eterno vigilante, mas alguém que limpou a cidade para seus próprios cidadãos tomarem conta.

Entretanto, não é apenas na violência que Batman se porta de maneira não muito ética - longe da ideia padrão de super-herói. Para encontrar o coringa ele atenta contra a liberdade da população. É claro, seu objetivo é estabelecer a ordem novamente na cidade, mas este é um clássico "os fins justificam os meios". Para vencer o Coringa, é preciso aceitar a anarquia. Essa postura por vezes violenta e, por que não, antiética (como quando ele traz para si a responsabilidade pelos assassinatos e cria a imagem de herói para Harvey Dent), representa um personagem esteticamente riquíssimo. Nas palavras do Comissário Gordon:

> Ele é o herói que Gothan merece, mas não é o que ela precisa agora. Então vamos caçá-lo porque ele aguenta. Porque ele não é um herói, é um guardião silencioso, um protetor cuidadoso, um cavaleiro das trevas.

4. OS FINS JUSTIFICAM OS MEIOS?

Ao abordar questões como caos e ordem, bem como a formação desses conhecimentos - desses conceitos - o filme procura também a compreensão social na qual vivemos. Até que ponto ações violentas, ou não violentas, são capazes de realmente modificar o contexto social? É possível pensar em uma ética humana, em um comportamento que se possa estabelecer como padrão de comportamento ético? É justo agir contra a lei para a implementação de um bem maior?

Além disso, é possível perceber no filme a linha tênue que se apresenta entre a justiça e injustiça, bem como a percepção correta do Coringa de que todos somos Harvey Dent - com exceção do Batman - uma vez que todos temos um preço. Afinal, *ou você morre herói, ou vive o bastante para se tornar vilão* (Havey Dent, 00:20:55).

Não há uma luta pelo controle da cidade. A ordem, o Batman, não quer apenas fazer que todos voltem a ter vida normal, bem como o caos, o Coringa, não se preocupa única e exclusivamente em atrapalhar a vida dos cidadãos de Gothan. Há uma coisa mais séria. Se pensarmos bem, o filme é - sem psicologismo - uma tentativa de investigação sobre o homem. A referência, as citações e a maneira como o filme é construído sintetizam o modo de vida do homem contemporâneo. Não há uma citação sequer sobre Deus no filme. Os homens são reféns dos próprios homens e estão entregues sem sorte e sem norte.

Enquanto Batman representa a esperança, o Coringa é a sentença do vazio. É claro, em tempos tão conturbados, não há como crer em um herói típico de conto de fadas. Aliás, o que o filme deixa claro é que não há mais tempo para esperar. A esperança que surge em Gothan é aquela que brota das trevas, das trevas edificadas pelo medo e pelo egoísmo. E por isso, talvez, apenas por isso, por ser aquela que brota do íntimo humano[181] e que conhece seus medos, a esperança de Batman é que vai lutar pela redenção dos cidadãos.

Entretanto, mergulhado em uma espécie de vazio existencial, sem crença, sem regras, em plena anarquia, a figura do Coringa procura demonstrar que há uma espécie de lado sombrio residente na alma humana. De certa maneira, é como se habitasse em nós uma infinidade de coringas, como se tudo aquilo que passássemos na vida nos tornasse estranhos, estranhos como ele.

O que vemos então, na "fala-ação" dos personagens-conceituais de "O cavaleiro das trevas", é uma espécie de busca, de corrida, pela alma humana. De um lado o agente, o Coringa, que após instaurar a desordem na cidade procura demonstrar que todos são bons apenas até certo limite:

> Coringa: a moral deles, a honra, é uma piada ruim. Se esquecem ao primeiro sinal de problema. As pessoas são tão boas quanto o mundo permite. Eu vou mostrar, quando tudo acabar, essas tais pessoas civilizadas, vão comer umas às outras. Eu não sou um monstro, eu só estou na vanguarda.

É imperioso destacar que ao instaurar a ordem, ao prender Coringa e os mafiosos, Batman não traz simplesmente a ordem à cidade. O bem não pode, não deve, interferir. O papel do herói, nesse caso, é o de afastar as "tentações" para possibilitar que "os bons cidadãos" de Gothan possam, por si sós, reconstruir moralmente a cidade.

Entretanto, talvez a questão mais relevante do filme seja a maneira pela qual é chegado o caminho da dita paz. Aceitar a violência de Batman e sua anarquia é corroborar a intervenção militar do governo americano no Iraque e no Afeganistão, bem como o episódio da violação dos *e-mails*.

Apesar de a batalha terminar "pró-mocinhos", com a vitória do Batman e a derrota do Coringa, duas questões relevantes são içadas. A corrupção de Havey Dent é também, enquanto representação metafórica, a

---

181 No primeiro filme, Bruce Wayne, ao instituir a gênese de Batman, encontra aquilo que - intimamente - mais lhe põe medo. A figura do morcego (que se escondia na caverna em que o pequeno Bruce caiu) é uma representação física de um trauma infantil que se revestiu de medo para assombrar os criminosos.

possibilidade de corrupção de todos os seres humanos. Ao transformar Havey em o "duas caras", o Coringa demonstra que todos têm o seu preço, que a anarquia e a loucura estão repousadas em todos nós: todos temos um preço. Uma segunda questão relevante é a deste ideal de ordem estabelecido na ponta da baioneta, em que "os fins justificam os meios".

REFERÊNCIAS BIBLIOGRÁFICAS:

ABBAGNANO, Nicola. *Dicionário de Filosofia*. São Paulo: Martins Fontes, 1998.

Deleuze, G. & Guattari, F. *O que é a Filosofia?* Rio de Janeiro: Editora 34, 2009.

MACHADO, Roberto. *Deleuze e a Filosofia*. Rio de Janeiro: GRAAL edições, 1990.

Sinopse do filme *Persona*

Título: *Persona /Quando duas mulheres pecam. Persona*
Direção: Ingmar Bergman
Elenco: Bibi Anderson, Liv Ullmann, Margaretha Krook, Grunnar Björnstrand, Jörgen Lindström

Irmã Alma, uma jovem enfermeira, é designada para cuidar de Elisabeth Vogler, uma famosa atriz que durante a apresentação da peça *Electra* ficou repentinamente em silêncio, permanecendo nesse estado durante três meses, sem apresentar nenhuma causa física ou mental em seu quadro. Não apresentando razões médicas para sua permanência no hospital, a médica responsável por Elisabeth sugere que as duas viagem para a casa de praia, onde Alma passa a relatar inúmeros fatos de sua vida profissional e pessoal para Elisabeth, que a escuta sem dizer uma palavra sequer. Em diversas situações (na maioria das vezes motivadas por Alma) ambas acabam comparando-se fisicamente, nesse momento ambas as personalidades estão mescladas, tornando-se difícil distinguir quem é quem. A situação chega ao ápice quando o marido de Elisabeth visita a casa inesperadamente, é quando o conflito e a mescla entre as personalidades explodem, com Alma lutando para definir sua personalidade, para deixá-la desagregada da personalidade de Elisabeth, deixando claro a principal questão adotada por Bergman no filme: a identidade. Suécia, P&B, 1966, 85'.

SOBRE INGMAR BERGMAN

Nascido em 14 de julho de 1918, sob o nome de Ernst Ingmar Bergman, veio a se tornar aquele que podemos apontar como o maior nome do cinema sueco. Nativo da cidade de Uppsala, localizada a aproximadamente 70 quilômetros da capital sueca, Estocolmo, Ingmar Bergman começou sua produção no cinema em 1945 com o filme *Crise* (*Kris*).

Podemos perceber em toda a sua obra a abordagem de questões existencialistas. Tendo atuado entre 1945 e 2002, Bergman dirigiu mais de

40 filmes, tendo sido premiado com o Oscar três vezes na categoria de melhor filme em língua estrangeira; a primeira vez em 1961 com o filme *A fonte da donzela* (Jungfrukällan) e posteriormente em 1962 com *Através de um espelho* (Såsom i en Spegel) e em 1984 com *Fanny e Alexander* (Fanny och Alexander).

Ingmar Bergman veio a falecer em 30 de julho de 2007, na ilha de Farö, situada no mar Báltico. Dentre sua vasta obra, daremos ênfase neste livro a *Persona*. Filme realizado em 1966, e que mesmo não tendo sido vencedor de um Oscar, merece destaque como uma das obras primas do diretor sueco.

Fabio Daemon, Ricardo Ramos, Bruno Tavares e Nathan Vieira.

Persona, de Bergman, pela ótica de Deleuze.

Fabio Daemon, Ricardo Ramos, Bruno Tavares e Nathan Vieira.[182]

CONCEITOS DELEUZIANOS

Trataremos da análise imagética da obra cinematográfica *Persona,*[183] de Ingmar Bergman, pela ótica deleuziana de inspiração bergsoniana.[184] Para tal, nos basearemos nos conceitos desenvolvidos por Deleuze, contidos nos capítulos IV e VII de seu livro *Cinema II - A imagem-tempo,* a saber, respectivamente: *Os cristais do tempo* e *O pensamento e o cinema*, no qual, a partir das imagens que constituem o cinema moderno, ele pensa o tempo; as relações entre passado e presente; lembranças, sonhos e acontecimentos. Desse modo, podemos observar como o cinema proporciona de um modo peculiar reflexões a cerca de questões como essas. Para Deleuze o cinema é pensamento, assim como a filosofia, porém o que ele cria são sensações através de imagens, enquanto a filosofia cria conceitos, o que segundo ele é a essência desta. À medida que analisarmos *Persona* por Deleuze estaremos também exemplificando e entendendo, pela imagética do filme, os conceitos de Deleuze. Porém, faz-se necessário, primeiramente, realizarmos uma breve apresentação explicativa dos conceitos que aplicaremos. Começaremos, então, pelo conceito de imagem-tempo e prosseguiremos com os demais:

Imagem-tempo refere-se ao estilo do cinema moderno que tem suas características surgidas em consequência das percepções de mundo que nascem das ruínas da Segunda Guerra. Nesse tipo de obra o tempo é protagonista, subordina o movimento a ele. Ao contrário do cinema clássico, que Deleuze aborda em seu livro anterior: *Cinema I - A imagem-movimento*, cujo tempo é subordinado ao movimento; isso significa que o tempo apenas segue a ordem dos acontecimentos, acompanha o movimento em seu encadeamento lógico de uma narrativa linear. No cinema

---

182 Fabio Daemon, Ricardo Ramos, Bruno Tavares e Nathan Vieira são alunos da graduação em Filosofia da Universidade do Estado do Rio de Janeiro.

183 *Quando duas mulheres pecam* (título em português da versão brasileira).

184 *Referente ao filósofo Henri Bergson.*

clássico, cada cena nos coloca sempre na expectativa da seguinte, por isso aqui o espectador se torna um expectador. É o cinema da ação e reação, em que somos levados a reagir automaticamente. Um cinema sensório-motor. Já no cinema moderno, no qual se situa o filme que analisaremos, passado e presente, sonhos e lembranças são indicerníveis, porém permanecem distintos. O espectador fixa-se no presente e se detém em cada cena, é o cinema do observador, que Deleuze denomina de *vidente*. Temos a percepção pura do tempo por meio de longas esperas, da monotonia.

As imagens para Deleuze são tanto óticas quanto sonoras. O cinema moderno é o cinema das situações óticas e sonoras puras. Puras, pois são destacadas de um prolongamento lógico, são desprendidas, não continuadas e, ainda, dissociadas uma da outra.

A *Imagem cristal* se constitui de duas imagens indicerníveis, porém distintas: a *imagem-atual* e a *imagem-virtual*. A *imagem-atual* nos dá a percepção do instante presente; a *imagem-virtual* nos dá tanto o passado real quanto sonhos, lembranças e devaneios. Essas duas imagens formam entre si um *circuito*, no qual trocam constantemente de posição, a imagem virtual se atualizando, tornando-se límpida, enquanto a atual se virtualiza tornando-se opaca, obscura. Na imagem cristal, atual e virtual se contraem. Numa mesma cena tudo já está contido: passado, presente, sonho, lembrança, devaneio, não é preciso que o circuito se dilate. O que apareceria em forma de *flashback*, no caso do cinema clássico, já aparece de maneira indiscernível na própria cena. Esses circuitos cada vez mais estreitos cristalizam a imagem, e é na imagem-cristal que podemos ver o tempo em seu estado puro. Assim, o passado não é algo que passa, ele permanece e coexiste com o presente. Na imagem-cristal, as imagens devem ser compreendidas, não como uma cópia da realidade, ou seja, um duplo, mas sim como imagens em si mesmas, como existindo em si mesmas. Na imagem-cristal, está comungado o passado e o futuro, ela não é o tempo presente, mas vemos o tempo presente na imagem-cristal, não o tempo cronológico, mas sim o tempo bergsoniano, ou seja, o tempo da duração. Com a imagem-cristal destaca-se uma nova lógica em que,

> "... a imagem real não se conecta mais a outra imagem real, mas a sua própria imagem virtual. Cada imagem então se separa das outras para se

> abrir à sua própria infinitude. E o que faz a ligação, daí em diante, é a ausência de ligação, é o interstício entre as imagens que comanda, em lugar do encadeamento sensório-motor, um reencadeamento a partir do vazio." (RANCIÈRE, 2008, p. 2).

Deleuze nos fala ainda sobre a imagem especular, um processo em que a imagem, imagem virtual, ganha uma ressonância, formando uma imagem bifacial, composta pela imagem virtual e pela imagem especular. Pela imagem especular a imagem virtual adquire certa independência, uma animação e se torna uma imagem atual. Ela é projetada a partir de uma imagem virtual, contudo, já não existe o movimento de retorno para a sua origem, ela é refletida por uma imagem, mas a partir dessa reflexão adquire características próprias que passam a diferenciá-la de sua origem.

Em *Imagem-tempo*, Deleuze enuncia o cinema como uma maneira de pensar, colocando o sujeito pensante como aquele que encadeará as imagens à sua maneira, e cabendo ao cinema a tarefa de embaralhá-las, desencadeá-las para que o pensamento tente compreendê-las. Pensar para Deleuze está em atingir seu limite próprio, romper o que antes estava preso a uma estrutura sensório-motora. Porém, onde estará o papel do cinema no pensamento?

O cinema de Deleuze está no impoder[185] de pensar, aquele que fará o pensamento ficar petrificado, sem que se saiba o que está acontecendo. Cria-se um problema no cinema, e cabe ao espectador pensá-lo. Como, porém, se este não lhe deixa pensar, não lhe diz exatamente o que está acontecendo naquele momento? O problema em *Persona* está na identidade. Afinal, quem será realmente que está em conflito consigo mesma: a atriz Elisabeth Vogler ou a enfermeira Irmã Alma? É neste momento que nos vemos cercados por um problema colocado pelo filme e que não nos deixa claro quem ali deve ser o foco do nosso olhar. O pensamento está petrificado pelo cinema, é impossível pensá-lo, ele o roubou, como Deleuze assinala quando cita George Duhamel.

Entretanto, o impoder de pensar não está realmente no cinema, e sim no pensamento, é ele que está petrificado, não o cinema, é o pensamento que não o compreende, pois acostumado com encadeamentos

185 Cf. DELEUZE, Gilles. *A imagem-tempo*. Tradução de Eloisa de Araújo Ribeiro, revista por Renato Janine Ribeiro. São Paulo: Brasiliense, 2005.

lógicos baseados em estruturas sensório-motoras contínuas em outros filmes não consegue entendê-lo. *Persona* só é mais um exemplo do cinema moderno, em que se rompe o movimento sensório-motor, da ação e reação, acaba aquela continuidade tão evidente que impossibilita um cinema que faça pensar, e que só nos permitia reagir automaticamente. A montagem cinematográfica moderna faz o tempo-cinema uma linha descontínua de imagens. Desencadeadas, elas se formam como numa só, mesmo não tendo relações entre si, e quem fará esta relação será o cinema moderno, caberá a ele essa montagem.

Petrificado, buscando incessantemente uma explicação, o pensamento será revelado pela forma-cinema, será ela que fará uma escolha no filme. Entretanto, quem dará essa forma ao filme não serão as imagens que ali estão em uma relação descontínua, será um fora. O fora encadeia a linha do pensamento, impõe o lugar onde o pensamento deve estar. Quando em *Persona*, Elisabeth Vogler e Irmã Alma estão sentadas na mesa, Elisabeth é filmada de costas e Alma se debruça sobre a mesa, nesse momento se ouve alguém dizer: "Melhor ir para a cama, senão acabará dormindo aqui!". Aqui há a dissociação entre imagem sonora e imagem ótica, e isso cria um problema: quem está falando? Não temos como ter certeza de quem falou. Pode ter sido dito por Elisabeth, ou foi somente o pensamento de Alma. A própria personagem não consegue discernir. Independentemente de quem nessa cena fala, a força de um fora é que nos leva a esse problema, é ele que nos força a colocar nosso foco na imagem: é a voz. Ela determina em quê devemos focar, e aqui é na imagem tanto de Elisabeth de costas quanto na de Irmã Alma debruçada sobre a mesa, a fim de resolver o mistério de quem está falando. Quando o cinema se tornou falado, a voz passou a ser o critério para escolhermos qual imagem se correlaciona a ela, diz Deleuze. A voz aqui nada mais é do que o próprio fora que dissocia as imagens e as confunde à sua maneira, gerando um conflito no pensamento.

PERSONA: DELEUZE EM CENA - ANÁLISE DO FILME

As luzes do projetor se acendem. Dá-se concomitantemente um som ruidoso. Inicia-se a rolagem do filme. Surge uma pequena animação, em seguida imagens desconexas, instantâneas, chocantes proliferam, saltam na tela. Uma aranha; um órgão genital masculino; um monge em chamas; um animal sendo sangrado; tripas à mostra; a mão sendo pregada... Eis que entramos no cristal, entramos para um ensaio da vida, um ensaio no qual a vida se cristaliza juntamente com as imagens pela duração fílmica, logo após, saímos do cristal e nos tornamos protagonistas de nossa própria vida. O cristal só contém a morte. Onde começa a vida e termina o teatro? Pergunta Deleuze. No meio do filme a película se queima e novamente imagens desconexas se apresentam, acompanhadas de ruídos, talvez para nos acordar do transe que o filme nos conduz e nos lembrar que ainda devemos sair dali, é como uma rachadura no cristal, logo em seguida a cena de Elisabeth andando pela casa aparece desfocada, dando uma ideia onírica, e finalmente reencontra o foco e voltamos ao filme. No final, retorna-se à cena inicial do menino comtemplando os rostos das duas mulheres. O filme sai do rolo, e as luzes do projetor se apagam. Fim de filme - saímos do cristal!

Em um hospital um menino franzino de óculos brinca com as imagens... Em tempos de criança, a brincadeira preferida de Ingmar Bergman era montar pequenos filmes com um cinematógrafo, uma espécie de projetor que havia ganhado de uma tia, esse objeto de brincadeira mais tarde se tornaria objeto de seu brilhante ofício, esse depoimento de Bergman é uma das passagens de sua autobiografia intitulada *Lanterna mágica*. Logo no início do filme *Persona* (1966) ou *Quando duas mulheres pecam*, título dado ao filme no Brasil, somos acometidos por um franzino menino de óculos, esse menino é claramente uma alusão à infância de Bergman, o menino que brinca com as imagens, que mais tarde se tornaria um manipulador delas. Um manipulador de imagens no sentido de conseguir, por meio delas, exprimir tamanha gama de significados em inúmeros momentos de introspecção dos personagens que levam o espectador ao choque do si. Em vários momentos de sua autobiografia Bergman faz uma comparação entre o artista e a criança.

O roteiro de *Persona* foi escrito num leito de hospital, onde Bergman permaneceu por aproximadamente três meses, internado, tratando-se de uma pneumonia, esse outro momento também é relatado no filme, quando o menino Bergman levanta de seu leito e põe-se a brincar com as imagens. É nesse momento que Bergman diz estar à beira da morte, outra forte passagem também relatada na história de *Persona*. É bastante perceptível que em inúmeros momentos Bergman parece querer apresentar sua vida por meio de *Persona*. Segundo Deleuze,

> "Bergman foi quem levou mais longe o niilismo do rosto, isto é, sua relação no medo com o vazio ou a ausência, o medo do rosto diante de seu nada. Em toda uma parte de sua obra, Bergman atinge o limite extremo da imagem-afecção, queima o ícone, esgota e extingue o rosto (...)." (DELEUZE, 1983, p. 117.)

O filme é tido por muitos críticos difícil de ser descrito em razão de sua densidade. Esse era o intuito de Bergman, que compôs o filme em forma de um poema visual. É no drama da personagem Elisabeth Vogler que a crise da representação ganha vida por meio de um paradoxo. A personagem, que vive Electra na trama de Bergman, absorve o drama da protagonista na versão de Sófocles, em que não suporta viver em um reino representações, e para que essa personagem "viva" ela só pode viver por intermédio da própria representação, justamente por ser uma personagem; configura-se aqui um paradoxo. Elisabeth Vogler entra em crise ao se dar conta do paradoxo de que representa uma personagem, na qual a maior angústia representada é a busca por uma verdade. No drama de Elisabeth Vogler torna-se claro o fenômeno da crise da representação, no qual não há mais os referenciais que até então norteavam as linguagens artísticas, tudo passa a ser válido, ou seja, todos os pontos de vista, todos os discursos e todas as linguagens são válidos, tudo isso foi amparado pela lógica da liberdade de expressão, mesmo que não houvesse nenhuma expressão. Para Deleuze a arte não é um meio de fuga da vida, mas sim a própria vida em si. Ainda segundo ele, a representação é uma limitação, pois à medida que o homem busca incessantemente as representações que se retêm às próprias representações e não se importa com a essência, percebemos no silêncio de Elisabeth Vogler justamente uma maneira de fugir dessa tentativa de representação, pois ao falar, ou ao tentar representar os acontecimentos, as coisas, dá-se início à própria mentira.

O TEMPO PURO

Em *Persona*, de muitas maneiras, podemos ver o tempo em seu estado puro. Na cena em que Elisabeth encontra-se deitada no leito do hospital, ao som de uma música clássica tocando no rádio, com o rosto fixo, inexpressivo, olhar vazio, a face do tempo se mostra na face da atriz sob a luz crepuscular, a tarde cai em seu rosto, e a noite chega escurecendo-a. Percebemos aí o tempo de duas formas: pela duração da cena e sua falta de acontecimentos, em que temos tempo de nos fixar nela e apreciá-la, sem que estejamos na ânsia, na expectativa de uma continuação da ação; e também pelo próprio escurecer do rosto.

CINEMA DE VIDENTES

No cinema moderno somos observadores passivos, ou, como denomina Deleuze: somos videntes. Quando, por exemplo, testemunhamos uma ocasião banal do cotidiano como a cena em que Alma pega sol na varanda da casa de praia, não esperamos que aconteça nada além do que está acontecendo, então ela se levanta e entra na casa, continuamos a ver a varanda vazia agora, e ela volta com uma vassoura e se põe a varrer. A perspectiva da câmera nos dá também essa noção de sermos meros observadores. Ela é colocada a certa distância, atrás de uma vegetação, como se nós mesmos estivéssemos ali escondidos observando-a, e além disso a câmera permanece imóvel. Aqui também testemunhamos o tempo através de esperas.

DISSOCIAÇÃO ENTRE IMAGEM SONORA E IMAGEM ÓTICA

Em diversas cenas podemos perceber a dissociação entre as imagens sonoras e óticas puras. Cenas em que o que é visto não se relaciona diretamente com o que é dito, a voz da personagem não é acompanhada de sua imagem visual, mas sim da personagem que a escuta, que reage a ela. Porém, as cenas mais ilustrativas e instigantes desse tipo, em *Persona*, são as em que essa dissociação é usada para compor situações que ajudarão a criar a sensação que a história deseja passar, criar a confusão entre as identidades das duas mulheres, nos dando uma sensação de ambiguidade, em que não conseguimos discernir quem é quem, no sentido de não saber quem disse, quem pensou, quem viveu tal situação.

Uma das cenas que cria essa sensação por meio da dissociação de imagens sonoras e óticas é a cena em que após a conversa sobre diversos acontecimentos da vida de Alma (conversa na qual apenas Alma fala), a mesma parece estar cansada, então se debruça sobre a mesa e escuta uma voz sussurrar: "melhor ir para a cama, senão acabará dormindo aqui". Alma levanta repentinamente e diz: "é melhor eu ir para a cama ou acabarei dormindo aqui". Nessa cena Elisabeth aparece de costas para a câmera, novamente aqui há a dissociação entre som e visual, e isso cria uma ambiguidade, não temos como ter certeza de quem falou. Pode ter acontecido ou não. Realidade, sonho ou devaneio? Pode ter sido dito por Elisabeth, ou Alma que pensou. A própria personagem não consegue discernir, e toma aquilo como seu próprio pensamento.

Outro exemplo é a cena em que Alma e Elisabeth se agridem. Primeiramente há uma dissociação espacial, na qual Elisabeth dá um tapa em Alma, e isso se passa do lado de fora da casa, porém Alma recebe o tapa já estando as duas dentro da casa. Alma então pega uma panela com água fervendo que se encontrava sobre o fogão e ameaça jogá-la em Elisabeth, sendo interrompida, pois alguém grita: *"Não faça isso!"*, mas não podemos ter certeza se foi Elisabeth, ou a própria Alma, ou mesmo se realmente alguém gritou, ou se fomos nós, nosso desejo, ou simplesmente é algo que paira numa dimensão mental. Pois, quando a câmera chega ao rosto de Elisabeth o som da voz já havia findado e em seguida na fala de Alma isso também não fica claro, pois ela apenas diz: *Está realmente com medo agora, não? Por um segundo você estava realmente com medo, não? Um verdadeiro medo da morte, não? Alma ficou louca, você pensou. Que tipo de pessoa você é, realmente? Ou você pensa assim: "me lembrarei daquela face"*. Talvez essa fala de Alma possa nos dar a impressão que foi Elisabeth quem gritou, porém isso é incerto, isso não fica realmente claro.

Ainda há uma cena em que Elisabeth está em close, e Alma no plano de trás fala, nesse momento, como um boneco de ventrículo, Elisabeth apenas movimenta os lábios, como se fosse ela mesma falando. Numa cena subsequente Alma entra no quarto de Elisabeth, na clínica, e pede para que ela fale a palavra "nada". Elisabeth fala, mas pode ser que ela não tenha dito, como da vez anterior em que ela movia os lábios quando Alma falava. Dessa vez poderia ter sido da mesma maneira, pois Alma vai repetindo a palavra para que Elisabeth fale, e então o rosto de Alma sai de quadro permanecendo apenas o de Elisabeth, que aí então "diz" a palavra. Porém, a dúvida permanece, pois na fala seguinte de Alma ela apenas diz: "É assim que deveria ser".

IMAGEM-CRISTAL

Podemos dizer que as duas personagens do filme *Persona* representam duas imagens distintas que, porém, tornam-se indiscerníveis ao longo do filme, confundem-se em nossa cabeça, e na própria cabeça das personagens. Quem é quem? Até que numa representação imagética os dois rostos se fundem, complementam-se formando apenas um único rosto. Podemos usar isso como uma analogia da imagem cristal, em que virtual e atual são indiscerníveis, porém distintos, trocam continuamente de posição. Obscuridade e limpidez. A face obscura e a face iluminada, límpida. Esse jogo de identidade se dá de formas diversas ao longo de *Persona*: pelo texto, pela dissociação imagem sonora e ótica, pela interação dos rostos e corpos, pelos sonhos...

A indiscernibilidade da imagem atual e da imagem virtual pode ser vista em cenas como aquela em que Elisabeth "vai" ao quarto de Alma no meio da noite, Alma se levanta, as duas se abraçam e comparam seus rostos diante do espelho. Nessa cena em que Alma estava na cama, no fundo Elisabeth surge como uma aparição, algo onírico, fantasmagórico, o que não nos permite saber se se trata de sonho ou realidade, imagem virtual e atual. Ainda na sequência dessa cena as duas se comparam no espelho, uma sendo a imagem especular da outra.

A passagem na qual o marido de Elisabeth a visita acontece toda de uma forma que a indiscernibilidade das personagens aumenta ainda mais. Primeiramente, Alma, em sua cama, escuta alguém chamar por Elisabeth, na cena seguinte ela vai ao quarto de Elisabeth que parece estar dormindo, fica ali então olhando-a minuciosamente, então novamente ouve a voz masculina chamar pelo nome de Elisabeth. O filme prossegue e Alma encontra o marido de Elisabeth que começa a lhe chamar pelo nome de sua esposa, essa primeiramente diz ao homem que não é Elisabeth, porém, em dado momento, passa a responder como se fosse. Sonho ou realidade, e quem está sonhando? Pois lembramos que antes do encontro com o marido de Elisabeth Alma escuta a voz quando ainda está em sua cama, e a voz do marido reaparece chamando por Elisabeth, quando a própria está deitada, supostamente dormindo. Nessa cena, ainda, Elisabeth em primeiro plano, e Alma mais atrás com o marido de Elisabeth, aparecem focadas ao mesmo tempo - aqui é usado um recurso chamado de profundidade de campo, no qual o plano de fundo, o plano médio e o primeiro plano são focados simultaneamente, esse recurso utilizado nesta cena aumenta ainda mais a indiscernibilidade das duas personagens.

Cena das duas conversando na mesa. As duas aparecem vestidas de preto, conversando sentadas em uma mesa, a conversa é repetida duas vezes em duas perspectivas opostas, como se cada vez o diálogo tivesse sido pronunciado por uma das duas. Em cada perspectiva uma tem um lado do rosto que está obscurecido. Na primeira a câmera fica para captar as reações de Elisabeth em relação ao que Alma está dizendo. Na segunda perspectiva, a cena volta ao início, acompanhada de um som estrondoso, mas desta vez a câmera fica todo o tempo em Alma e à medida que ela vai contando a história de Elisabeth, vai também refletindo a história dela, neste momento, no lado obscuro de sua face, surge, reflete-se como num espelho, a metade da face de Elisabeth, combinando os dois rostos, fundindo as duas personagens em uma só, nesse momento Alma se desespera, dizendo: *Não! Não sinto como você!* tentando recuperar sua identidade, que estava se perdendo, conduzindo-se à de Elisabeth. A imagem do rosto dividido entre as duas se estatifica por alguns instantes, analogamente à cristalização do tempo, a cristalização de duas identidades em uma somente. Na cena seguinte, parece que a cena se repetirá pela terceira vez, por outra perspectiva, pois Elisabeth aparece sentada no mesmo local, com as mãos sobrepostas à mesa. Porém, dessa vez, Alma chega vestida de enfermeira, reassumindo sua identidade, seu papel na relação entre as duas. Essa cena é praticamente toda feita contra a luz, o que deixa a ideia do confronto entre as duas faces obscura. Alma briga com Elisabeth, e a estapeia no rosto, na sua face iluminada, mas isso não podemos ver, só saber.

O final retorna à cena inicial do menino contemplando os rostos das duas mulheres. O filme sai do rolo, e as luzes do projetor se apagam. Fim do filme.

REFERÊNCIAS BIBLIOGRÁFICAS / WEBGRAFIA:

DELEUZE, Gilles. *Diferença e repetição*. Trad.: Roberto Machado e Luiz B. Lacerda Orlandi. 1ª ed. São Paulo: Graal, 2006.

_____. **Cinema 1:** *A imagem-movimento*. Trad.: Stella Senra. São Paulo: Brasiliense, 1983.

RANCIÈRE, Jacques. *De uma imagem à outra? Deleuze e as eras do cinema*. Trad.: Luiz Felipe G. Soares. *Em:* Intermídias, Serra, nº 8, ano 4. www.intermidias.com/txt/ed8/De.pdf. Data de acesso: 17 de outubro de 2011.

BADIOU, Alain. *O clamor do ser*. Tradução de Lucy Magalhães, revista por José Thomaz Brum. Rio de Janeiro: Jorge Zahar Ed., 1997.

DELEUZE, Gilles. *A imagem-tempo*. Tradução de Eloisa de Araújo Ribeiro, revista por Renato Janine Ribeiro. São Paulo: Brasiliense, 2005.

SOBRE OS AUTORES:

Patrick Pessoa

É professor do Departamento de Filosofia e do Programa de Pós-Graduação em Filosofia da UFF. Junto com Alexandre Costa, criou a mostra-curso "A história da Filosofia em 40 filmes", que, ao fim de duas edições, levou ao longo de 80 sábados mais de vinte mil pessoas às dependências do Teatro Nelson Rodrigues para debater as multifacetadas relações entre o cinema e a filosofia. Publicou em 2008, pela editora Rocco, *A segunda vida de Brás Cubas: a filosofia da arte de Machado de Assis*, finalista do Prêmio Jabuti na área de Teoria e Crítica Literária. Atualmente, trabalha também como dramaturgista, tendo colaborado na encenação de *Na selva das cidades*, de Bertolt Brecht (CCBB, 2011) e da *Oréstia*, de Ésquilo (Laura Alvim, 2012).

Bernardo Britto

É formado em cinema pela New York University - Tisch School of the Arts. Fez o roteiro e dirigiu o longa-metragem *Not Yet* e os curtas intitulados: *Cardboard Robot*, 35mm Still (2008); *Bad Kids* (2008); *Me and You* (2008); *Suburban Underground; Fishsticks* (2008); *Minnesota* (2009). Publicou o artigo *Cidade de Deus: entre violence et espoir* na revista francesa *Incognita,* Nantes, França, 2009. Outras publicações: *Informal Essay, em* Broward County Literary Magazine, *Personal Narrative* em Broward County Literary Magazine e *Short Story,* publicada em American Heritage Literary Magazine. Fez também algumas animações entre as quais: *Paper Snail*, Stop-motion (2008); *Stache Bros*, Pixelation (2008); *Space Man*, After Effects (2008); *Monsieur Mouche*, Hand-drawn (2009); *Platypus*, Stop-motion (2009); *Dodgeball.* Hand-drawn; *Sand*, Stop-motion (2009); *Vampire Bords*, Flash (2009) e *Cool Beard*, Flash (2009).

Marly Bulcão

É atualmente professora do Departamento e de Pós-Graduação em Filosofia da Universidade do Estado do Rio de Janeiro, tendo feito o doutorado no IFCS/ Universidade Federal do Rio de Janeiro e o pós-doutorado no Centre de Recherche Gaston Bachelard de l'Université de Bourgogne em Dijon, França. Recebe atualmente uma bolsa de Pesquisador Emérito da FAPERJ. Dedica-se principalmente à filosofia contemporânea de expressão francesa, voltando-se em suas pesquisas para pensadores como Gaston Bachelard, Ferdinand Gonseth e François Dagognet que se inserem tanto na área de epistemologia como na de estética. Publicou diversos livros no Brasil, na França e na Itália entre os quais: *Bachelard: un regard brésilien* e *Proménade bresilienne dans la poétique de Gaston Bachelard*, publicados, respectivamente, em 2006 e 2010 na França pela Editora l'Harmattan; *Bachelard: contribuições para uma pedagogia da razão e da imaginação* publicado em 2007 pela Editora Vozes e *Bachelard, Lautréamont e Caillois dinanzi alle linee di forza dell'immaginazione* (capítulo de livro), publicado na Itália pela editora Il Melango.

Marcelo de Carvalho

É doutorando no Programa de Pós-Graduação em Filosofia da UERJ, onde prepara a tese: ***Gaston Bachelard, por una filosofia do inexato***. Graduou-se em Filosofia na *Università Cattolica del Sacro Cuore di Milano*, em 2002. Em 2007, defendeu na UERJ a dissertação de Mestrado: ***O devaneio cósmico e o conhecimento de si. Gaston Bachelard: da alma poética à androginia da alma.*** Em 2011, organizou, com a Profª Marly Bulcão, a mesa-redonda *"A filosofia vai ao cinema - Encontro com os cineastas: Aluizio Abranches e Malu di Martino"*, realizada na UERJ. Proferiu também as seguintes palestras: *Le dynamisme de la pensée bachelardiene: Androgynie et polarité, Colloque International Gaston Bachelard,* Dijon, França. *Zaratustra e a dificuldade de individualizar-se no universo da contingência* - PUC-Rio, publicada em: *AnaLógos*, vol. XI; *Gaston Bachelard e o corpo poético do mundo*, UERJ - GT Anpof. Publicou os artigos: *Zaratustra: os renegantes e a falta de fé na não existência de Deus*, em: *Leituras de Zaratustra*, Rio, Mauad/Faperj,

2011; *De l'âme poétique à l'androgynie de l'âme: la rêverie cosmique et la conaissance de soi*, in: *Bulletin* Association des amis de Gaston Bachelard nº 10, Dijon, 2008; a crônica: *Voyage dans la Vallé du café: une aventure dans l'espace et dans le temps*, in: *Incognita* nº 4, Nantes, Éditions du Petit Véhicule - 2009; e o ensaio: *Terra em transe*, em: *Adultità* nº 22 - Milão, Edizioni Guerini, 2005.

Verônica Damasceno

É professora Adjunta do Departamento de História e Teoria da Arte (EBA/UFRJ) e Pós-Doutoranda em Filosofia pela Unicamp. Bacharela e Licenciada em Filosofia pela UERJ, onde também concluiu Mestrado e Doutorado em Filosofia. Sua pesquisa atual se concentra nas relações entre Filosofia e Arte em Gilles Deleuze. Publicou artigos em revistas especializadas, capítulo de livro e colaborou na tradução brasileira do livro *História da filosofia* organizada por Jean-François Pradeau. Participa do Grupo de Pesquisa do CNPq "Deleuze/Guattari e Foucault, elos e ressonâncias" da Unesp. É membro do Conselho Editorial da Revista *Ensaios filosóficos.*

Rosa Dias

É professora do Departamento e da Pós-Graduação em Filosofia da Universidade do Estado do Rio de Janeiro. Tem experiência na área de Filosofia, com ênfase em Estética e História da Filosofia, atuando principalmente nos seguintes temas: música, cinema, cultura e educação. Atualmente desenvolve o projeto "A metafísica do gênio nas Considerações Extemporâneas de Nietzsche". Entre outras publicações pode-se destacar os seguintes livros: *Leituras de Zaratustra*, *Nietzsche, vida como obra de arte*, *Amizade estelar: Schopenhauer, Wagner e Nietzsche*, *Lupicínio e a dor de cotovelo*, *Nietzsche e a música* , *Nietzsche educador,* entre outros. Também atua na produção de roteiros para o cinema, e em produção de filmes nacionais.

Márcio Doctors

É atualmente curador da Fundação Eva Klabin e do Espaço de Instalações do Museu do Açude. Cursa Doutorado em Filosofia na UERJ, onde desenvolve a pesquisa "A espiral do tempo: considerações filosóficas acerca do pensamento crítico de Mário Pedrosa", sob orientação do Professor James Bastos Arêas. Foi crítico de arte do jornal O Globo entre 1979 e 1982. Em 2008, foi convidado para ser curador da 28ª Bienal de São Paulo e recusou o convite. Como curador, sua ação é marcada por uma maneira singular de pensar a arte contemporânea, propondo formas de inserção não convencionais em ambientes museológicos tradicionais, como no Projeto Respiração, da Fundação Eva Klabin, em que artistas são convidados a fazer "intervenções" no espaço expositivo da coleção de arte clássica da instituição; ou, no Museu do Açude, onde propõe aos artistas que trabalhem com a relação entre instalação e meio ambiente no parque florestal do museu. Entre suas últimas curadorias, podemos destacar, no âmbito do Projeto Respiração da Fundação Eva Klabin: *Concerto de pálpebras*, Enrica Bernardelli, *Três quartos de memória*, Daniel Blaufuks e *Regra de dois*, Carlito Carvalhosa (2011); *Roteiros imaginários*, Daniela Thomas e Lilian Zaremba, Anna Maria Maiolino (2010). Publicou diversos livros, entre eles *Nocturno*. Rio de Janeiro: Fundação Eva Klabin, 2008; A Coleção *Eva Klabin*. Rio de Janeiro: Fundação Eva Klabin e Kapa Editorial, 2006; *Tempo dos tempos*. Rio de Janeiro: Jorge Zahar Editor, 2003; *Tempo, matéria e permanência:* o Egito na Coleção Eva Klabin. Editora Casa da Palavra, 2002.

Suellen da Rocha Gomes

É Bacharela e Licenciada em Filosofia pela Universidade do Estado do Rio de Janeiro e atualmente é mestranda no Programa de Pós-Graduação em Filosofia da mesma instituição. Atuando na área de concentração Estética e História da Arte, interessa-se pelas temáticas do corpo e do niilismo na filosofia e literatura contemporâneas.

Raissa Vasques de Santa Brígida

É Bacharela e Licenciada em Filosofia pela Universidade do Estado do Rio de Janeiro, onde também concluiu seu Mestrado com bolsa da Capes. Atualmente está fazendo o doutorado na mesma universidade sobre o pensamento de Gaston Bachelard.

Micael Rosa Silva

Possui graduação em Filosofia pela Universidade Estadual de Londrina - UEL (2007). Atualmente é professor no ensino médio do Estado de São Paulo. Cursa o Mestrado do programa de pós-graduação em Filosofia da Universidade Estadual do Rio de Janeiro - UERJ. Tem experiência na área de estética nietzschiana.

Rose Mary Costa Rosa Andrade Silva

Atualmente é professora associada da Universidade Federal Fluminense. Possui graduação em Filosofia pela Universidade Federal do Rio de Janeiro (2003), é pós-graduada em Filosofia Moderna e Contemporânea pela Universidade do Estado do Rio de Janeiro (2007) com monografia intitulada: "O conceito de corpo em Merleau-Ponty". É líder do Grupo de Pesquisa "Filosofia e Saúde" (UERJ-UFF). É graduada em Enfermagem pela Universidade Federal Fluminense (1986); fez internato pelo Ministério da Saúde (1986), mestrado em Enfermagem pela Universidade Federal do Rio de Janeiro (1994) e doutorado em Enfermagem pela Universidade Federal do Rio de Janeiro (2000). É professora do Mestrado profissional Interdisciplinar em Educação e Saúde (MPES) da UFF e professora em treinamento do Mestrado Acadêmico em Ciências do Cuidado em Saúde (MACCS) ministrando aulas sobre o referencial teórico-filosófico de Merleau-Ponty, Henri Bergson e Zygmunt Bauman. É professora do Curso de Especialização em Psicossomática e Cuidados Transdisciplinares com o corpo na disciplina Filosofia e Saúde. Estuda História da Arte e faz estudos com ênfase na arte barroca de Caravaggio. Tem interesse na área de psicanálise e arte. Coordena o Seminário Lógos: Filosofia e saúde ao alcance de todos na Universidade Federal Fluminense. Escreveu um capítulo do livro intitulado *O conceito de corpo em Merleau-Ponty como tentativa de superação do dualismo psicofísico.* Em: Enéas Rangel Teixeira. (Org.). Psicossomática no cuidado em saúde: atitude transdisciplinar. 1ª ed. São Caetano do Sul/ São Paulo: Yends, 2009, pp. 31-67.

Dirce Eleonora Nigro Solis

É professora-doutora do Departamento e do Programa de Pós-Graduação em Filosofia da Universidade do Estado do Rio de Janeiro-UERJ. Seus interesses atuais de pesquisa percorrem duas vertentes: a Filosofia contemporânea de expressão francesa, com ênfase no pensamento de Jacques Derrida, e a questão do Ensino de Filosofia. Publicou pela editora UAPÊ, em 2009, o livro *Desconstrução e Arquitetura:* uma abordagem a partir de Jacques Derrida, além de diversos artigos e capítulos de livro abordando a temática do autor, dentre eles: "Jacques Derrida e a ética da hospitalidade"; "Desconstrução em arquitetura e hospitalidade. Uma abordagem a partir de Jacques Derrida"; "Democracia por vir e a política da filosofia a partir de Derrida"; "Derrida e a Psicanálise"; "Espectros de Marx ou a filosofia do desvio", todos pela editora UAPÊ. Com relação ao ensino de filosofia coordena na UERJ o Laboratório de Licenciatura e Pesquisa sobre o Ensino de Filosofia- LLPEFIL.

Francisco Veríssimo

É atualmente Mestrando do curso de Filosofia Moderna e Contemporânea da UERJ, onde também cursou graduação em Filosofia. Em sua pesquisa procura estabelecer os mecanismos de interseção entre a filosofia e a literatura, mais especificamente entre o pensamento do filósofo francês Gilles Deleuze e a poesia de Carlos Drummond de Andrade.

Fábio Daemon

É aluno de graduação em Filosofia pela Universidade Estadual do Rio de Janeiro - UERJ.

Ricardo Ramos

É aluno de graduação em Filosofia pela Universidade Estadual do Rio de Janeiro - UERJ.

Bruno Tavares

É aluno de graduação em Filosofia pela Universidade Estadual do Rio de Janeiro - UERJ.

Nathan Vieira

É aluno de graduação em Filosofia pela Universidade Estadual do Rio de Janeiro - UERJ.

Renata Bulcão

É aluna da graduação em História da Universidade Federal do Rio de Janeiro e bolsista da FAPERJ de Iniciação Científica. Publicou o artigo: *C'est le peuple qui fait l'empreinte de ce pays, rieur, telenteux, heureux* na Revista francesa *Incognita*, Éditions PetitsVéhicule, Nantes, janeiro de 2009.

Esta obra foi composta em CTcP
Capa: Supremo 250 g – Miolo: Pólen Soft 80 g
Impressão e acabamento
Gráfica e Editora Santuário